Gwyn y Mans

GWYN Y MANS

Gwyn Elfyn

Hunangofiant

y Lolfa

Er cof am fy nhad

Argraffiad cyntaf: 2012

Dymuna'r cyhoeddwyr gydnabod cymorth ariannol
Cyngor Llyfrau Cymru

Llun y clawr: Emyr Young
Cynllun y clawr: Y Lolfa

Rhif Llyfr Rhyngwladol: 978 1 84771 512 8

FSC

Cyhoeddwyd, rhwymwyd ac argraffwyd yng Nghymru gan
Y Lolfa Cyf., Talybont, Ceredigion SY24 5HE
gwefan www.ylolfa.com
e-bost ylolfa@ylolfa.com
ffôn 01970 832 304
ffacs 832 782

1

Gadael y Cwm

DAETH FY NGHYFNOD yn actio rhan Denzil yn *Pobol y Cwm* i ben mewn ffordd ryfedd iawn a hynod o siomedig. Wedi tua wyth mlynedd ar hugain o weithio ar y rhaglen roeddwn wedi disgwyl i'r cynhyrchydd ddangos rhyw gymaint o barch a chydymdeimlad tuag ata i a'r cymeriad. Yn anffodus, roedd hyn yn ormod i'w ofyn gan gynhyrchydd nad oedd yn adnabod ei gynulleidfa ac a oedd yn amharod iawn i wrando ar gyngor ysgrifenwyr a wyddai gryn dipyn yn fwy nag ef am operâu sebon, yn fy marn i.

Fe'm galwyd o flaen y cynhyrchydd ym mis Mai 2011, tua chwe mis cyn i 'nghytundeb orffen, a dyna'r cyfnod o rybudd mae'n rhaid i actor ei gael os ydyw'n cael ei orfodi i adael y gyfres. Yn sgil hynny roeddwn wedi datgan fy mhryder wrth rai ffrindiau agos ac wrth fy ngwraig. Yr un oedd eu hymateb i gyd – mai fi oedd yn bod yn besimistig, fel arfer. Yng ngeiriau un cyfaill a chyd-actor, 'Fe fyddai'n dipyn o *kick in the teeth* i golli dy waith ar ôl dros saith mlynedd ar hugain o wasanaeth, a ninne ar fin symud i'r Bae.'

Cic go galed a didrugaredd gafodd Denzil a finnau, fodd bynnag, ac fe wireddwyd fy amheuon fy mod ar fin gadael y gyfres. Nid anghofiaf fyth y geiriau cynta a ynganodd y cynhyrchydd, Ynyr Williams, wrthyf: 'Y newyddion ydy fod Denzil yn gadael y gyfres.'

Gan fy mod wedi cael rhywfaint o gyfle i baratoi'n feddyliol, roeddwn yn gallu ymateb yn gymharol synhwyrol ac fe ddywedais fod yn rhaid bod ganddyn nhw reswm digonol, gan ofyn am eglurhad. Yn y fan yma y daeth yr

ergyd annisgwyl, sef fod arnyn nhw eisiau stori fawr i
hwyluso symud stiwdios y rhaglen o Landaf i'r Bae, stori
fyddai'n ysgwyd yr holl gymuned, yn ymwneud â chymeriad
canolog y gallai'r gynulleidfa uniaethu ag o – a Denzil oedd
y person hwnnw. Felly, y diolch roeddwn i'n ei gael am yr
holl flynyddoedd o wasanaeth oedd nid yn unig colli'r
symud cyffrous i'r Bae ond hefyd cael fy nefnyddio i ddenu
cynulleidfa a hwyluso'r symud hwnnw. Teg dweud i'r fath
hyfdra fy nhaflu oddi ar fy echel am ychydig ond llwyddais
i holi ymhellach penderfyniad pwy yn union oedd y syniad
hwn. O leia cefais ateb gonest i'r cwestiwn hwnnw pan
ddywedodd Ynyr Williams fod yn rhaid iddo fe dderbyn y
bai a'r cyfrifoldeb. Erbyn hyn fe wn fod hynny'n gwbl gywir
gan i fi dderbyn cefnogaeth pawb arall – namyn un, efallai,
oedd yn digwydd gweithio dan gesail y cynhyrchydd, fel
petai. Ond trueni nad oedd Ynyr Williams yn ddigon o ddyn i
gyfadde'r ffaith wrth y genedl pan ofynnwyd yr un cwestiwn
iddo ar raglen radio *Taro'r Post* wedi i'r newyddion ddod yn
gyhoeddus!

Holais ymhellach beth yn union fyddai'n digwydd i Denzil
ac fe atebodd Ynyr y byddai Denzil yn marw. Ei union eiriau
nesaf oedd 'Does dim pwynt i fi ddweud dim arall oherwydd
fe fyddai'n swnio'n hollol wag.' 'Ti'n iawn yn fan'na,' meddwn
innau a dywedais nad oeddwn yn hoff o dranc Denzil ac y
byddai'n rhaid i fi feddwl a oeddwn am wneud y stori. Yna
dywedais nad oedd mwy i'w ddweud a cherddais allan, yn
siomedig ac yn gwbl anfodlon fy mod yn cael fy nefnyddio
fel hyn. Rhaid dweud fy mod yn fwy anfodlon ynglŷn â'r hyn
oedd yn digwydd i'r cymeriad na'r hyn fyddai'n digwydd i fi'n
bersonol. Ni fu sgwrs bellach rhwng Ynyr Williams a finnau
ynglŷn â'r mater tan i fi adael.

Efallai fod nifer yn gofyn pam y dylwn i gael fy nhrin
yn wahanol i unrhyw un arall ac mae hynny'n sylw digon
teg. Rhaid i bob actor dderbyn y bydd ei gyfnod ar unrhyw
gyfres yn dod i ben ryw ddiwrnod a does yr un ohonon ni'n
haeddu mwy o sylw na'r gweddill. Eto i gyd, fe adawodd y

modd y deliwyd â'r sefyllfa flas cas iawn ar ei ôl, yn enwedig yng ngoleuni'r holl gefnogaeth a gefais o bob ochr i'r camera a'r swyddfa yn y dyddiau a'r wythnosau canlynol. Nid gormodedd yw dweud bod pawb mewn sioc ac fe dderbyniais decsts a negeseuon di-rif, yn gefnogol iawn i fi ond nid i'r cynhyrchydd.

Rhaid cyfadde i fi gael fy nghyffwrdd yn annisgwyl gan sylwadau merch o'r adran ddylunio a ddywedodd eu bod nhw i gyd yn siomedig ac wedi meddwl cychwyn deiseb o brotest. Fe wyddwn fod rhai wedi crybwyll pleidlais o ddiffyg hyder o du'r actorion ond doeddwn i ddim yn disgwyl y fath ymateb o'r adran dechnegol – diolch iddyn nhw am eu parch a'u cefnogaeth.

Dylai Ynyr Williams fod wedi sylweddoli bod gen i gyfeillion lu ym mhob agwedd o'r rhaglen ar ôl cydweithio'n hapus â chynifer o bobol dros gyfnod mor hir. Golygai hyn y cawn glywed am bob datblygiad oedd yn ymwneud â'r achos ac fe wn i bawb oedd yn gorfod ymwneud â'r stori, heblaw yr un agosaf ato fe efallai, fy nghefnogi 100%. Ceisiodd rhai wneud eu gorau i'w ddarbwyllo i newid ei feddwl am fod y syniad yn wallgo ac yn gamgymeriad enfawr. Fe fydda i'n fythol ddiolchgar i'r criw hwnnw o bobol am eu ffydd a'u cefnogaeth i fi – roedd yn golygu llawer iawn ar adeg digon anodd. Mae'r ffaith eu bod nhw wedi gwneud eu gorau ar fy rhan yn amhrisiadwy i fi, a nhwythau'n bobol greadigol â pharch mawr iddyn nhw am eu gwaith ac am eu hegwyddorion. Roedden nhw, o leia, yn meddwl am ddyfodol y gyfres, nid eu dyfodol nhw eu hunain. Mae'r ffaith i'r cynhyrchydd anwybyddu barn pobol oedd yn credu yn y rhaglen a'u cyhuddo o fod yn rhy emosiynol yn dweud mwy amdano ef nag amdanyn nhw.

Yn ystod fy nghyfnod yn y gyfres fe weithiais o dan 10 cynhyrchydd gwahanol, a'r mwyafrif llethol ohonyn nhw'n dwyn atgofion melys – rhai ohonyn nhw, wrth gwrs, â mwy o ddiddordeb yn y gyfres na'r lleill. I ni fu'n gweithio ar y rhaglen am gyfnod hir, hawdd oedd sylweddoli'n fuan pwy

7

oedd wedi dod yno i hybu ei ddyfodol ei hun a phwy oedd yno oherwydd gwir gariad at y gyfres. Braf yw gallu dweud bod nifer ohonyn nhw'n parhau i fod yn ffrindiau da a byddwn yn hapus i dderbyn eu cyngor gan fy mod yn parchu eu gwaith.

O edrych yn ôl ar fy nghyfnod yn y Cwm, cefais y fraint o gydweithio am flynyddoedd lawer â rhai o dalentau gorau Cymru, bob ochr i'r camera, yn ogystal â'r bobol oedd yn perthyn i'r 'adran greadigol' fel y galwn i nhw! Fe fues yn ddigon ffodus i dderbyn cyngor awduron profiadol megis Wil Sir Fôn, T. James Jones, Dewi Tsips, Siân Eleri a Dafydd Llewelyn i enwi dim ond rhai. Bu Siân yn gefnogol tu hwnt i fi yn ystod y gyfres ac yn enwedig yn dilyn y cyhoeddiad terfynol, a hi â'i theyrnged orgaredig oedd yn gyfrifol am y ffaith i mi golli rheolaeth ar fy emosiwn wedi i mi ffilmio fy ngolygfa ola. Diolch, Siân. Fe fu rhai megis Gwyn Hughes Jones a Terry Dyddgen yn cynhyrchu a chyfarwyddo ar wahanol adegau ac mae gen i gryn edmygedd ohonyn nhw ill dau. Cafodd Glenda Jones, oedd yn hen ffrind, ei hapwyntio'n gynhyrchydd yn annisgwyl iawn ond roedd ei brwdfrydedd yn heintus a thyfodd yn y swydd dros gyfnod o amser. Roedd hi wastad yn driw i'r gyfres.

Un o'm ffrindiau gorau yn y Cwm sydd wedi cyflawni'r nifer mwya o swyddi ar y rhaglen, fodd bynnag – Mr *Pobol y Cwm* ei hun yw William Gwyn. Mae ei wybodaeth am y rhaglen yn ddiguro ac yn nhermau opera sebon ef yw ffynhonnell pob gwybodaeth! Pe bai Gwyn wedi dweud wrthyf ei bod yn bryd i fi ystyried gadael y Cwm fe fyddwn wedi gorfod dwys ystyried fy sefyllfa ar unwaith. Cyfaill triw a ffyddlon yw Billy White, fel y galwaf ef, a 'nghymar cyson yn nhai bwyta'r brifddinas ar hyd y blynyddoedd. Diolch iddo am ei gyfeillgarwch, ei gyngor gwerthfawr a'i gefnogaeth ddiflino.

Dwi wedi ennill ffrindiau lu ar yr ochr dechnegol a chynhyrchu ac er ei bod yn beryglus dechrau enwi eto, mae rhai sydd wedi cyd-gerdded ar y daith am gyfnod hir iawn, cyfeillion megis Graham Ross, Delyth Williams, Gareth Lloyd a Gareth Huw. Mae yna berygl i fi osod catalog o enwau ger eich bron gan fod nifer o enwau o'r gorffennol yn rhuthro ar hyd coridorau'r cof. Does gen i ddim cywilydd dweud na allaf gofio cael ffrae ag unrhyw un yn y Cwm ac fe fu'n bleser cydweithio â 99% ohonyn nhw.

O ran yr actorion fe fydda i'n sôn mewn pennod arall am gyfeillion agos megis Hywel Emrys, Ieuan Rhys a Phyl Harries ac o fewn y gyfres ei hun fu neb yn fwy ffyddlon i fi na Sera Cracroft a Gareth Lewis ond gallwn enwi nifer helaeth o gyd-actorion eraill fydd yn gyfeillion oes.

Bu cyfeillgarwch Gareth a finnau yn un go unigryw yn y Cwm gan fod nifer o rinweddau cyffelyb gennym megis hiwmor iach, cred mewn tegwch i actorion, gwleidyddiaeth ddigon tebyg a diddordeb mewn ceir. Ar y llaw arall, mae Gareth yn cefnogi Man City a finnau United, a Gareth yn anffyddiwr a finnau'n Gristion! Parhaodd ein cyfeillgarwch yn gryf trwy'r cwbl a melys yw'r atgofion am chwerthin iach, ar draul rhywun arall gan amlaf!

Bu gadael y Cwm, felly, yn brofiad annymunol iawn diolch i'r awydd egotistaidd am y *sensational* ond ni all hynny ddifetha'r atgofion amhrisiadwy a'r cyfeillion fyrdd a wnes yn ystod saith mlynedd ar hugain a mwy y gellid eu disgrifio fel tipyn o *rollercoaster* emosiynol! Ar noson fy mharti ymadael, oedd yn achlysur tu hwnt o anodd ac emosiynol, darllenodd Gruffudd Owen o'r adran olygu englyn o'i waith ei hun ac fe fydda i'n fythol ddiolchgar iddo am ei eiriau caredig. Diolch i chi gyd am y pleser o gael cydweithio â chi, a diolch yn bennaf am fod yn ffrindiau da.

I Gwyn (a Denzil)
Heno sy'n anodd inni, – a mynwes
cymuned yn tewi;
mud yw hiraeth Cwmderi
heb berlau dy eiriau di.

2

Gwyn y Gog

AM 5.30 YR hwyr ar 29 Chwefror 1960 y dechreuodd yr 'antur enbyd' hon, yn Ysbyty Dewi Sant ym Mangor. Mae'r ysbyty wedi'i ddymchwel bellach ond dwi'n falch o gael dweud bod y baban a aned ar yr union amser uchod yn dal i fod yn byw ac yn bod.

Mab a anwyd i'r Parchedig Tudor Lloyd Jones a Deilwen Medi Jones, mab a gafodd yr enw Gwyn Elfyn Lloyd Jones. Mae'r ffaith i fi gael fy ngeni ar flwyddyn naid yn golygu mai dim ond unwaith bob pedair blynedd y bydda i'n cael pen-blwydd iawn – ffaith fu'n destun difyrrwch i lawer o'm ffrindiau yn ystod fy mywyd.

Ces fy ngeni ym Mangor a'm cludo yn swpyn bach swnllyd yn ôl i'n cartre ar y pryd ym Mod Hyfryd, Deiniolen lle roedd fy nhad yn weinidog ar gapel Ebeneser, capel yr Annibynwyr yn y pentre clòs yng nghysgod y tomenni llechi. Roedd y chwareli wedi chwarae rhan flaenllaw ym mywyd fy rhieni gan eu bod ill dau'n enedigol o Stiniog – y naill o bentre Llan Ffestiniog a'r llall o dre Blaenau Ffestiniog, a gwae unrhyw un fyddai'n cymysgu rhwng y ddau le! Roedd Mam yn dod o Riwbryfdir, Blaenau Ffestiniog lle roedd fy nhaid, Hefin Jones, yn beiriannydd yn chwarel Llechwedd a Nain, Gwyneth, yn wraig tŷ. Mab i saer, sef Ifan Tudur, oedd fy nhad, a'i fam, Elsie, yn gofalu am yr aelwyd. Bu'r ddwy aelwyd honno, Preswylfa ac Artro, yn hafanau diogel i fi ar sawl achlysur yn ystod fy nyddiau cynnar.

Felly, er i mi dreulio y rhan helaetha o 'mywyd yn y

De-orllewin, Gog ydw i'n wreiddiol – ffaith y bydd fy nghyfaill Hywel Emrys yn atgoffa pawb ohoni ar bob trip rygbi.

Ychydig iawn ydw i'n ei gofio am fy nghyfnod cynnar yn Neiniolen gan i ni adael pan oeddwn tua tair blwydd oed, ond mae Mam wedi adrodd nifer o hanesion wrtha i ac am wn i mai'r hanesion hynny sydd wedi glynu yn y cof. Mae cwpwl o bethau'n dod i'r meddwl sef bod gan fy nhad hen Ford Popular llwyd, fod Mam yn rhoi gwersi piano ac fy mod i wedi lladd Wili Jôs â phêl ffwtbol. Cyn i neb gynhyrfu gormod, crwban oedd Wili Jôs ac mae'n debyg i fi ei daro â phêl a'i droi ar ei gefn – arwydd cynnar nad fi fyddai'r John Charles newydd!

Os oes rhai ohonoch chi sy'n fy nabod i wedi meddwl erioed 'mod i'n od, mae Mam yn adrodd dwy stori a fydd, o bosibl, yn cadarnhau eich amheuon. Roeddwn i'n dueddol o grwydro, mae'n debyg, a Mam yn gorfod chwilio amdana i. Ryw ddiwrnod, wedi iddi alw fy enw dro ar ôl tro, fe glywai lais bach yn ateb 'Dwi yn fan'ma.' Roedd yn swnio'n bell ond fe ddilynodd Mam y llais a dyna lle roedd ei hepil, yn y tŷ bach a'i ben i lawr a'i draed yn yr awyr! Dro arall fe fu'n chwilio amdana i a dod o hyd i fi yn yr ardd gefn yn ceisio bwyta pryfed genwair, neu fwydod yn nhafodiaith y De – roedden nhw'n ceisio dianc a finnau'n eu gwthio'n ôl i mewn i 'ngheg! Ie, rhyw atgofion digon rhyfedd sy'n parhau o bentre Deiniolen.

Cyd-ddigwyddiad rhyfedd sy'n dangos mor fach yw Cymru yw'r ffaith mai'r Parch. Raymond Williams, oedd yn enedigol o Bontyberem, oedd gweinidog capel Eban yn Neiniolen cyn fy nhad. Fe ddaeth Mr Williams yn athro Ysgrythur i fi yn Ysgol y Gwendraeth ymhen blynyddoedd a dwi'n ffrindiau â'i fab erbyn hyn, sef Dewi Williams, fu'n chwarae rhan Bleddyn yn *Pobol y Cwm* wrth gwrs.

Yn Chwefror 1963, yn ôl arfer gweinidogion, dyma Nhad yn derbyn galwad i gapel Creigfryn, Carno. Mae pawb yn adnabod Carno bellach fel y pentre lle cododd Laura Ashley ei ffatri ond doedd dim sôn am y ffrogiau blodeuog 'nôl ym 1963. Dyma flwyddyn y Great Train Robbery, lladd J. F. Kennedy a phrotest gynta Cymdeithas yr Iaith ar bont Trefechan (a finnau'n cael fy nghi cynta – daeargi Cymreig o'r enw Judy).

Am ryw flwyddyn a hanner y buon ni'n byw yn Afallon, Carno a chan fy mod i mor ifanc mae'r atgofion am y cyfnod hwnnw'n brin iawn hefyd. Rwy'n cofio, fodd bynnag, fod pâr caredig tu hwnt yn byw drws nesaf i ni mewn tŷ o'r enw Teglys ac er mai Mr a Mrs Hopkins oedd eu henwau, fel Yncl ac Anti Teglys dwi'n eu cofio. Fe fyddwn yn treulio llawer iawn o amser gydag Yncl Teglys yn cerdded ar hyd ffyrdd tawel y fro. Rwy'n cofio un tric oedd ganddo i ddifyrru bachgen bach – fe fyddai'n cuddio arian, papur deg swllt efallai, yn y cloddiau ac yn gadael i fi ei ffeindio. Roedd hyn yn fy synnu'n fawr – bod arian yn tyfu ar goed! Lle arall y bydden ni'n dau'n mynd am dro oedd i dir y plas gyferbyn, Plas Llysun, ddaeth yn enwog adeg y cyrch ar ddelwyr cyffuriau yn y Canolbarth yn ystod Operation Julie. Gweithio i'r Comisiwn Coedwigaeth oedd Yncl Teglys a byddai'n gyfrifol am nifer o ddynion yn y gwaith. Fe fyddwn yn mynd gydag ef yn aml yn ei fan – fi ac Yncl Teglys yn y tu blaen a'r gweithwyr eraill yn y cefn. Rwy'n dal i glywed arogleuon melys y coed yn yr hen fan honno hyd y dydd heddiw ac er bod Yncl ac Anti Teglys ill dau wedi marw erbyn hyn, melys iawn yw'r atgofion ar eu hôl hefyd.

Yn ystod fy nghyfnod yng Ngharno roedd gorsaf drenau yno a dwi'n cofio teithio ar y trên gyda Mam i fynd i'r Drenewydd ac i siop Pryce Jones, lle byddai'r lifft yn fy nghadw'n dawel am oriau meddai hi – pethau syml bywyd, onid e. Fe fu un digwyddiad hynod bwysig ym Medi 1964, sef geni fy chwaer, Bethan, yn Ysbyty Llanidloes. Cafodd groeso arbennig gen i gan iddi ddod â char bach i fi ar ei genedigaeth – gwyrth yn wir. Bu un digwyddiad gwyrthiol arall adeg ei genedigaeth. A finnau, mae'n debyg, am ei galw'n Llinos, cefais wybod gan fy mam a 'nhad fod yr enw Bethan eisoes arni pan gafodd ei geni! Cafodd Bethan ddod adre gyda ni yn yr Austin A35 bach llwyd. Ydi, mae fy niddordeb angerddol mewn ceir yn golygu 'mod i'n cofio pob car a gafodd fy nhad a finnau.

Yn ôl tystiolaeth fy rhieni roedd y cyfnod byr a dreuliodd y teulu yng Ngharno yn un hapus iawn a'r unig reswm dros symud oedd pryderon am iechyd fy nwy nain a'r angen i fyw yn agosach atyn nhw. Cymuned amaethyddol oedd Carno ac roedd un o'r dynion allweddol yng nghapel fy nhad yn un o ffermwyr mwya llewyrchus yr ardal, sef Edfryn Breese. Cefais i a Mam y fraint ychydig flynyddoedd yn ôl o fynd i'w angladd; roedd y croeso a gawson ni yn arbennig o gynnes ac mae wedi aros yn y cof. Dim ond unwaith cyn hynny y bues yn ôl yng Ngharno, i gyrddau sefydlu ffrind ysgol i fi, y Parch. Dyfrig Rees. Yn ffermdy Edfryn Breese y cawson ni ginio'r diwrnod hwnnw, yn rhyfedd iawn, ac roedd y croeso yr un mor wresog yr adeg honno.

Treuliwn lawer o amser ar ffcrm y Grofftydd a chlywais fy nhad yn sôn yn aml am Clem a Mona; byddai enwau ffermydd eraill fel Sarn a Tu Hwnt i'r Afon yn codi ar adegau yn sgyrsiau Mam a Nhad hcfyd. Fe adawodd fferm Sarn ei marc arnaf yn llythrennol. Plygais i lawr at wyneb yr hen gi defaid pan oedd wrthi'n bwyta ac wrth iddo droi, â'i geg ar agor, fe rwygwyd fy moch gan ei ddant – mae'r graith gen i hyd heddiw. Ac ystyried i fi dreulio llawer o amser ar ffermydd yn fy arddegau, mae'n siŵr y byddwn wedi bod yn hapus iawn yn aros yng Ngharno, ond cafodd Nhad alwad arall. Cyn symud at yr alwad honno mae'n werth nodi yma enghraifft arall sy'n dangos pa mor fach yw Cymru gan i Rhodri'r mab ddod o hyd i wraig, Siwan, a gafodd ei magu dros y mynydd o Garno ar fferm Plas Coch ger Dolanog. Erbyn hyn, felly, fe adnewyddwyd cysylltiad y teulu â'r ardal unwaith yn rhagor.

Tachwedd 1964 a chapel Salem, Porthmadog yn galw – symud o gefn gwlad i un o drefi ymwelwyr prysura'r Gogledd. Roedd yr atyniad o fod o fewn 10 milltir i Stiniog yn ormod o demtasiwn i'm rhieni gan nad oedd y Moelwyn a'r Cnicht byth ymhell o feddwl fy nhad a bod capel Rhiw yn fyw iawn yng nghof Mam. Gan i ni dreulio pedair blynedd yn Port mae'r cof dipyn yn fwy byw nag ydoedd am Ddeiniolen a Charno. Roedd ein cartre, Isgraig, ar y ffordd allan o Borthmadog i gyfeiriad Borth-y-gest a Morfa Bychan, lle byddai Nhad yn pregethu ar brynhawniau Sul. Ym Morfa Bychan hefyd mae un o draethau gorau Cymru ac atyniad mawr i fachgen ifanc. Yr unig broblem oedd bod traeth Morfa Bychan yn atyniad i hanner poblogaeth gogledd a chanolbarth Lloegr hefyd! Byddai ceisio cael car allan yn ystod wythnosau prysuraf gwyliau'r ysgol yn hunllef ond fe fanteisiodd Mam ar y llif o ymwelwyr trwy ddechrau cadw gwely a brecwast.

Mae gen i gof byw iawn o Mam yn dysgu yn ysgolion Tremadog a Phwllheli – ar *supply* wrth gwrs. Yn Port y dechreuais innau fy ngyrfa addysgol, yn ysgol y babanod gyda Miss Griffiths i gychwyn ac yna ymlaen i Ysgol Eifion Wyn, oedd yn ymddangos fel petai'n lle anferth ar y pryd. Mae gen i ryw frith gof o fod mewn sioe lwyfan am y gofod yn yr ysgol ac am wn i mai dyna'r atgof cynta sydd gen i o actio ar lwyfan.

Gan fod Port yn dre roedd cryn dipyn o blant yn y dosbarth ac roedd cyfle i wneud llawer o ffrindiau. Bechgyn oedd y mwyafrif ohonyn nhw, wrth gwrs, bechgyn fel Goronwy, Gwynfor Owen, Stephen Kitchen, Eryl Pugh, Mark Tattersall a William (bachgen oedd wedi sugno cymaint ar ei fawd nes bod un yn fyrrach na'r llall!). Ond fe fydd nifer yn synnu clywed mai fy ffrind pennaf ar y pryd, mae'n debyg, oedd merch o'r enw Kay Roberts. Roedd Kay yn byw drws nesaf i fi bron ac fe dreulion ni oriau yn cyd-chwarae. Fel roedd hi'n digwydd, roedd chwaer Kay, Mererid, yr un oed â'm chwaer i a byddai Bethan a finnau'n treulio llawer o amser yn nhŷ Kay a 'Rer. Mae gen i ryw frith gof y bydden ni'n gwylio *The Saint* gyda'n gilydd yn aml, oherwydd dyma gyfnod cyfresi fel honno, ynghyd â *The Avengers* a *The Man from U.N.C.L.E.* wrth gwrs.

Ffrind achlysurol oedd bachgen o'r enw Christopher Lambert; dwi'n dweud 'achlysurol' gan mai dim ond yn ystod y gwyliau y gwelwn i Christopher. Roedd yn dod i aros at ei daid, Capten Williams, hen gapten llong oedd yn byw drws nesaf i ni. Roedd yna ryw ddirgelwch yn perthyn i deulu Christopher gan fod ei dad yn Sais ac yn gweithio yn Trinidad a Thobago, ble bynnag oedd hynny. Yn nhŷ Capten Williams dwi'n cofio gweld yr F.A. Cup Final am y tro cynta yn iawn, ym 1968 – W.B.A. 1 Everton 0 gyda Jeff Astle yn sgorio. Fe sgoriodd e sawl gôl arall ar lawnt Capten Williams yn ystod yr awr yn dilyn y chwiban ola.

Roedd pêl-droed yn rhan bwysig iawn o 'nghyfnod ym Mhorthmadog, gyda fy nhad a finnau'n ymwelwyr cyson â'r Traeth, cae pêl-droed Porthmadog. Fe fu Nhad yn bêl-droediwr da yn ei ddydd, yn ôl pob sôn, ac edrychai ymlaen yn eiddgar at y gêm 'ddarbi' leol rhwng Port a Blaenau. Pan fydden ni'n mynd i Gae Clyd yn y Blaenau yr un fyddai'r cwestiwn i fi bob tro – 'Wyt ti cystal chwaraewr â dy dad?' Wrth dyfu'n hŷn roeddwn yn falch mai rygbi oedd fy mhrif gêm i a gallwn ateb yn hyderus, 'Na, ond dwi'n chwaraewr rygbi llawer gwell!' Roedd hwn yn gyfnod llewyrchus yn hanes pêl-droed Port ac fe welais Stanley Matthews yn dod â thîm Port Vale yno, ac yn chwarae ei hun, er ei fod mewn gwth o oedran.

Yn ystod y cyfnod hwnnw roedd Mel Charles yn chwarae ar y Traeth yn ogystal â chwaraewyr amatur rhyngwladol fel David McCarter a John O. Williams. Roedd J.O. yn ffefryn gan ei fod yn fachgen lleol ac, yn bwysicach na dim, fe oedd yn chwarae'r organ yng nghapel Salem! Roedd brawd John, Haydn, ychydig yn hŷn na fi yn yr ysgol ac yntau'n bêl-droediwr da hefyd a chanddo gythraul o siot galed, o'r hyn a gofiaf. Ar y pryd credwn fod y cae pêl-droed ar iard Ysgol Eifion Wyn yn anferth a bod rhai chwaraewyr arbennig yn ymrafael yno. Siom oedd canfod, wedi aeddfedu cryn dipyn, fod yr iard mor fach. Byddai'r un peth yn wir am iard Ysgol Drefach yn ddiweddarach yn fy mywyd.

Gyferbyn ag Ysgol Eifion Wyn roedd rhieni Stephen Kitchen yn cadw siop â'r enw amlwg Candy Kitchen. Dyna lle bydden ni'r bechgyn yn prynu cardiau pêl-droed yn y cyfnod hwnnw ac yna'n treulio oriau yn eu hastudio a'u cyfnewid. Mae'n rhyfedd fel mae rhywun yn cofio'r chwaraewyr gorau a'r chwaraewyr hyllaf, George Best ac Ian Ure – penderfynwch chi pa un oedd yn syrthio i ba gategori! Yn ystod y cyfnod yma y syrthiais i mewn cariad am y tro cynta â Manchester United – carwriaeth oedd i barhau am oes gyfan. Ychydig a feddyliwn bryd hynny y byddwn i, o bawb, yn berchen ar docyn tymor i 'Theatr y Breuddwydion'. Rwy'n cofio gwylio United yn ennill Cwpan Ewrop gyda Nhad yn Isgraig ym 1968. Doedd Nhad ddim cweit mor emosiynol â fi gan mai Wolves oedd ei dîm e. Bryd hynny, Man U, Lerpwl neu Everton oedd timau bechgyn y Gogledd i gyd bron – Everton oedd tîm Taid Rhiw, mi gofiaf. O gyfeirio at bêl-droed, fe enillodd Lloegr Gwpan y Byd ym 1966, wrth gwrs, ond nid dyna ddigwyddiad pwysica'r flwyddyn honno o bell ffordd – buddugoliaeth Gwynfor Evans yn isetholiad Caerfyrddin dros Blaid Cymru oedd y digwyddiad hwnnw, heb os, ac er yr holl glochdar am fuddugoliaeth Lloegr dros y deugain mlynedd nesaf, buddugoliaeth Gwynfor ddylanwadodd fwya arna i.

Yn ôl at y Traeth ac mae un atgof yn fyw iawn, sef mynd i chwarae pêl-droed a rhoi top fy hoff dracwisg i lawr fel postyn gôl, yna gadael am adre wedi anghofio'n llwyr amdano. Dyma droi'n ôl a chanfod, er mawr siom, ei fod wedi diflannu. Ar yr adeg honno roedd sipsiwn yn byw i lawr wrth ymyl y Traeth a nhw gafodd y bai gen i, a gyda llaw, dydw i byth wedi maddau iddyn nhw!

Cefais gyfle i chwarae ar y Traeth ddwywaith i dîm pêl-droed Cwmderi yn ystod y nawdegau a dwi ddim yn credu bod gweddill bechgyn y tîm yn gallu dirnad yr hyn roedd yn ei olygu i fi chwarae ar y maes hwnnw. Mae'r cof am Dewi Rhys (Dyff) a finnau'n ceisio marcio Ian Edwards a Joe Mayo, y ddau wedi chwarae i West Brom, yn fyw iawn. Yn dilyn y gêm honno cefais gyfle i gyfarfod â nifer o fechgyn a merched oedd yn yr ysgol gynradd yr un pryd â fi, a finnau ddim wedi'u gweld ers y cyfnod hwnnw. Roedd Kay drws nesaf yno, ac fe gyflwynodd fi i bawb – profiad unigryw. Cysylltiad cryf arall â thîm Port oedd yr un a wnes pan oedd fy nghefnder Iwan yn chwarae iddyn nhw o dan arweiniad hen ffrind arall, Meilir Owen. Treuliais dipyn o amser yng nghwmni'r tîm a dod yn ffrindiau â bechgyn fel Pete Lukacs, Joe Gaffey, Sooty a Jiws. Fe fu mab Iwan, Owain Tudur Jones, yn chwarae i dîm Bangor a dyna pam mae fy mab ieuenga i, Rhys, yn cefnogi Bangor yng nghynghrair Cymru tra fy mod innau'n cefnogi Port!

Roedd y capel yn dod yn fwyfwy rhan o 'mywyd, neu'r ysgol Sul ddylwn i ddweud, ac mae gen i frith gof o adrodd mewn rhyw eisteddfod capel. Pobol fel Mrs Ceri Roberts a Mrs Dora Humphreys oedd yn gofalu amdanon ni blant. Ar nos Sul bydden ni'n cael ein gwarchod gan ddynes annwyl iawn o'r enw Anti Jôs. Roedd mab Anti Jôs, Gwilym, yn cadw siop ac roedd digon o ddanteithion melys ganddi bob amser. Fe fydden ni'n mynd i lawr i'w thŷ hi, neu mae gen i gof o wylio rhaglenni teledu fel *Adventures of the Seaspray* a *Skippy*, dwy raglen o Awstralia, yn ei chwmni yn Isgraig. Ie, *Skippy*, rhaglen am gangarŵ oedd yn gallu siarad, neu o leia'n gallu cyfathrebu â bachgen bach o'r enw Sonny – roedd y teledu yn beth cymharol newydd yn y chwedegau a phlant, a rhai oedolion, yn amlwg yn fodlon credu unrhyw beth. Wedi dweud hynny, roedd rhywbeth bendigedig o ddiniwed am y naïfrwydd hwnnw ac mae'n drueni na fuasai rhywfaint ohono'n perthyn i ieuenctid heddiw. Dyna'r oes pan nad oedd angen cloi'r car, roedd allwedd y tŷ wastad yn y drws ac fe fydden ni fel plant yn rhydd i fynd i chwarae lle mynnen ni. Mae'n anodd dadlau weithiau bod yr oes wedi symud yn ei blaen!

Arferiad cyfeillgar iawn ymhlith y dynion ym Mhorthmadog oedd cyfarfod yng nghaffi Newells am baned a smôc. Mae gen i gof gorfod mynd gyda Nhad a gwrando ar ddoethinebu mawr o du pobol fel Emyr Roberts a Gwilym Parry Williams, ac o du Nhad ei hun wrth gwrs. Os bydda i heddiw'n cynnig rhyw ddoethineb mewn dadl mae'n bosibl fod yr arfer wedi'i wreiddio yn y cyfnod hwnnw. Gyda llaw, o ran y ceir, fe brynodd fy nhad hen Austin Cambridge du y bu'n rhaid iddo'i yrru i mewn i wal i'w stopio unwaith gan nad oedd y brêcs yn gweithio – neu dyna ddywedodd e wrth Mam, o leia.

Ym Mhorthmadog y gwelais ffilm yn y sinema am y tro cynta a dwi'n siŵr mai *The Sound of Music* oedd honno, yn y Coliseum. Go brin mai yno y plannwyd yr hedyn a'm harweiniodd i fyd yr actor, fodd bynnag. Atgofion melys sydd gen i o Port, atgofion am chwarae pêl-droed, chwarae ar y cei, mynd i'r Coliseum, ysgol Sul Salem a phicio i Stiniog i weld Taid a Nain. Cyfnod hapus oedd hwn i fachgen ifanc a phan ddaeth hi'n adeg gadael Porthmadog doeddwn i na'm chwaer ddim am fynd o gwbl – roedd de Cymru yn bell aruthrol i fachgen 8 oed a merch 4 oed. Ychydig a wyddwn ar y pryd y byddai'r bachgen bach oedd yn crio yn ystafell wely gefn ei daid a'i nain ym Mlaenau Ffestiniog yn syrthio mewn cariad â'r cwm roedd ei rieni'n symud iddo. Tra oedd fy rhieni yn y Sowth yn paratoi lle i ni fe adawyd Bethan a finnau yng ngofal Taid a Nain Rhiw yn y Blaenau. Roedden nhw wedi mynd i fraenaru'r tir yn y Morris 1000 bach gwyn ac roedden ni i ddilyn yn y Morris 1000 bach llwyd oedd gan fy nhaid.

Rydw i'n berson emosiynol iawn wrth reddf ac, yn sgil hynny, braidd yn sentimental. Fe fydda i wrth fy modd os bydd taith i'r Gogledd yn mynd â fi trwy Port ac ar hyd y blynyddoedd dwi wedi gyrru'n araf trwy'r dre, er nad o ddewis bob tro efallai. Er bod gan Porthmadog ffordd osgoi bellach, dwi'n dal i yrru trwy'r dre os bydd amser yn caniatáu, a finnau dros fy hanner cant, gan gadw llygad am unrhyw un y gallwn ei adnabod ar y stryd – er rhaid cyfadde y galla i gyfri ar un llaw faint o bobol yr oeddwn yn eu hadnabod a welais ar hyd y blynyddoedd.

Roedd y chwedegau yn y Gogledd yn gyfnod pan oedd teulu a chysylltiadau teuluol yn bwysig iawn. Fe fu chwaer fy nhad, Gwenda, a'i gŵr Geraint yn byw gyda ni yn Neiniolen am ychydig mae'n debyg. Yna fe fuon nhw'n byw yn Wrecsam cyn symud yn ôl i Flaenau Ffestiniog gyda'u dau fab, Elfyn ac Iwan. Roedd unig frawd fy mam, Peter, yn byw yng Nghroesoswallt gyda'i wraig Carys ac mae gen i ryw frith gof o fynd i aros gyda nhw unwaith.

Wrth sôn am fynd i aros, fe fu un lle'n ganolfan wyliau boblogaidd i ni, sef Llandudno. Fe fu ffrindiau pennaf fy rhieni, Elwyn ac Alwena Davies, yn byw yno am gyfnod byr ac yna bydden nhw a ni'n dychwelyd yno i aros am wyliau. Roedd eu mab Bleddyn yr un oed â fi a'u merch Nia yr un oed â Bethan, felly dyna'r plant yn iawn. Mae gen i atgofion melys iawn am chwarae criced a phêl-droed gyda Nhad a Bleddyn ac Yncl Elwyn. Wedi iddyn nhw symud i Frithdir ger Dolgellau fe fuon ni'n aros gyda nhw yn y fan honno hefyd ac yna aeth Yncl Elwyn yn Brif Weithredwr Cyngor Dwyfor a symud i fyw i'r Ffôr ger Chwilog. Cawson ni gyfle i dreulio sawl noswaith gyda nhw yn y Ffôr hefyd ac mae Mam ac Alwena'n parhau i fod yn ffrindiau pennaf hyd heddiw.

3

Taid a Nain Rhiw a Llan

MAE TAID A nain neu dad-cu a mam-gu yn bwysig iawn i blentyn ac fe fydda i'n teimlo'n flin iawn dros fachgen neu ferch sydd heb yr un o'r rhain gan eu bod yn colli'r profiad o gael y berthynas unigryw hon. Fe fues i'n ffodus, er y buaswn wedi hoffi i Taid Rhiw fyw dipyn yn hirach gan i fi ei golli pan oeddwn yn 12 oed. Roedd Taid a Nain Rhiw yn byw yn ardal Rhiwbryfdir ym Mlaenau Ffestiniog, yng nghysgod tomenni chwarel yr Oakley. Dyn crefyddol oedd Hefin Jones, gweithiwr dygn a gŵr bonheddig oedd yn ennyn parch yr ardal gyfan. Roedd yn flaenor yng nghapel Rhiw, yn bregethwr lleyg ar y Sul ac fe fu'n gynghorwr yn y Blaenau. Fe wnaeth un peth roeddwn yn falch iawn ohono – fe gerddodd allan o gyfarfod y cyngor am iddyn nhw newid iaith y cofnodion o'r Gymraeg i'r Saesneg. Roedd Albanes wedi cael ei hethol ac roedd hi'n ddigon parod i'r cyngor barhau i drafod yn Gymraeg ond mynnodd y cadeirydd eu bod yn newid arferiad blynyddoedd lawer o gadw'r cofnodion yn Gymraeg. Dyna ichi safiad clodwiw yn erbyn taeogion oedd yn dibrisio'u hetifeddiaeth. Mae tro annisgwyl yng nghynffon yr hanes yma, fodd bynnag, gan i'r union gadeirydd hwnnw anfon llythyr at fy nhaid pan oedd yn wael yn canmol ei safiad ac yn datgan ei edmygedd ohono. Ie, peth pwysig yw egwyddor.

Y chwarel a'r capel oedd ei fyd – fe adeiladodd dri thrên yn y chwarel ac mae cynlluniau un ohonyn nhw gen i.

Roeddwn yn hoff o gerdded i fyny i chwarel y Llechwedd i gyfarfod Taid wrth iddo orffen ei shifft ac fe allaf glywed sŵn esgidiau hoelion y chwarelwyr yn cerdded trwy Riwbryfdir yn eu trowsusau melfaréd hyd y dydd heddiw. Mawr oedd ei gariad at gapel Rhiw ac fe dorrodd ei galon pan gaewyd y lle oherwydd bod pry yn y pren – camgymeriad enfawr ar ran y Methodistiaid, gan fod yr hen gapel yn dal i sefyll.

Fe fyddai gan fy nhaid arferion rhyfedd fel bwyta brechdan siwgr a smocio sigaréts cryf – y rhain a'i lladdodd yn y diwedd, fe dybiwn, gan iddo gael cancr. Roedd yn hanu o deulu diwylliedig iawn, a'i dad, Bryfdir, yn fardd adnabyddus ac yn arweinydd eisteddfodau yn ei ddydd. Mae gan Mam lun ohono yn llywyddu seremoni dadorchuddio cofeb Hedd Wyn yn Nhrawsfynydd. Mae copïau o lyfrau Bryfdir gen i a dwi'n ddigon ffodus i fod yn berchen ar un o'i amryw gadeiriau – fe enillodd 64 ohonyn nhw. Roedd un o frodyr Taid, Glyn, yn arweinydd Côr y Moelwyn ac fe wnaeth merch Glyn, Marian Bryfdir, enw iddi'i hun fel cantores opera. Bu'n dysgu canu yn Sbaen cyn dychwelyd i ogledd Cymru yn ddiweddar.

Gwyneth Alice Roberts oedd enw gwreiddiol Nain Rhiw ac fe'i ganwyd mewn bwthyn o'r enw Bwlchmaen a'i magu ar fferm Bronmeirion yn Rhyd ger Llanfrothen. Rown i'n 24 pan fu farw ac fe dreuliodd lawer o amser gyda ni yn Drefach. Mam oedd cannwyll llygad Nain ac fe fyddai fy chwaer a finnau dan y lach yn aml am beidio â pharchu ein mam. Roedd Nain yn berson llawn hiwmor ac fe fyddai chwerthin iach yn rhan bwysig o'i bywyd bob dydd. Pan fu farw fe ysgrifennais gerdd ysgafn iddi ac mae un o'r penillion yn dweud y cwbl amdani. Roedd yn dioddef yn ofnadwy o gryd cymalau ac yn aml mewn poen beunyddiol. Serch hynny, fe fynnai ddal i fynd drwy'r amser, a hynny'n siriol.

Fe gafodd lawer achos
I gwyno ar ei byd,
Ond chwerthin wnâi'r hen Gwyneth
Trwy'r cystudd oll i gyd.

Wedi i fi ddysgu gyrru dwi'n cofio mai hi fyddai'r cynta i neidio i mewn i'r car a mynnu ein bod yn mynd i rywle – unrhywle! Roedd yn un dda am darten afalau hefyd. Rhyw ddarn o *trivia* yn perthyn i Nain oedd y ffaith mai ei chwaer, Bessie, oedd yn gofalu am orsaf Tan-y-bwlch, y teithiai trên bach Ffestiniog drwyddi am flynyddoedd lawer.

Wedi inni symud i fyw i'r De byddai'r rhan helaeth o'n gwyliau haf yn cael eu treulio yn y Gogledd ac yn nhŷ Taid a Nain Rhiw y byddwn i'n cysgu gan amlaf. Mae sôn drwy Gymru benbaladr am law Stiniog ac fe allaf gadarnhau hynny gan i fi fod yn dyst i'r glaw hwnnw ganwaith. Byddai fy nhaid yn cyfeirio'n ddireidus at Stiniog weithiau fel *'pisspot* y greadigaeth' a dwi'n dal i gofio fel y byddai hi'n tywyllu'n arw yn Rhiw pan fyddai'r cawodydd ar eu taith.

Fe gefais lawer o bleser pan oeddwn yn ifanc yn chwarae yn chwarel Dinas ac yn chwilota yn garej Taid – lle hynod o ddifyr i fachgen bach. Roedd darganfod hen helmed moto-beic fy ewythr a thomen o'i hen gylchgronau *Motor Sport* yn ddigon i 'nghadw i'n dawel am oriau. Fe fyddai Taid ac Yncl Pit (Peter), brawd Mam, yn potsian â rhyw injan byth a beunydd ac mae'n edifar gen i hyd y dydd heddiw na chefais i gyfle i ddysgu am beiriannau ganddyn nhw. Fydd Yncl Pit byth yn mynd â'i geir yn agos at garej – fe all wneud popeth ei hunan. Yn wir, dyna'i ddiddordeb pennaf ac anaml y gwelir ef heb olew ar ei ddwylo, er mai gweithio am flynyddoedd i Fanc y Midland wnaeth e. Efallai mai yma y plannwyd hedyn fy niddordeb obsesiynol i mewn ceir – ceir cyflym gan amlaf – er gwaethaf un digwyddiad anffodus.

Roedd gan Taid hen Rover mawr du ac roeddwn i bob amser yn awyddus i deithio gydag e i bobman. Un bore dyma gychwyn am stryd fawr y Blaenau ond dim ond canllath i lawr y ffordd yr aethon ni cyn i fi lwyddo i syrthio allan trwy ddrws y *passenger* a tharo 'mhen ar yr heol. Fe fyddai nifer yn dweud bod y digwyddiad hwnnw'n egluro llawer! Gyrru yn ei flaen wnaeth Taid, fodd bynnag – sioc, siŵr o fod.

Ceir oedd diddordeb pennaf fy ewythr ac wedi iddo briodi Anti Carys fe gawson nhw *sportscar* – Austin-Healey Sprite – ac roedd cael teithio yn hwnnw'n antur ynddi'i hunan, er 'mod i'n daer eisiau rhoi'r *hood* i lawr ganol gaeaf! Fy ewythr yw'r unig ddyn y gwn i amdano sy'n newid ei geir yn amlach na fi.

Pan oeddwn yn fachgen fe fyddai Nain yn cadw lojar. Athro yn Ysgol y Moelwyn oedd Carey Jones, a Hwntw o Langennech! On'd yw'r byd yn fach? Ychydig a feddyliwn y byddwn innau ryw ddiwrnod yn Hwntw ac, yn fwy na hynny, y byddai'r dyn oedd yn byw yn ystafell ganol Taid a Nain yn cael ei ordeinio'n weinidog mewn pentre cyfagos i ni – ym Methlehem, Porth-y-rhyd. Mae clywed enwau fel siop y Glorian, garej Cambrian, Bwlch Gwynt, stesion Diffwys, Queens a'r Sgwâr yn llenwi'r cof ag atgofion melys iawn o'r Blaenau. Rhyfedd meddwl erbyn heddiw nad oes neb o deulu Mam ar ôl yno a dwi'n ymwybodol iawn bod gweld y dirywiad yn yr hen dre ddiwydiannol yn loes calon iddi. Fe fydda i'n galw heibio bedd Taid a Nain yn Manod, Stiniog pan fydda i yn y Gogledd ac rwy'n hoffi treulio ychydig o amser yn edrych draw i gyfeiriad chwarel yr Oakley gan hel meddyliau am ddyddiau hapus plentyndod. Wrth dyfu'n hŷn, bydd meddwl dyn yn crwydro 'nôl i'r dyddiau hynny'n fwyfwy aml.

Ym mhentre Llan Ffestiniog roedd Taid a Nain Llan yn byw – yn Artro, Belle Vue a bod yn fanwl gywir, mewn tŷ teras â'r tŷ bach ar waelod yr ardd. Un lle oedd yna i fynd pan oeddwn yn blentyn bach, sef gweithdy Taid. Erbyn heddiw mae'r hen weithdy wedi diflannu ac er bod fy Anti Gwenda ac Yncl Geraint wedi codi tŷ ar y tir, fe alla i ddal i ogleuo'r cocd eirch a'r glud coed melys a doddai ar y stôf fach fel 'tai hi ond yn ddoe. Roedd gweithdy Taid yng nghefn hen adeilad to sinc ac yn y tu blaen roedd ei gyfnither, Anti Lil, yn cadw siop – roedd hyn yn fonws i fachgen bach â dant melys! Fy ngwaith i fyddai stwffio pwti i dyllau'r sgriws yn yr eirch a luniai Taid mor grefftus. Roedd Taid yn saer heb ei ail, yn bwyllog iawn wrth ei waith, a mawr oedd y galw amdano yn ardal Stiniog.

Fe fyddai Taid yn ddireidus iawn hefyd ac yn hoff o hwyl a thynnu coes. Byddai ganddo ddant melys iawn a byddai'n mynd i siop Penbryn i brynu da-da neu losin – un pecyn o rai y gwyddai na fyddai Nain yn eu hoffi a phecyn arall y byddai'r ddau'n hoff ohonyn nhw. Pan fydden nhw'n gwylio *Coronation Street* gyda'r hwyr fe fyddai'r pecyn y byddai'r ddau'n eu hoffi yn dod allan gynta ac fe fydden nhw'n ei rannu, yna fe fyddai Taid yn cynnig y pecyn arall i Nain ac fe allwch ddychmygu gweddill y stori – byddai hyn yn digwydd yn gyson.

Roedd Taid yn flaenor yng nghapel Bethel, capel yr Annibynwyr, ac yn lleisydd da iawn; mae'n debyg ei fod ef a Nhad yn dda am ganu penillion gyda'i gilydd ond yn anffodus chefais i 'rioed eu clywed. Rhywbeth unigryw arall am Taid Llan oedd y ffaith nad oedd yn gallu gyrru car – roedd wastad yn dweud wrthon ni y byddai'n dysgu gyrru pan ddeuai Jaguar piws allan a dim cynt! Pan oedd yn iau fe fu'n gweithio am gyfnod yn Wolverhampton ac roedd wedi twyllo fy nghefndryd a finnau ei fod wedi chwarae pêl-droed i Wolverhampton Wanderers. Gan gofio mai Wolves roedd fy nhad yn eu cefnogi, fe lwyddodd i'n twyllo ni am flynyddoedd lawer.

Gwraig tŷ oedd Nain Llan a fyddai wastad yn brysur yn glanhau *brasses*, yn gwnïo, yn crosio neu'n golchi'n dragwyddol. Roedd hi dipyn yn fwy swrth na Taid ond yn un dda am ginio dydd Sul ac yn gwneud grefi tywyll bendigedig. Fyddai Nain byth yn crwydro ymhell o Artro a chlywais i erioed mohoni'n siarad Saesneg ac eithrio rhyw 'yes' neu 'no'. Roedd ei brodyr yn byw yn y pentre, Dei a John, mewn clorwth o dŷ uchel o'r enw Mantua gyda gwraig John, Myferi. Bu farw Dei nifer o flynyddoedd yn ôl bellach ond fe fu John fyw tan 2003. Pan fyddai Nain yn mentro allan, anelu am Mantua fyddai hi bron bob tro. Cyndyn iawn fu hi i deithio i lawr i'r De i'n gweld ni, er bod Taid yn awyddus iawn i wneud y siwrnai, ond yr hyn sy'n rhyfedd yw iddi ddangos awydd i ddod i lawr yn aml wedi i Taid druan farw.

Pan oeddwn yn fy arddegau fe dreuliais i ran helaeth o'r hafau yn Llan gan fod fy nghefndryd wedi symud yno i fyw. Roeddwn yn anniddig yn cysgu yn Llan pan oeddwn yn blentyn am nifer o resymau – gan mai dim ond dwy lofft oedd yno fe fyddai'n rhaid cysgu yn yr un gwely â Nhad a fyddai fiw i fi anadlu'n rhy drwm heb sôn am symud. Roedd y ffaith nad oedd toiled yn y tŷ yn fy ngofidio er bod cario comic a lamp i waelod yr ardd yn antur unigryw. Yn y saithdegau fe adeiladodd Taid ystafell ymolchi yn Artro ac fe ychwanegodd ychydig at y gegin i greu mwy o le.

Fel y soniais, fe adeiladodd chwaer fy nhad, Gwenda, a'i gŵr Geraint dŷ ger gweithdy Taid ac roedd fy nghefndryd yn byw yno – Elfyn, sydd ddwy flynedd yn iau na fi, ac Iwan sydd yr un oedran â'm chwaer. Gan fod y tri ohonon ni wedi colli'n pennau am chwaraeon – pêl-droed gan mwya – roedd yn naturiol i ni dreulio llawer o'r gwyliau gyda'n gilydd. Fe sgoriais aml i gôl ar gae Bryncoed ac ar y sgwâr o flaen tŷ'r cartwnydd Mal Humphreys (Mumph) ac ennill nifer o ffrindiau newydd yn sgil fy nghefndryd. Daeth enwau Mal a Wynff, John Keith, Dei Huws, David Arwel a Chris, John Robs, Dewi, Dyl Ducks, Jimbo, Stephen Lelliott ac eraill yn gyfarwydd iawn i fi. Ardal hyfryd i fachgen yn yr haf oedd Stiniog a phrofiad gwerthfawr fyddai crwydro Cwm Cynfal ar ddyddiau o haf hirfelyn, tesog. Treuliais oriau ar fryncyn Penbryn ac yn iard olew Fina a'm dychymyg yn rhemp.

Roedd Llan yn bentre llawn cymeriadau lliwgar nad wyf am eu henwi rhag peri embaras – dyn fyddai'n cloi ei fam yn y sied lo, dynes oedd yn casglu tuniau a bocsys cardbord a dyn oedd yn credu bod y rhyfel yn dal i fynd yn ei flaen a hynny yn y saithdegau! Cymeriadau hoffus iawn oedd yn perthyn i fi oedd Ned Jar, neu Edward Jarrett Jones o roi ei enw iawn iddo, a'i wraig Jini Jôs, cyfnither i Taid Llan. Pwten fach o ddynes gryn dipyn yn llai na phum troedfedd oedd Anti Jini, yn gwisgo lipstic coch, coch a gwên ar ei hwyneb bob amser. Roedd Ned a Jini yn gymeriadau joli iawn oedd yn byw mewn hen dŷ teras bach yn Sun Street heb deledu; yn wir, dim ond ychydig iawn o gyfleusterau oedd ganddyn nhw. Rwy'n cofio fy nghefnder Elfyn a finnau'n mynd yno yn ein harddegau hwyr i dynnu coes y ddau – 'Be 'dach chi'n wneud ar noson oer yn y gaea heb deledu? Oes yna dipyn o hanci panci?' Ninnau'n meddwl ein bod yn glyfar, ond dyma ateb chwim gan y ddau: 'Na, mae'r iâr yn cau sefyll,' meddai Ned. 'Twt lol,' meddai Jini, 'y ceiliog sy'n cau codi!' Fe synnwyd Elfyn a finnau'n fawr ond rydym wedi chwerthin llawer wrth gofio geiriau'r ddau. Gan nad oedd gan y ddau blant roedden nhw'n garedig iawn wrthon ni bob amser ac anghofia i byth 'mo hynny.

Soniais am deulu Nain Llan yn byw yn Mantua. Fyddwn i byth yn siŵr beth i'w wneud o Mantua pan oeddwn yn fach gan ei fod yn dŷ hen ffasiwn tu hwnt, a fawr ddim wedi newid yno ers pan oedd fy nhad yn fachgen. Pan oeddwn i'n blentyn roedd John a Myferi a'u merch, Brenda, yn byw ar y llawr gwaelod ar y lefel o dan yr heol ac ar lefel yr ardd gefn. Roedd Dei wedyn yn byw ar y llawr cynta ac ar lefel y ffordd fawr o flaen y tŷ. Wnes i erioed ddeall hyn yn iawn ond hen lanc oedd Dei ac mae'n siŵr bod arno eisiau ei annibyniaeth.

Roedd fy nhad yn meddwl y byd o Llan ac oni bai i Dduw ei alw at ei briod waith fe fyddai wedi byw, bod a marw yn y pentre dwi'n siŵr. Fel yr ysgrifennodd aelod o gyn-ieuenctid Capel Seion, Drefach, 'Byddai trip i'r clwb ieuenctid bob haf a 'sdim ots ble bydden ni'n mynd fe fyddai'r bws yn dod yn ôl trwy Stiniog!' Anghofia i byth ei weld yn torri'i galon yn y fynwent wedi i ni gladdu Nain Llan a sylweddoli bod y llinyn oedd yn ei gydio wrth ei bentre wedi diflannu. Mi fu Nhad yn ffodus fod Nain wedi byw yn hen iawn. Mae fy modryb Gwenda a Geraint, Myferi gwraig John a 'nghefnder Elfyn a'i deulu – Sian, Heledd, Mared ac Urien – yn dal i fyw yn Llan felly fe fydda i'n galw yno bob tro y caf gyfle. Bydda i'n cyfeirio at fy Anti Gwenda fel fy 'modryb gyfoethog', nid oherwydd ei chyfoeth materol ond oherwydd ei diddordeb angerddol mewn gemwaith! Go brin y bydd gwerth iddi adael dim o hwnnw i fi yn ei hewyllys!

Nid yw'n teulu ni'n deulu mawr. O ran gweddill y teulu, mae 'nghefnder Iwan a'i wraig Nesta wedi bod yn byw yn Llanelli yn ystod y blynyddoedd diwethaf ar ôl cyfnodau ym Mangor a Llundain oherwydd gwaith Iwan gyda HSBC. Mae'r ffaith i Iwan a Nesta ymgartrefu yn Llanelli wedi golygu ein bod wedi gweld llawer mwy ar ein gilydd ac rwyf wedi cael cyfle i fwynhau cwmni'r ddau'n gymdeithasol. Ffactor sicr a ddenodd y ddau i Lanelli oedd y ffaith fod eu mab, Owain Tudur, yn chwarae pêl-droed i Abertawe ar y pryd. Mae chwaer Owain, Ffion, yn byw gyda Gethin yn hen dŷ Iwan a Nesta ar Fynydd Llandygái.

Roedd Owain yn chwarae pêl-droed i Fangor pan oedd yn ifanc iawn a chafodd gyfle gan Kenny Jackett i ddod am dreial i Abertawe yn ystod haf 2005. Aeth mis yn dri mis ac er bod Abertawe yn cynnig lletu iddo roedd yn amlwg y byddai hi'n haws i Owain ymgartrefu yno pe bai'n aros gyda ni ym Mhontyberem ac felly y bu. Bu Caroline yn golchi *kit* ymarfer y Swans am gyfnod yn ogystal â dillad rygbi a chriced ei meibion ei hun! Fe aeth pethau'n dda i Owain wrth iddo sicrhau cytundeb gydag Abertawe ac wedi i'w bartner, Nicki, symud i lawr fe brynodd y ddau dŷ yn Llanelli.

Un gêm sy'n aros yn y cof i fi yw'r gêm pan sgoriodd Owain ei gôl gynta i Abertawe yn Walsall ac roedd ein teulu ni yno'n dystion. Aethon ni i ganolbarth Lloegr am benwythnos a sicrhau seddi y tu ôl i'r gôl lle sgoriodd Owain. Erbyn hyn mae Owain wedi ennill capiau llawn i dîm pêl-droed Cymru ac ry'n ni'n falch iawn ohono. Yn debyg i'm meibion i, fodd bynnag, mae anafiadau wedi llethu ei yrfa ac yn dilyn cyfnod anodd gyda Norwich City mae bellach ym mhellafoedd yr Alban yn chwarae i dîm Inverness Caledonian Thistle ac yn dad i ddwy ferch fach. Wrth i fi ysgrifennu dwi'n ymwybodol y bydd yn rhaid i Iwan a Nesta symud i ardal Bryste cyn bo hir ac fe fydd bwlch ar eu hôl.

O ochr fy mam, mae fy Yncl Pit a'i wraig Carys yn byw ym mhentre Bethel, eu mab hynaf Gareth a'i deulu – Bethan, Iolo, Erin a Llio – yn byw gerllaw yn y Bontnewydd a'i frawd Gerallt yng Nghaernarfon gyda'i wraig Sheena a'u merched Lara a Cari. Yn debyg iawn i Iwan, fy nghefnder, fe aeth gwaith Pit ym Manc y Midland ag ef i Groesoswallt a Norwich cyn iddo gael cyfle i ddychwelyd i weithio i Fangor. Mae'n rhyfedd bod Owain wedi symud i chwarae pêl-droed i Norwich gan mai yno y ganwyd Gareth, fy nghefnder ar yr ochr arall. Gan fod Norwich mor bell o Gymru, cyd-ddigwyddiad annisgwyl iawn yw cysylltiad ein teulu ni â'r ddinas honno, dinas na fues ynddi erioed.

Un peth am ein teulu ni yw bod pawb, ac eithrio teulu fy chwaer erbyn hyn, yn Jones! Yn fwy na hynny, roedd Mam yn Jones cyn ac ar ôl priodi, yn union fel fy Anti Gwenda a'm Hanti Carys a 'ngwraig innau. Ar ben hynny, mae'r mab, Rhodri, wedi dilyn yr un patrwm eleni wrth briodi Siwan, sydd wedi dilyn patrwm ei mam hithau. 'Sdim rhyfedd eu bod nhw'n galw Nhad yn Jones y Mans!

4

Symud i Gwm Gwendraeth

YN HYDREF 1968 y daeth y symud wnaeth newid fy mywyd yn gyfan gwbl, taith o dros gan milltir i Gwm Gwendraeth ac i bentre Drefach, sydd yn union hanner ffordd rhwng Caerfyrddin a Llanelli. Mynd i fyw mewn tŷ o'r enw y Mans oedd y bwriad ac fe barhaodd yr enw am oes gyda fi gan mai Gwyn y Mans fydda i am byth yng Nghwm Gwendraeth – enw dwi'n falch iawn o'i arddel, er y byddai fy argyhoeddi o hynny ym 1968 wedi bod yn anodd iawn.

Pan deithiodd Bethan fy chwaer a finnau i lawr i'r Sowth gyda Taid a Nain Rhiw yn y Morris 1000 llwyd, a'n rhieni wedi mynd o'n blaenau, doedd gan yr un ohonon ni affliw o syniad ble roedd Drefach, er gwybod ei fod yn bell, ac roedd y ddau ohonon ni'n ddigalon iawn yn gadael y Gogledd. Roedd taith fel hon mewn Morris 1000 yng ngofal gyrrwr gorofalus ym 1968 yn ymddangos fel oes gyfan ac fe lwyddodd Bethan a fi i argyhoeddi'n gilydd fod y lle newydd hwn ym mhellafoedd byd.

Wedi cyrraedd Drefach, fe sylweddolon ni nad oedden ni'n adnabod neb nac yn cu deall yn siarad, er eu bod nhw'n siarad yr un iaith â ni! Rwy'n cofio mynd at deulu Browen un nos Sul i gael ein gwarchod tra bod ein rhieni yn yr oedfa – yn union fel yr arferai ddigwydd yn Port. Teulu annwyl a chyfeillgar iawn oedd Dai ac Olwen Rees a'u chwaer Alice Treharne a dwi'n cofio un ohonyn nhw'n fy holi, 'Wyt ti am fynd mas i whare?' a finnau'n ateb ''Wrach'. (Nawr, yn y Gogledd mae ''wrach' yn golygu 'efallai'.) Hithau'n mynnu, 'Fe fydd hi'n rhy dywyll yn hwyrach.' 'Nage,' meddwn innau, ''wrach.' 'Ie, ond chei di ddim mynd yn hwyrach,' gefais i fel ymateb.

Dyma ddysgu'n gynnar iawn bod gwahaniaethau sylfaenol rhwng tafodieithoedd. Eto i gyd, mae'r bwlch wedi diflannu erbyn heddiw diolch i S4C gan fod Cymry'r De a'r Gogledd yn deall tafodieithoedd ei gilydd bellach ac yn eu derbyn yn gyfforddus.

Roedd mynd i'r ysgol a'r ysgol Sul yn brofiad reit frawychus felly ond mae'n rhaid dweud i fi gael y bobol a'r plant yn hynod gyfeillgar a chymwynasgar. Sylweddolais yn fuan iawn y byddai'n rhaid teithio ymhell iawn i ddod o hyd i bentre a chapel cynhesach a mwy croesawgar. Yn yr ysgol cefais fy rhoi yn nosbarth Mr Ken Williams, athro penigamp, ac roeddwn i'n eistedd wrth ymyl bachgen o'r enw Julian Nicholas gan ei fod e wedi symud o bentre Gorslas i Drefach ychydig ynghynt. Fe dyfodd cyfeillgarwch rhyfedd o dynn rhwng Jules a finnau, cyfeillgarwch sy'n parhau hyd y dydd heddiw, er ei fod e wedi bod yn byw yn Dubai ers pymtheng mlynedd. Mae e wedi prynu tŷ yn Drefach yr haf yma, fodd bynnag, ac mae ei wraig Saeeda a'r plant wedi symud yno eisoes. Bydd yn rhaid i Jules deithio 'nôl a 'mlaen rhwng Dubai a Drefach yn ôl yr angen am gyfnod.

Cefais gwmni bachgen arall yn ystod yr wythnosau cynta gan ei fod e, fel fi, yn mynd gartre i ginio ac yn cael lifft gyda ni – Gareth Griffiths oedd ei enw. Ychydig a wyddwn ar y pryd mai'r Gareth Griffiths yma, neu Gogs i'w ffrindiau, fyddai'n was priodas i fi bymtheng mlynedd yn ddiweddarach – ie, rhyfedd o fyd. Dosbarth bach iawn oedd ein dosbarth ni – Wendy, Julie, Ann, Angela, Gareth, Rhidian, Jules a fi – ond roedd yr addysg yn dda a'r ysgol yn hwyliog dan brifathrawiaeth un o ddiaconiaid ein capel ni, Mr Cyril Treharne. Buan iawn y setlais yn yr ysgol ac roedd chwarae pêl-droed bob amser chwarae yn gymorth mawr – hynny yw, hyd nes i fi orfod mynd i Ysbyty Glangwili. Cefais gic ar fy mys wrth chwarae gôl-geidwad a bu'n rhaid i fi gael pwythau – mae'r graith i'w gweld o hyd.

Ymuno â Standard 2 wnes i – blwyddyn 4 erbyn heddiw – ac erbyn inni symud ymlaen i Standard 3 roedden ni'n rhannu ystafell â Standard 4 lle roedd fy narpar wraig, Caroline, yn ddisgybl. Wnes i fawr o sylw ohoni ond dwi'n ei chofio hi'n rhoi'r edrychiad mwya bygythiol i fi pan chwarddais ar ôl iddi eistedd ar *drawing pin* roddodd Alan Bennett ar ei chadair. Dwi wedi diodde'r edrychiad hwnnw droeon erbyn hyn!

Beth bynnag, yn Standard 3 y cefais un o'r profiadau trawmatig hynny sydd yn dod i ran bob yr un ohonon ni – doeddwn i ddim yn gallu darllen y bwrdd du, ac felly bu'n rhaid fy anfon at optegydd. Roeddwn i'n llythrennol yn crynu, wn i ddim pam, wrth i Dewi Jones fy archwilio a chanfod fy mod yn *short-sighted* ac angen sbectol – dyna ni, *street cred* wedi diflannu'n llwyr! O edrych yn ôl ar y cyfnod hwnnw, does dim rhyfedd 'mod i'n tynnu'r sbectol bob cyfle gawn i gan fy mod yn gorfod gwisgo sbectol fel rhai fy nhad – dim sôn am Lacoste na Hardy Amies mae arna i ofn. Mae'r sbectol wedi bod yn bla i fi ers y dyddiau cynnar hynny. Fe dries *contact lenses* ond fe ges i *giant papillary conjunctivitis* ac roedd yr enw'n ddigon i roi terfyn ar yr arbrawf hwnnw. Fe fues yn gwisgo *lenses* ar gyfer chwaraeon, fodd bynnag, a synnais nad ocdd yn rhaid i fi symud troedfedd i'r ochr ar y funud ola i ddal y bêl!

O ran yr ysgol fach, mae yna restr o bethau sy'n aros yn y cof – mabolgampau Mynydd Mawr, cystadleuaeth rygbi 7 bob ochr Ysgolion Mynydd Mawr, tripiau'r ysgol i sw Bryste, pawb yn siarad Cymraeg a'r *11 plus*. Roeddwn i wastad yn rhedeg ym mabolgampau'r ardal, er nad oedd gen i obaith ennill gan fod Jules yn gynt na fi o dipyn.

Cefais fy mhrofiad cynta o rygbi yn nhreial Mynydd Mawr dan 11 ac mae'n destun gwawd i fy meibion mai'r peth cynta wnes i oedd taro'r bêl â 'nwrn fel y byddai gôl-geidwad pêl-droed yn ei wneud. Erbyn cyrraedd dosbarth 4, fodd bynnag, fe ddaeth Clive John, brawd Barry a blaenasgellwr tîm Llanelli, i'n hyffordd ar gyfer cystadleuaeth 7 bob ochr y Mynydd Mawr. Dyma pryd y dechreuais i ymddiddori o ddifri yn y gêm ffantastig yma fyddai'n chwarae rhan mor bwysig yn fy mywyd wedi hynny. Fe aethon ni i'r chwarteri a Jules oedd ein seren – roedd yn chwaraewr greddfol a byddai'n parhau felly am flynyddoedd. Drwy gyd-ddigwyddiad rhyfedd, Clive, ynghyd â'i frawd Allan, oedd hyfforddwyr y Tymbl pan fu'n rhaid i fi orffen chwarae oherwydd anaf gwael i 'mhen-glin. Mae Allan yn byw ar yr un heol â mi, yn gyfaill da ac yn gwmni difyr dros ben. Roedd Allan yn perthyn i'r hen deip oedd yn credu mewn gweithio'n galed a chwarae'n galed a bu'n anffodus tu hwnt i beidio ag ennill cap llawn i Gymru allan yn yr Ariannin yn y chwedegau – am ei fod yn chwaraewr rhy galed, medd rhai! O 'mhrofiad i, mae ei galon a'i gymwynas yn fawr beth bynnag.

Roedd hi'n arferiad gan ysgolion y cwm logi trên i gario'r plant ar drip blynyddol i sw Bryste a mawr fyddai'r cyffro wrth deithio i lawr i orsaf Llanelli i'w ddal. Yr hyn sy'n aros yn y cof yn fwya arbennig yw i fi gael fy nghusan go iawn gynta mewn twnnel ar y ffordd 'nôl o Fryste – gan Valerie Rees oedd flwyddyn yn hŷn na fi ac yn gwybod beth oedd hi'n wneud! Chafodd hi fawr o help gen i dwi ddim yn credu! Roedd pawb yn yr ysgol yn siarad Cymraeg ac eithrio ambell unigolyn oedd, serch hynny, yn deall yr iaith yn iawn. Doedd dim angen categoreiddio ysgolion bryd hynny a doedd dim mewnlifiad – heblaw am deulu o Borthmadog! Doedd dim sôn am Dr Alan Williams ar y gorwel chwaith. Ar ddiwedd dosbarth 4 neu flwyddyn 6 roedd yr *11 plus* felltith lle roedd plant yn sefyll arholiad er mwyn i'r awdurdod allu eu didoli. Byddai rhai'n mynd i Ysgol Ramadeg y Gwendraeth a rhai i Ysgol Uwchradd Maes-yr-Yrfa, a mawr oedd y rhyddhad o glywed fy mod yn mynd i Ysgol y Gwendraeth, fi a Jules. Roedd hi'n ysgol dda iawn ac fel bonws i fi roedd hi ym mhentre Drefach felly gallwn gerdded i'r ysgol.

Yn ystod y blynyddoedd cynnar hyn roedd dylanwad yr ysgol Sul yn gryf iawn ac roedd gan ein capel ni, Capel Seion, dair ysgol Sul – un y drws nesaf i'r capel oedd uwchlaw'r pentre, un yn festri Nebo ym Mynyddcerrig, pentre bychan y tu hwnt i'r capel, ac un yng nghanol Drefach, sef Hebron. I Hebron y byddwn i'n mynd ac roedd nifer helaeth o blant yr ysgol yn mynychu'r ysgol Sul honno lle roedd pobol fel fy mam, Nansi Jones, Elsbeth James a Morfydd Thomas yn dysgu'r plant, ond y bos oedd menyw weithgar tu hwnt o'r enw May Isaac. Ar y pryd roedden ni'r plant yn meddwl bod Miss Isaac yn dipyn o *slave-driver* ac fe fyddai ganddi ddisgyblaeth lem ond fe roddodd May sylfaen gadarn i bob yr un ohonon ni ac fe fu'n gweithio'n ddiflino yn ysgoldy Hebron am ddegau o flynyddoedd. Mae'n siŵr mai iddi hi mae'r diolch fod nifer o'r merched yn gallu canu mewn tiwn ac yn gallu darllen rhan yr alto. Yn ychwanegol at yr ysgol Sul roedd y Gobeithlu neu'r Band of Hope ar nos Lun – yma y bydden ni'n dysgu stwff at y Gymanfa yn y gwanwyn, yn cael gwylio ffilmiau a chwarae gêmau yn yr hydref ac yn paratoi ar gyfer y cyngerdd Nadolig yn y gaeaf. Fe fu'r cyngherddau hyn, mewn nifer o gapeli, yn sylfaen gadarn i nifer fawr iawn o actorion sy'n gweithio'n broffesiynol yng Nghymru heddiw ac mae'n drueni fod rhai wedi anghofio hynny. Mae fy nyled i'n fawr iawn i weithwyr amatur gwirfoddol y capel ac mae'n braf weithiau cael cyfle i dalu ychydig o'r ddyled honno'n ôl. Roedd cwrdd plant unwaith y mis, fel sy'n dal i fod heddiw, ac un o uchafbwyntiau'r flwyddyn oedd y gymanfa ganu. Doedd hi byth yn ffasiynol i ni fechgyn gyfadde ein bod yn mwynhau'r canu, wrth gwrs, ond fe fyddai'r plant i gyd yn mwynhau'r cynnwrf ar gyfer oedfa'r hwyr. Te yn y festri gynta a phobol yn cyrraedd yn gynnar – yn wir, byddai'r lle mor llawn fe fydden ni'r plant yn cael cario cadeiriau i mewn ac yna eistedd ar risiau'r pulpud – doedd dim angen llawer i'n plesio yn y dyddiau hynny!

Yn ystod y cyfnod cynnar hwnnw fe sefydlwyd patrwm o chwarae gyda'r nos fyddai'n parhau am flynyddoedd. Mae plant heddiw yn achwyn os nad yw popeth wedi'i baratoi ar eu cyfer ac mae arnyn nhw angen rhywbeth newydd i'w wneud trwy'r amser, ond chwarae pêl-droed ar barc Drefach fyddai ein hadloniant ni bob nos a phob penwythnos. Pan fyddai'r tywydd yn rhy wlyb bydden ni'n chwarae pêl-droed ar gyrtiau pêl-rwyd Ysgol y Gwendraeth. Heblaw am sgramblo beics i lawr tua Gwaith Bach, hen lwybrau gwaith glo mewn coedwig ar lan afon Gwendraeth Fach, chwarae pêl-droed fyddai'n mynd â'n bryd.

Roedd ymlyniad rhai o'r bechgyn wrth glybiau'r Adran Gyntaf yn gryf – Man U oedd tîm Jules a fi, Leeds fyddai Gogs, Ants a Bennett yn eu cefnogi a Huw Lloyd yn ddilynwr brwd o Chelsea. Pan fyddai'n rhy wlyb neu'n rhy dywyll i chwarae tu allan fe fyddai'r timau a enwyd uchod yn dylanwadu ar ein chwarae tu fewn yn ogystal gan ein bod i gyd yn casglu cardiau pêl-droed. Roedd gen i hefyd hen gêm bêl-droed y bydden ni'n ei chwarae drwy ddefnyddio darnau o Lego a chownter. Er mwyn gwneud y gêm yn fwy diddorol fe fydden ni'n dewis timau gan ddefnyddio'r cardiau pêl-droed ac fe fyddai Gogs yn tystio i ni chwarae'r gêm honno am gannoedd o oriau.

Diddordeb arall, wrth gwrs, oedd ceir bach ac fe dreulion ni oriau yn diddanu'n hunain â Jags ac MGs a thractorau. Erbyn heddiw mae'r ceir hyn yn gwerthu am ffortiwn ar eBay. Fel mae'n digwydd, mae gen i gasgliad o geir mewn dau gwpwrdd gwydr – ceir rali yw nifer ohonyn nhw ond mae gen i hefyd rai hen fodelau gwreiddiol sydd yn werth tipyn o arian. Mae gen i fodel gwreiddiol o Aston Martin DB5 James Bond â'r bocs yn gyfan, Batmobile gwreiddiol mewn cyflwr da iawn ond heb focs, hen gar *Man from U.N.C.L.E.*, car Kojak, TR7 Purdey a Volvo'r *Saint* i enwi dim ond rhai.

Mae un digwyddiad yn ymwneud â gweithgaredd y tu allan i furiau'r ysgol yn aros yn y cof. A dweud y gwir, fe gollais ddiwrnod o ysgol i baratoi ar ei gyfer. Teulu a ddaeth yn ffrindiau agos i ni oedd teulu fferm y Berllan ac mae'r ferch Ann a'i gŵr Gethin a'r plant, Lowri ac Aled, yn parhau i fod yn gyfeillion agos inni. Un o'r rhesymau am siâp fy nghorff heddiw, dybiwn i, yw'r holl fwyd a baratowyd ar fy nghyfer gan Margaret Walters y Berllan, mam Ann, menyw a ddaeth yn ffrind da iawn i fi, menyw a ddioddefodd gryn afiechyd ond a fu'n siriol a chroesawgar trwy'r cwbl. Roedd tad Ann, Hubert Walters, yn ddyn cŵn defaid mawr ac yn ennill treialon ar hyd a lled Cymru. Ar ddiwedd y chwedegau daeth cyfle i gynnal treialon ar fferm y Berllan ac mae'r gwaith o baratoi'r cae a'r gorlan ar gyfer y diwrnod hwnnw wedi aros yn y cof dros y blynyddoedd. Efallai i'r cynnwrf a deimlwn wrth baratoi blannu egin y diddordeb sydd gen i mewn amaethyddiaeth. Yn anffodus, fe fu Hubert Walters farw yn sydyn ychydig wedi hynny ac ni chefais gyfle i fanteisio rhagor ar ei ddoethineb. Fe barhaodd fy nghysylltiad agos â theulu'r Berllan, fodd bynnag, a theg dweud fy mod wedi treulio oriau lawer yno dros y blynyddoedd.

Doedd digwyddiadau'r byd gwleidyddol ddim o ddiddordeb mawr i fachgen yng Nghwm Gwendraeth yn niwedd y chwedegau ond dwi'n cofio i ni fel plant gael ein cludo i lawr i sgwâr Cwmmawr ar gyrion pentre Drefach ar gyfer achlysur nad oedden ni'n siŵr beth oedd e'n ei olygu. Yn rhyfedd iawn, cawson ni'n rhoi i sefyll mewn rhesi y tu allan i'r tŷ lle ganwyd fy ngwraig a'r tŷ fu'n gartre cynta i ni ar ôl priodi. Cawson ni gyfarwyddyd, pan fyddai car mawr du yn pasio, i godi ein dwylo a chwifio ar y dyn ifanc yn y car. Roedd hi'n 1969 a'r dyn ifanc, wrth gwrs, oedd Charles Windsor. Dyma gynllun *brainwashing* George Thomas ar ei orau – myg i'r plant bach a bore i ffwrdd o'r ysgol er mwyn eu gwneud yn daeogion bach selog. Doedd Arwisgiad Charles ddim yn bwysig nac yn boblogaidd yn ein tŷ ni a does gen i ddim cof i fi weld y digwyddiad o gwbl ond, wedi dweud hynny, wyddwn i ddim am yr FWA yn yr un cyfnod chwaith. Roedd recordiau Dafydd Iwan, *Carlo* a *Croeso Chwedeg Nain*, gennym ac mae'n amlwg i'r caneuon hynny gael tipyn mwy o ddylanwad ar fy chwaer a finnau na chynllun y llyfwr George Thomas.

Ychydig cyn i fi ysgrifennu'r geiriau hyn roedd Cymru'n chwarae Lloegr yng Nghwpan Rygbi'r Byd yn Awstralia a bu ffys fawr fod Harry, mab Charles, yn gwisgo crys Lloegr. Doedd y bachgen yn gwneud dim o'i le gan mai Sais yw e. Y bobol drist yw'r Cymry hynny sy'n eilunaddoli ei dad ac yn derbyn dyn o wlad arall yn dywysog arnyn nhw. Fe fyddai patrwm George Thomas o eilunaddoli'r Sais yn datblygu'n gyffredin ymysg nifer o Gymry taeog ac fe fyddwn yn dod yn fwyfwy ymwybodol ohono wrth i fi dyfu'n hŷn.

5

Ysgol Ramadeg y Gwendraeth

BACHGEN GWALLT GOLAU digon pryderus gerddodd y ddau gan llath o'n tŷ ni i Ysgol Ramadeg y Gwendraeth lle roedd un arall o ddiaconiaid fy nhad, y diweddar Mr Bryniog Howells, yn brifathro. O'i chymharu ag ysgol fach Drefach roedd yr ysgol yma'n enfawr ac ynddi gannoedd o blant, y mwyafrif llethol yn ddierth i fi. I ychwanegu at fy ngofidiau, doedd Jules ddim yn mynd i'r ffrwd Gymraeg fel fi gan mai Saesneg oedd iaith ei fam, er bod honno, pob clod iddi, wedi dysgu Cymraeg erbyn hyn. Felly roeddwn yn llythrennol ar fy mhen fy hun, yn gwisgo tei du a melyn hynod anghyfforddus a *blazer* newydd stiff â'r arwyddair 'Ym mhob braint mae dyletswydd', a hynny'n rhoi mwy o bwysau ar y bychan petrusgar. O fewn yr awr gynta, fodd bynnag, roeddwn wedi llwyddo i ennill cyfaill mynwesol – fe fyddai Huw Williams o Bontyberem a finnau'n gwneud popeth gyda'n gilydd o'r diwrnod hwnnw ymlaen. Fe fu'r ddau ohonon ni'n chwarae mewnwr a maswr i'r tîm rygbi ac yn darllen meddyliau ein gilydd, bron, am flynyddoedd. Gan ein bod mor glòs fel ffrindiau bu cyfnod pan fu rhai'n ein galw yn Smith and Jones ar ôl cyfres gowboi ar y teledu, *Alias Smith and Jones.* Do, fe ges i gyfaill da yn Huw ac, yn fwy na hynny, roedd dosbarth 1C a gyfarfu gynta yn nosbarth cofrestru Mrs Glesni Hallam yn griw hapus iawn. Fe alla i ddweud wrth ddechrau sôn am y cyfnod hwn i fi fwynhau yn Ysgol y Gwendraeth ac yr awn yn ôl yfory nesaf i wneud yr un peth eto.

Wrth sôn am Huw, yr unig dro y gwelais ef mewn panic llwyr oedd mewn gwers gwaith coed lle roedd yr athro, Mr Owen Herbert, yn enwog am ei dymer. Roedd Huw wedi ceisio denu fy sylw drwy anelu'r cŷn oedd yn ei law ata i ond fe godais i fy mhen a tharo'n erbyn y cŷn a dyma'r gwaed yn dechrau llifo o 'mhen. Dechreuodd Huw banico, am ddau reswm – gweld y gwaed ac ofn cael ei ddisgyblu, mae'n siŵr. Doeddwn i fawr gwaeth, beth bynnag, a chafodd Huw mo'i gosbi'n galed felly mae'r ddau ohonon ni'n gallu chwerthin wrth sôn am y digwyddiad heddiw. Yr unig gŵyn sydd gen i yn erbyn fy nhad yw na wnaeth ymdrech i ddysgu gwaith coed i fi. Roedd e a 'nhaid yn seiri coed penigamp ac fe hoffwn innau fod wedi dysgu'r grefft gan mai dwy law chwith sydd gen i wrth drin coed. Eto i gyd, fe fwynheais y gwersi gwaith coed yn yr ysgol.

Fy hoff bwnc, fodd bynnag, oedd Cymraeg ac roedd ein hathrawes Gymraeg yn un arall oedd yn enwog am ei thymer. Mae Mrs Elsbeth Jones, neu Boco fel y'i hadwaenid, yn ddirprwy brifathrawes yn Ysgol Gymraeg Maes-yr-Yrfa heddiw, lle bu fy meibion i'n ddisgyblion, ac roedd eu clywed yn sôn amdani'n bytheirio ar blant yn dod â gwên i'r wyneb. Rhaid i fi ddweud yma'n gyhoeddus na chafodd dosbarth 1C 1971 erioed drafferth gyda hi a chawson ni ddim ond hwyl yn ei chwmni am bum mlynedd. Er ei bod yn credu'n gryf mewn disgyblaeth, roedd hi'n barod am hwyl ac aml i dro fe gofiaf hi'n sgrechen gyda'r gorau ohonon ni wrth ddod ar draws ambell linell amheus. Clywaf hi'n glir y funud hon yn gweiddi, 'Mae eisiau golchi'ch meddyliau chi mas gydag ICI.' Fe fyddwn yn mynd mor bell â dweud mai hi oedd fy hoff athrawes gan ei bod yn athrawes alluog iawn yn ogystal â bod yn hwyliog. Os darllenith hi'r geiriau hyn fydd dim modd byw 'da hi! Mae 'Llys Ifor Hael' a *Luned Bengoch* yn fyw yn y cof am resymau cwbl anllenyddol. Yn ystod y gwersi Cymraeg yn Ysgol y Gwendraeth y cefais fy nghyflwyno i'm hoff nofelau, sef *Cysgod y Cryman* ac *Yn Ôl i Leifior*, campweithiau Islwyn Ffowc Elis. Roedd popeth yn ymwneud â'r Gymraeg o ddiddordeb i fi, er bod yn rhaid cyfadde na ddysgais y rheolau treiglo yn iawn gan fy mod o hyd yn treiglo'n gywir wrth siarad ac ysgrifennu a dydw i erioed wedi deall pobol, ac eithrio dysgwyr, sydd yn camdreiglo.

Stori bur wahanol oedd hi gyda'r iaith fain. Gan fod ein dosbarth ni yn ffrwd Gymraeg doedd fawr o gariad at y Saesneg, na fawr o ymdrech chwaith, gan y mwyafrif. Roedd yna ffactorau a gyfrannai at fy atgasedd i o'r pwnc, wrth gwrs, sef y ffaith fy mod yn genedlaetholwr a bod gennym athrawes fach hunanbwysig oedd yn ymfalchïo yn ei Seisnigrwydd. Syndod mawr i fi, felly, oedd clywed gan fy nhad fod tad Knighty, fel y galwem hi, yn Gymro Cymraeg. Roedd hyn yn ffasiynol mewn hen ysgol ramadeg, wrth gwrs, â rhai athrawon ffroenuchel yn cuddio'r ffaith eu bod yn gallu siarad Cymraeg, ond does gen i'r un gronyn o barch at y pwr dabs hynny. Fe dreuliai Knighty hanner cynta'r wers Saesneg yn ein gwahanu ni fechgyn oddi wrth ein gilydd. Oherwydd fy ngwersi Saesneg rwyf hyd heddiw'n casáu Laurie Lee ac fe lwyddodd i wneud *Macbeth* yn ddiflas, er i'm blwyddyn gynta yn y coleg lwyddo i achub y ddrama honno i fi. Soniais eisoes am 'Lys Ifor Hael', yr englyn cynta i ni ei ddysgu mewn gwers Gymraeg, ac un prynhawn dyma Gwyn Stephens yn codi ar ganol y wers Saesneg, yn amlwg wedi cael llond bol, ac yn dechrau adrodd:

'Llys Ifor Hael, gwael yw'r gwedd, – yn garnau
    mewn gwerni mae'n gorwedd.'

'What's that, Gwyn?' gofynnodd Knighty.

'Poetry, miss,' daeth yr ateb.

'I know that,' meddai hithau, 'but what's it for?'

'The Eisteddfod, miss, I needed to practice,' atebodd Gwyn a gweddill y dosbarth yn bwldagu.

Un oedd yn dda yn y gwersi Saesneg oedd Andrew Williams, neu Proff i roi iddo'i lysenw. Yn ystod un tymor bu

Proff yn anhwylus a phan ddychwelodd i'r ysgol dyma un o 'nghyfoedion, Dyfrig Rees, sydd erbyn hyn yn weinidog, yn dweud wrtho, 'Diolch i'r nefoedd bo ti'n ôl, Proff, ma Knighty 'di bod yn siarad â'r ff**in wal ers pythefnos.' Pan basiais i fy arholiad Lefel 'O' Llenyddiaeth Saesneg, unig sylw Knighty oedd 'They must have marked the wrong paper!' Yr unig le y galla i ei chanmol yw y byddai hi'n fodlon i fi golli gwersi i ymarfer ar gyfer mabolgampau'r ysgolion yn yr haf – hyd yn oed mewn campau nad oeddwn yn cystadlu ynddyn nhw!

Fu gen i erioed fawr i'w ddweud wrth y byd gwyddonol chwaith ac mae'n siŵr fod hynny'n cael ei adlewyrchu yn safon fy ngwaith a'm hymddygiad yn y gwersi hynny. Dim ond am ddwy flynedd yr astudiais i Gemeg gydag athrawes Seisnig iawn o'r enw Gloria Pardoe. Dau beth sy'n aros yn y cof – gwallt Nicola Hopkins yn mynd ar dân a Huw a finnau'n cael ein dal yn gwneud rhestr o enwau merched smart yr ysgol. Am wrthod dangos y rhestr cefais fy hun yn treulio gwers ddwbl allan yn y coridor ac i wneud pethau'n waeth daeth y dirprwy brifathro, *bulldog* o ddyn o'r enw Walter Pearce, heibio i holi pam fy mod yn sefyll y tu allan i'r wers.

Doedd fy record yn Ffiseg fawr gwell a dwi'n cofio i'r diweddar Eifion Francis, neu Franco, daflu pedwar ohonon ni allan o'i wers am lwyddo i dorri un o'i *ticker-tape timers*. 'Are you like this at home, Gwyn Jones?' oedd y cwestiwn ges i – cwestiwn twp iawn gan na wnaeth fy rhieni erioed fuddsoddi mewn *ticker-tape timer*. Roedd mab Mr Francis, Gwilym, yn yr un dosbarth â fi, fe aeth i goleg Aberystwyth yr un pryd â fi ac fe fyddwn yn ei ystyried yn ffrind. Bu gwraig Franco yn dysgu gyda 'ngwraig i ond mae'n flin gen i gofnodi i Mr Francis farw'n gymharol ifanc. Doeddwn i ddim yn deall Ffiseg a dyna'r unig bwnc i fi ei fethu yn fy Lefel 'O'. Fe ddywedais wrth fy rhieni y buaswn yn pasio popeth arall ond nad oeddwn am wastraffu amser ar Ffiseg gan nad oeddwn yn ei ddeall ac felly y bu.

Yn ddiddorol, roeddwn yn ymdopi'n iawn mewn gwersi Gwyddoniaeth yn ystod y ddwy flynedd gynta pan oedd athro hoffus iawn o'r enw Eddie Biol yn ein dysgu ac fe lwyddais i fwynhau Bywydeg yn ddiweddarach gyda'r athro hwnnw, oedd wastad yn deg ac yn ddifyr. Yna cefais athro Ffiseg am flwyddyn a drodd yn elyn pennaf imi – Sais o'r enw Jim Stubbs, oedd yn digwydd lletya am gyfnod y drws nesaf i'n tŷ ni. Mae pobol wastad yn dweud bod yna ddau fath o Sais yn symud i Gymru – yr un sydd am doddi i mewn i'r gymdeithas a'r un sydd am ddweud wrth y gymdeithas beth ddylen nhw fod yn ei wneud. Roedd Stubbs yn perthyn i'r ail gategori heb ddim amheuaeth – fe geisiodd ymuno â chriw rygbi Ysgolion Mynydd Mawr er ei bod yn amlwg mai cyfyngedig iawn oedd ei wybodaeth am rygbi.

Anghofia i byth mohono'n ceisio dangos i ni sut i fowlio mewn criced chwaith – fe aeth ei belen gynta yn syth i'r llawr heb gyrraedd y wiced ac fe darodd Jules yr ail belen allan o'r cae! Fe fu rhyw ymrafael rhyngddo fe a fi – a dweud y gwir, dwi ddim hyd yn oed yn cofio beth oedd asgwrn y gynnen – ac fe roddodd 200 o linellau i fi eu gwneud. Am ryw reswm, o dipyn i beth, fe gynyddodd y llinellau i 400 ac fe ofynnodd fy nhad iddo roi tasg fwy addysgiadol a llesol i fi. Ni faddeuodd i fi a diddorol oedd sylwi na ches i fynd i dreial sirol dan 15 – fe aeth olwyr Mynydd Mawr i gyd heblaw amdana i. Mae'n siŵr i'r bonheddwr hwnnw gyfrannu'n helaeth at fy nghasineb tuag at bethau Seisnig ac, yn anffodus, at Ffiseg.

Mae un digwyddiad doniol iawn yn aros yn y cof yn ymwneud â Jim Stubbs. Roedd athrawes hen ffasiwn o'r enw Mrs Jones yn dysgu Bywydeg a hithau wedi cael y llysenw Jez ac roedd angen gwers i ffwrdd i chwarae rygbi ar dri ohonon ni'r bechgyn. Ar ein ffordd i lawr i'w gweld dyma Jim Stubbs yn ein stopio a holi ble roedden ni'n mynd a dyma Gwyn Stephens yn ateb ar unwaith, 'We're going to ask Mrs Jezebel for the lesson off to play rugby.' Wyddai'r un ohonon ni, gan gynnwys Stubbs, ble i edrych.

Dim ond mewn un pwnc arall rydw i'n cofio cael fy nhaflu allan o'r ystafell a hynny mewn gwers Hanes gan Mrs Hallam, am chwerthin yn blentynnaidd a chwarae o gwmpas mae'n siŵr. A bod yn deg, cawson ni ein trip cynta gan yr adran Hanes i Gaerleon i weld yr olion Rhufeinig, trip llwyddiannus dros ben, yn enwedig gan i fi gael eistedd wrth ymyl Maureen Anderson ar y bws ar y ffordd yn ôl!

Un stori ddifyr sy'n werth ei hadrodd yma yw'r hyn ddigwyddodd yn ystafell gofrestru Mrs Hallam tua diwedd ein blwyddyn gynta yn y Gwendraeth, sef helynt Siân Wilkins. Roedd criw ohonon ni'n rhedeg o gwmpas y dosbarth, fel mae plant. Fe gornelwyd Siân a rhwygodd ei sgert yn erbyn y rheiddiadur. Wel, dyna le, a ninnau bron wedi'n cyhuddo o geisio rhwygo'r sgert oddi ar y ferch druan. Pan ymddangosodd y dirprwy brifathro ar gyfer y disgyblu fe ddywedodd Mrs Hallam wrtho, 'These four are the four usually in trouble' – gan bwyntio at Dai, Huw, Dyfrig a finnau. Am wn i fod y dirprwy wedi sylweddoli'n fuan iawn nad oedd angen y gosb eitha ar yr un ohonon ni a *litter duty* tan ddiwedd y tymor fuodd ein tynged.

Wnes i ddim pwdu wrth Hanes, fodd bynnag, gan astudio'r pwnc at Lefel 'A' ac yna astudio Hanes Cymru yn ystod fy mlwyddyn gynta yn y Brifysgol. Ar ôl dwy flynedd o gael ein dysgu gan Mrs Hallam fe gawson ni athro Hanes o'r enw Caleb a gredai mai trwy godi braw ar blant y gellid eu cael i roi o'u gorau. Doeddwn i ddim yn hoff o'i ddulliau dysgu, er ei fod yn amlwg yn hyddysg iawn yn y pwnc. Dim ond fi oedd yn astudio Hanes trwy gyfrwng y Gymraeg at Lefel 'A' ac roedd gen i ddau o athrawon hollol wrthgyferbyniol, sef Caleb a'i dactegau bygwth a Margaret Davies oedd yn fenyw hynod addfwyn a hoffus. Mae gen i stori dwi wedi bod eisiau ei hadrodd ers i fi adael yr ysgol am draethodau Hanes y byddwn yn eu cwblhau i Caleb. Byddai'n dueddol o osod yr un traethodau bob blwyddyn a chawn weld traethodau bachgen oedd flwyddyn yn hŷn na fi ac wedi gwneud y traethodau flwyddyn ynghynt. Fe fyddwn yn astudio ei draethawd ef ac yn cywiro'r hyn roedd Caleb wedi'i farcio'n anghywir, a wyddoch chi beth? Roedd fy marc i bob tro'n is na marc y traethawd a gywirwyd. O edrych ar y marciau a gawn yn arholiadau'r ysgol yn y chweched, dwi'n siŵr iddi fod yn gryn sioc i Caleb pan gefais radd B mewn Hanes yn Lefel 'A'.

Roedd yna ddigon o bethau i godi calon bachgen ifanc yn y Gwendraeth, fodd bynnag – coesau Nia Wood oedd yn dysgu Addysg Grefyddol i ni i enwi dim ond dau, neu ddwy! Pan oeddwn i'n dechrau yn y Gwendraeth roedd athro newydd o Geredigion yn dechrau yn yr adran Ddaearyddiaeth, athro oedd â diddordeb yn y ddrama ac mewn rygbi, ac athro a fyddai ymhen rhai blynyddoedd yn dod yn brifathro Ysgol y Strade yn Llanelli, Geraint Roberts. Fe ddeuthum yn ffrindiau â Geraint yn ddiweddarach drwy gangen Plaid Cymru yn Llanddarog, lle bu'n weithgar iawn, ond mae fy nyled i'n fwy iddo am gyflwyno dramâu Cymraeg i'r ysgol. Rwy'n cofio cymryd rhan mewn cystadlaethau drama gydag ef ac un sy'n aros yn y cof yw'r *Ddraenen Fach*. Mae'n siŵr i hyn, ynghyd â pherfformio mewn dramâu capel, ysgogi rhywfaint o'r perfformiwr ynof. Yn Saesneg y byddai dramâu mawr yr ysgol bob amser, er mawr siom i fi, ond fe lwyddodd Geraint i gyflwyno drama Gymraeg i fywyd yr ysgol. Roedd hyn yn hynod o bwysig gan nad oedd adran Ddrama fel y cyfryw yn y Gwendraeth. Trueni mawr nad oedd y fath adran yn bodoli gan i fi wastraffu dwy flynedd yn astudio Lladin. Chofia i ddim byd am yr iaith honno heblaw am *amo, amas, amat*! Roedd Geraint yn barod i drochi ei ddwylo ar y maes chwarae gyda ni yn ogystal a dwi'n gwybod iddo ennill parch nifer o'r bechgyn wrth iddyn nhw fynd i ddosbarthiadau hŷn yr ysgol o dan ei ofal.

Wedi cyrraedd y trydydd dosbarth a chael gwared â phynciau megis Lladin cefais gyfle i astudio Ysgrythur gyda Raymond Williams ac mae'n rhaid dweud i fi fwynhau fy nghyfnod yn ei ddosbarthiadau. Roedd Mr Williams yn athro teg ac oherwydd ei gefndir yn y weinidogaeth, mae'n siŵr, yn wrandäwr da. Profiad rhyfedd fu i Mam ddod i gyflenwi yn ei le ar un adeg a theg cyfadde i Huw fy ffrind a finnau fanteisio ar hynny!

Gŵr arall o'r enw Ray Williams oedd arwr mawr y flwyddyn gynta i fi. Ef oedd ein hathro ymarfer corff, yn gyn-asgellwr Llanelli a Chymru a'i wybodaeth am rygbi yn drylwyr. Fe alla i glywed ei lais yn yr hen gampfa'n glir hyd heddiw – 'Pommel horse to buck, buck to ropes, GO' ac yna sŵn y chwiban. Ar y maes rygbi roedd yn disgleirio, fodd bynnag, a'i dimau'n enwog trwy dde Cymru. Os mai Clive John gyflwynodd rygbi i fi'n iawn, yna Ray Williams wnaeth chwaraewr rygbi ohono i. Y dyddiau yma mae'n ddigon anodd creu tîm o unrhyw oedran rhwng clybiau'r cwm ond ym 1971 roedd tua deg ar hugain o chwaraewyr yn ymrafael i gael mynd i mewn i dîm y flwyddyn gynta. Rwy'n cofio teimlo balchder anhygoel o gael fy newis yn fewnwr, Huw'n faswr a Jules yn ganolwr a byd y bachgen bach yn berffaith. Fe lwyddwyd i fynd trwy'r flwyddyn gynta honno'n ddiguro a ni oedd y tîm gorau yn y sir. Yn rhyfedd iawn, o edrych ar lun y garfan honno, dim ond rhyw naw ohonon ni aeth ymlaen i chwarae i dîm cynta'r ysgol.

Fe fu'n blwyddyn ni'n ffodus iawn o gynnal record dda ar hyd y blynyddoedd ac roedd dau gyfle i chwarae i dîm ysgolion yr ardal, sef Ysgolion Mynydd Mawr, gan fod tîm dan 13 a thîm dan 15. Roedd bechgyn o dair ysgol yn cystadlu am leoedd yng ngharfan Mynydd Mawr, sef y Gwendraeth, Maes-yr-Yrfa ac Ysgol Pontyberem. Fe fues i'n ddigon ffodus i gael fy newis fel mewnwr i'r tîm dan 13 ac yn ystod y tymor hwnnw fe enillodd y tîm gwpan Alun Thomas gan guro tîm Ysgolion Llanelli yn y rownd derfynol gartre a lawr yn Llanelli. Mae hanes difyr i'r gêm lawr yn Llanelli gan fod fy mam erbyn hynny yn dysgu yn Ysgol Ramadeg y Bechgyn yn Llanelli. Dyna'r unig dro i fi gofio Mam yn dod i 'ngweld i'n chwarae rygbi. Rhoddodd floedd, rhywbeth mor annisgwyl i Mam wneud, pan ddigwyddais i sgorio. Fe drodd cyd-athro iddi yn Llanelli ati a dweud, 'Fe glywodd e chi, Mrs Jones.' Trodd fy mam ar ei sawdl a cherdded yn ôl at y car, a ddaeth hi byth i 'ngweld i'n chwarae yn yr un gêm ar ôl hynny! Erbyn hyn roedd y rygbi'n gwneud fy mywyd yn yr ysgol yn haws gan mai ysgol rygbi oedd y Gwendraeth, yn perarogli o draddodiad ac enwau megis Carwyn James, Ken Jones a Barry John i'w clywed yn atseinio trwy'r hen goridorau.

Yn y trydydd dosbarth ac wedi hynny roeddwn yn chwarae i dîm fy mlwyddyn fy hun ac i dîm y flwyddyn hŷn na fi ac yn mwynhau pob eiliad. Bues yn ffodus o gael chwarae mewn timau llwyddiannus ac fe gawson ni flwyddyn dda gyda thîm Ysgolion Mynydd Mawr dan 15. Roedd y tîm yn ddigon cryf i ni gael mynd ar daith i Tsiecoslofacia y flwyddyn ganlynol. Bu hyn yn gryn brofiad i fachgen 16 oed gan fod y llen haearn yn dal i fodoli ar y pryd. Cawson ni gêm ym Mhrâg cyn teithio ar draws y wlad ar drên i dre o'r enw Vyškov. Yr hyn a'm trawodd ar y daith drên honno oedd mor llwm oedd y wlad. Gan fy mod i, erbyn hynny, wedi arfer ar fferm y Wern fe sylwais nad oedd eu gwartheg yn niferus a'u bod yn pori ar gaeau lle nad oedd nemor ddim porfa'n tyfu. Roedden ni wedi cael ein rhybuddio y byddai pobol am fargeinio i brynu ein jîns ac yn y blaen ac fe ddigwyddodd hynny ar y trên a'r giard yn awyddus iawn i ddelio â ni. Ym Mhrâg roedden ni oll yn gytûn ar un peth, sef bod y bwyd yn erchyll. Ar ôl swper cyffredin tu hwnt yn ein gwesty fe fydden ni'n sleifio allan i fwyty i brynu porc a sglodion. Cawson ni rybudd ymlaen llaw am y bwyd, fodd bynnag, ar yr awyren ar y ffordd draw – fe roddwyd twlpyn o rywbeth na allwn i ond ei ddisgrifio fel y peth tebyca welais i i chwd oren a darnau gwyn ynddo. Yr unig un i'w fwyta oedd ein prop, Dai Mawr, a sylw un arall o'r blaenwyr oedd 'Dai, fe fytet ti unrhyw gachu!'

Pan gyrhaeddon ni dre Vyškov cawson ni gryn sioc gan fod paratoadau mawr ar gyfer ein gêm ni a phosteri ymhobman. Wedi i ni ymarfer yn y clwb rygbi bydden nhw'n rhoi *sprinkler* dŵr ar y cae. Yn y clwb rygbi hwnnw y cefais i *sauna* am y tro cynta erioed, ond fel chwyswr wrth reddf fues i ddim ynddo fe'n hir! Y prynhawn canlynol roedden ni'n chwarae'r gêm a daeth torf fawr iawn yno i wylio ac roedd gŵr yn sylwebu ar y gêm ar uchelseinydd hyd yn oed – cryn brofiad. Fe gawson ni dipyn o sylw gan y merched lleol yn ogystal ac fe gefais

45

orig ddifyr iawn yng nghwmni merch ddeniadol nad oedd yn siarad yr un iaith â fi – dim ond un ffordd oedd yna i gyfathrebu!

Y daith i Tsiecoslofacia oedd fy ail daith dramor gan i fi fod yn ddigon ffodus i fynd i sgio yn Le Mont-Dore yn Ffrainc pan oeddwn yn 14. Roedd hyn yn brofiad amheuthun i fachgen nad oedd wedi bod yn bellach na Butlin's Minehead erioed yn ei fywyd. Fe fwynheais y profiad yn aruthrol ac fe fyddwn wedi mwynhau mynd wedyn ond roeddwn yn ymwybodol iawn o'r gost a'r ffaith na allai fy rhieni fforddio fy ngyrru ar drip arall. A dweud y gwir, fe aeth chwe mlynedd ar hugain heibio cyn i fi fynd i sgio eto a hynny pan aethon ni fel teulu i Courmayeur i ddathlu fy mhen-blwydd yn 40.

Roedd fy mywyd y tu allan i'r ysgol yn y cyfnod hwnnw'n ddigon arferol i fachgen o orllewin Cymru, mae'n siŵr. Rygbi, pêl-droed a'r capel oedd yn llyncu fy amser heblaw am y cyfnod, a finnau'n hŷn, pan dreuliwn y rhan helaeth o 'ngwyliau yn gweithio ar fferm y Wern yn Drefach.

Cafodd y mwyafrif o'r gêmau ffurfiol eu chwarae yn yr ysgol heblaw am gyfnodau hapus gyda thîm rygbi dan 15 Pontyberem a thîm pêl-droed dan 14 Bancffosfelen. Roedd clwb ieuenctid yn y pentre yn ystod y cyfnod hwnnw a fyddai'n cyfarfod yn Ysgol y Gwendraeth a chwarae pêl-droed yn yr hen gampfa fydden ni'r bois gan amla. Oherwydd y gwahanol oedrannau bydden ni'n gorfod chwarae yn erbyn bechgyn oedd dipyn yn hŷn na ni ac er bod y gêmau'n gorfforol a chaled tu hwnt fe fuon nhw'n help i galedu bachgen ifanc.

Roedd cystadleuaeth bêl-droed 5 bob ochr gan fudiad clybiau ieuenctid Cymru a phan oedden ni tua 15 oed fe fuon ni'n ddigon llwyddiannus i ennill twrnament Sir Gaerfyrddin, yna Dyfed a dod yn drydydd trwy Gymru yn y rowndiau terfynol yn Aberystwyth. Fe gollon ni o ddwy gôl i un yn erbyn enillwyr y gystadleuaeth o'r Drenewydd. Yr hyn oedd yn ddiddorol oedd clywed gan ein harweinydd, Gilben, iddo siarad ag arweinydd clwb Llanrhymni, un o'n gwrthwynebwyr. Dywedodd hwnnw fod dewis ei dîm yn anodd am fod cymaint o aelodau yn y clwb ieuenctid a Gilben yn gorfod esbonio mai dim ond y pump oedd yn chwarae oedd gennyn ni i ddewis o'u plith. Rwy'n cofio bod y clwb ieuenctid yn cwrdd ar nos Fawrth oherwydd bydden ni'n brysio adre am naw o'r gloch i weld *Pot Black* – yr unig raglen snwcer oedd ar y teledu ar y pryd. On'd yw pethau wedi newid! Ray Reardon oedd fy arwr mawr i ond mae enwau fel Fred Davis, Eddie Charlton ac Alex Higgins yn fyw iawn yn y cof hefyd. Roedd fy nhad yn chwaraewr snwcer da iawn a does gen i ddim cof o'i faeddu erioed a bod yn onest.

6

Dylanwadau Cynnar

FE DDAETH Y capel yn eitha canolog i 'mywyd, yn enwedig
y clwb ieuenctid fyddai'n cyfarfod bob nos Wener. Fel
mewn nifer o glybiau ieuenctid eraill, bydden ni'n chwarae
tennis bwrdd, cardiau a gêmau bwrdd ac roedd un gêm yn
boblogaidd iawn sef Gêm y Steddfod. Fe dreuliwyd oriau'n
chwarae'r gêm honno ac yn ail agos iddi roedd y gêm gardiau
Cheat. Yn wahanol i glybiau ieuenctid eraill, efallai, bydden
ni'n cael pobol i siarad â ni, yn trefnu a chymryd rhan mewn
oedfaon a chyflwyniadau ac yn mynd ar dripiau. Roedd trip
yr haf yn anfarwol a llawer o'r hwyl yn digwydd ar y bws.
Bydden ni fel ieuenctid yn dewis pobol fyddai'n cael dod
gyda ni er mwyn llenwi'r bws ac os nad oeddech yn gêm am
dipyn o hwyl fyddai'ch enw ddim yn cael ei ystyried. Un o'r
enwau cynta ar y rhestr, er ei fod yn hen a heb blant ei hun,
oedd Bertie Thomas; fe fyddai Bertie ac Olive ar bob trip
gan fod yr hen Bert yn gryn gymeriad. Roedd Bert yn un o'r
bobol hynny a allai ganu'r ddeuawd 'Hywel a Blodwen' ar
ei ben ei hun ac roedd bob amser yn gwmni difyr. Buon ni
ym mhob rhan o'r Gogledd yn ogystal â Blenheim Palace a
chawson ni drip bythgofiadwy i'r theatr yn Stratford i weld
Measure for Measure neu, yn nhafodiaith ogleddol fy nhad,
'Meshyr ffor Meshyr' – a dyna fu teitl y ddrama i bawb o
ieuenctid Capel Seion byth oddi ar hynny. Roedden ni'n griw
hwyliog o ffrindiau agos ac mae'r mwyafrif ohonon ni wedi

Bethan fy chwaer a fi yn ifanc iawn ym Mhorthmadog yng nghanol y chwedegau.

Bachgen ifanc â'i ddyfodol fel model catalog, mae'n amlwg!

Pêl-droediwr nesaf Cymru yn 7 oed!

Priodas Dad a Mam yng nghapel Rhiw,
Blaenau Ffestiniog, 6 Rhagfyr 1958.

Taid Rhiw ar y dde yn y rhes ôl wrth ei waith yn chwarel y Llechwedd.

Taid a Nain
Rhiw yn yr
Eisteddfod.

Gyda Taid a Nain Llan yng ngardd gefn Artro, Llan Ffestiniog.

Dyma rai o deulu Rhiwbryfdir. Rhes ôl: Taid, Anti Eleanor, Anti Doris, Yncl Glyn, Nain, Mam a Dad. Rhes flaen: Antonia, Fona, Tim, Jeremy, fi, Anti Marian a Bethan.

Teulu Llan adeg priodas aur Taid a Nain ddechrau'r wythdegau. Rhes ôl: Yncl Geraint, Elfyn, Iwan, fi, Bethan a Mam. Rhes flaen: Anti Gwenda, Taid, Nain a Dad.

Teulu fy Yncl Pit, brawd Mam – Dad, Gareth, Bethan, Anti Carys, Gerallt, Yncl Pit a Mam.

Dad, Mam, Bethan a finnau ym mhriodas Ann a Gethin, Y Berllan, ym 1981.

Fferm y Wern, lle treuliais gymaint o amser pan oeddwn yn tyfu i fyny. Fel mae'n digwydd rydw i'n gyrru tractor yn y llun yma – credwch fi!

Llun naturiol iawn o Dad a Mam mewn priodas.

Y llun o 'nhad sydd ar fy nesg yn fy stydi.

Carreg goffa 'nhad yng Nghapel Seion. Mae'r geiriau'n adrodd cyfrolau.

CYFAILL · BUGAIL · PREGETHWR

I GOFIO AM
Y PARCHEDIG
Tudor Lloyd Jones
GWEINIDOG FFYDDLON
YR EGLWYS HON
1968~95

I BRAIDD CRIST BU'N GADARN DŴR

Dyma'r llun ysgol cyntaf sydd gen i, yn Ysgol y Babanod, Porthmadog, gyda fi yn y canol yn y blaen a'm ffrind Kay yn union y tu ôl i fi.

Dechrau yn Ysgol y Gwendraeth yn fy mlaser a'm tei, 1971.

Côr Ysgol y Gwendraeth dan arweinyddiaeth sicr J. Rhyddid Williams ym 1977.

Fi yn fy siwt orau pan oeddwn tua 18 oed.

Côr Meibion
Pantycelyn, 1980.

Chwarter i Un yn
Eisteddfod Dyffryn
Lliw ym 1980.

Fi a'm cyfeillion
mynwesol yn y
coleg, Gwyn Eirug
a Dai Boobier, wedi
graddio, 1981.

Caroline a fi ar ddiwrnod ein priodas, dydd Llun y Pasg, 1983.

Alwyn a Bronwen, fy nhad a'm mam yng nghyfraith, yn Eisteddfod Llanrwst ym 1989.

Nain Llan, Dad, Rhodri a finnau yn cynrychioli pedair cenhedlaeth o'n teulu ni, 1985.

Rhodri yn rhoi ei anrheg gyntaf i Rhys ym Mehefin 1989 – anrheg broffwydol iawn!

Llun cynnar o Caroline a fi a'r bechgyn.

Yncl Pit yn dangos ei hen foto-beic i Rhodri a Rhys.

Rhodri, Rhys a Llyr ym medydd Cellan ym 1996. Llyr a Cellan yw plant fy chwaer.

Fy ymddangosiad cyntaf mewn sioe yn Ysgol Eifion Wyn, Porthmadog, ym 1968. Fi sydd ar y dde yn y llun.

Y perfformiad llwyfan cyntaf o sylwedd yn Ysgol y Gwendraeth dan gyfarwyddyd Geraint Roberts. Yn y llun mae Nigel Griffiths, fi, Gareth Jenkins, Nicola Hopkins, Geraint Roberts ac Andrew Williams.

Pobl ifanc y capel fel cast y ddrama *Mentra Gwen* ym 1981.

Golygfa wrth far y Deri yn yr wythdegau gyda dau hen gyfaill, Derek (Hywel Emrys) a Clem (Glan Davies).

DENZIL
(Gwyn Elfyn)
BBC CYMRU

POBOL Y CWM

Gyda Sera Cracroft ym mhriodas Denzil ac Eileen!

Buddug Williams a fi gyda Martin Kemp pan fu'r tri ohonom yn lansio dathliad penblwydd siop Leekes, Cross Hands, yn 20 oed.

golwg

Cyfrol 24 | Rhif 18 | Ionawr 12 | 2012

Cawr yn gadael Cwmderi

ISSN 0969-9295

**Ond 'rhen ffrind, rhaid i ni nawr
Ddweud 'Hwyl Fawr' wrth Denzil!**

Dyma flaen cerdyn a arwyddwyd gan bawb wrth i mi ymadael â Chwmderi.

aros yn yr ardal. Byddwn wrth fy modd yn gweld y gweddill yn dychwelyd ond nid yw'r amgylchiadau yn caniatáu hynny yn anffodus.

Mynychais yr ysgol Sul nes 'mod i'n 15 oed a thri ohonon ni oedd yn y dosbarth yn ystod y blynyddoedd hynny sef Gareth, Stephen a finnau, tri chyfaill mynwesol, a braf dweud bod y tri ohonon ni'n ddiaconiaid yng Nghapel Seion heddiw. Buon ni'n ffodus i gael dau athro ysgol Sul tu hwnt o ddiddorol, y cynta yn gyn-chwaraewr rygbi rhyngwladol i Gymru, sef Handel Greville. Roedd Handel yn dal nifer o swyddi yng nghlwb rygbi Llanelli yn ystod y cyfnod hwnnw ac fe fyddai'n mynd â ni i lawr gydag e i'r Strade ar ddydd Sadwrn. Golygai hyn ein bod yno'n gynnar ac yn cael cyfle i weld ein harwyr yn cyrraedd. Byddai hanner cynta'r ysgol Sul yn mynd i drafod gêm y diwrnod cynt ac ni newidiwyd fawr ar y drefn honno pan ddaeth Ernie Roberts yn athro arnon ni gan fod Ernie yn un o'r noddwyr ym Mharc y Strade. Ernie oedd *right-hand man* fy nhad yn y capel a does fawr o bethau yng Nghapel Seion nad yw Ernie wedi ymwneud â nhw.

Wrth sôn am Ernie ac ysgol Sul Hebron fe ddylwn grybwyll y newid mawr a wnaed i'r lle tua 1973/4 pan fu nifer o wŷr y capel dan arweiniad fy nhad, oedd yn saer wrth ei grefft wrth gwrs, yn adeiladu llwyfan yn yr hen festri. Rwy'n cofio, fel bachgen ifanc, mwynhau bod yn rhan o'r bwrlwm ac fe drawsnewidiwyd yr hen adeilad yn wyrthiol gan gyflwyno bwrdd i weithio goleuadau llwyfan hyd yn oed. Roedd y cydweithio cymdeithasol, y tynnu coes a'r afiaith yn rhoi cipolwg i ni fechgyn ifanc ar yr hen ddyddiau cyn oes y teledu – darlun o ddynion yn rhoi o'u hamser a'u llafur. Fe agorwyd y llwyfan drwy gynnal sioe fawreddog a ninnau'r ieuenctid yn cymryd rhan wrth gwrs. Fel mab y Mans roedd disgwyl i fi gael rhan swmpus bob tro ac er mai prin fyddai'r awydd i ddysgu dwi'n sylweddoli erbyn heddiw mai dyna sylfaen fy ngyrfa. Yr hyn oedd yn fy synnu bob amser oedd brwdfrydedd fy mam yn paratoi'r cyflwyniadau hyn a hithau'n ysgrifennu, cyfarwyddo a chynhyrchu bron yn ddiarwybod iddi hi ei hun. Roedd ymroddiad Mam i'r capel yn anhygoel ac fe fyddwn yn amau weithiau mai hi oedd y gweinidog, nid Dad. Welais i erioed Gristion ag argyhoeddiad mor gryf a ffydd mor gadarn a doedd 80% byth yn ddigon, 100% neu ddim oedd hi bob tro.

Un hanesyn diddorol o'r cyfnod hwn sy'n cyfuno'r sôn am gapel a chwaraeon yw'r tro hwnnw yr aeth fy nhad â chriw ohonon ni i chwarae mewn twrnament pêl-droed 6 bob ochr ym Mhentre-cwrt ger Llandysul. Roedd yn dwrnament blynyddol ac yn bur boblogaidd ac fe aethon ni i gynrychioli Drefach gan deithio yno ddwywaith ar gyfer gwahanol rowndiau a chael ein hunain yn y rownd derfynol yn erbyn tre Aberteifi. O ystyried bod Aberteifi yn dre â thipyn o bêl-droed yn cael ei chwarae ynddi, nhw oedd y ffefrynne ond dyma drefnu bws o'r capel i fynd i gefnogi'r bechgyn. Ry'n ni'n ffodus yn ein capel ni fod y cyn-drysorydd a chyfaill mawr i Nhad, Maldwyn Williams, yn rhedeg cwmni bysus ac felly doedd llogi bws, na'i lenwi o ran hynny, ddim yn broblem. Un llinell anfarwol sy'n aros yn y cof yw llinell y diweddar Dan Jones yn gweiddi pan oedden ni dan warchae yn ystod y gêm, 'Ymlaen ma Canaan, bois', gan bwyntio ei ymbarél at gôl Aberteifi. Mae'n rhaid ein bod ni wedi gwrando gan i ni ennill yn gyfforddus o bedair gôl i un ac roedd Gareth, Stephen, Alan, Huw, Jules a finnau'n arwyr mawr yn cludo dwy gwpan gartre i Drefach. Roedd y gystadleuaeth yn cael ei chynnal ar ffarm ddigon anodd i'w chyrraedd ac mae'n rhaid cyfadde bod cael y bws allan o glos y ffarm wedi profi'n dipyn anoddach na threchu'r Cardis.

Roedd fy ymwneud â'r capel yn tyfu trwy'r amser a dwi eisoes wedi crybwyll gweithgareddau'r clwb ieuenctid. Fe gawson ni, fel ieuenctid, ein tynnu i mewn i'r gymanfa ganu ac fe fu pobol fel Joe Jenkins, Dai Jones, Rhyddid Williams a Dan Jones yn amyneddgar iawn gyda ni. Fe ddysgon ni ganu o'r sol-ffa, crefft sy'n prysur ddiflannu gwaetha'r modd, ac erbyn heddiw fe fyddwn i'n dweud mai cymanfa ganu Capel Seion yw un o uchafbwyntiau'r flwyddyn i fi. Yn ystod diwedd y saithdegau bu cyfaill agos i Nhad, Meirion Jones, arweinydd Côr y Brythoniaid, i lawr yn arwain gyda ni a chafwyd cymanfaoedd arbennig. Mae cymanfa 1977 yn aros yn y cof fel yr orau erioed o bosibl, gyda'r capel yn orlawn a phawb yn morio canu gan ddyblu a threblu, a hyd yn oed yn canu wrth adael ar ddiwedd oedfa'r hwyr. Cafwyd blas arbennig ar y dôn *Nativity* ('Am Iesu Grist a'i farwol glwy') a *Gwendoline* ('Disgleiried golau'r Groes') cyn coroni'r cyfan gyda *Côr Caersalem*! Fe wnaed y diwrnod yn felysach i fi gan i Taid Llan ddod i lawr gyda Meirion Jones i ymuno yn y canu a dyna'r unig dro i fi gael canu bas gyda 'nhad a 'nhaid. Fe fu aelodau hŷn Capel Seion yn ddigon goleuedig i gynnwys nifer ohonon ni'r to ifanc ar bwyllgor y gymanfa ac roedden ni'n sicrhau bod gennyn ni ein rhaglen ein hunain a chaneuon â digon o fynd ynddyn nhw. 'Dych chi ddim wedi byw os nad ydych wedi canu mewn cymanfa lle mae'r blew bach yna ar gefn eich gwddf yn codi a phŵer y sain a'r achlysur yn eich gwthio tuag at ddagrau.

Roedd cael fy nerbyn yn aelod cyflawn o eglwys Capel Seion yn ddiwrnod mawr i fi hefyd, yn enwedig gan fod Gareth a Stephen yn cael eu derbyn yr un pryd â fi. Un pwyllgor yr ymunais ag ef yn fuan wedi hynny oedd pwyllgor a ddenai lawer o dynnu coes o du 'nghyfeillion, sef pwyllgor y fynwent! Roedd cydweithio da ymysg y brodyr, beth bynnag, ac fe fuon ni'n gweithio'n galed i lanhau'r fynwent a symud cerrig er mwyn creu gardd goffa. Deuai'r dynion at ei gilydd i beintio'r capel hefyd ac fe fyddai'r rhan fwya o'r trwsio yn cael ei arwain gan fy nhad a'r diweddar Ernie Roberts a Gareth Lewis. Mae'n wir dweud bod y criw presennol o ddiaconiaid yn dangos yr un ymroddiad gweithgar.

Wrth ganmol y dynion mae'n rhaid cyfadde mai'r chwiorydd oedd asgwrn cefn Capel Seion ac roedd y capel, fel nifer yng Nghymru mae'n siŵr, yn meddu ar ferched cadarn iawn; mae enwau megis Mair Mynyddcerrig, Mary Jane, May Isaac, Elvira Jenkins, Phyllis Griffiths, Fanw Bowen, Nansi Fach, Llywela Morgan, Esme Lloyd a nifer o rai eraill wedi'u serio ar y cof. Yn y clwb ieuenctid roedd fy nghalon i, fodd bynnag, a chefais griw o ffrindiau arbennig yno erioed. Yr hyn sy'n nodweddiadol yw mai ychydig iawn ohonyn nhw sydd wedi crwydro ymhell o fro eu mebyd – mae Bethan James ym Mryn-crug a Marged y Garth yng Nghaerdydd ond mae Delyth ym Mheniel, Bethan fy chwaer yn Rhydaman, Catrin yng Nghaerfyrddin, Philip yn Llanarthne, Alun yn y Fforest a Simon, Stephen, Kathryn, Gareth, Carys, Ann, Gethin, Caroline a finnau yng Nghwm Gwendraeth.

Roedd fy ymwybyddiaeth wleidyddol yn cynyddu gyda threigl y blynyddoedd a phenllanw cenedlaetholdeb y saithdegau oedd gweld Dafydd Wigley a Dafydd Elis-Thomas yn cael eu hethol i San Steffan ym 1974, ond roedd yna siom yn ogystal. Cefais y fraint o fod i lawr yng Nghaerfyrddin i glywed canlyniad 1974 ond fe'm siomwyd yn aruthrol wrth i Gwynfor Evans, fy arwr mawr, golli'r sedd o dair pleidlais yn unig. Ffaith ddiddorol oedd iddo golli'r sedd i Gwynoro Jones, oedd yn gefnder llawn i'r un fyddai'n dod yn wraig i fi lai na deng mlynedd wedi'r canlyniad hwnnw. Fe unionwyd y cam a wnaed â Gwynfor yn yr hydref, fodd bynnag, pan alwyd ail etholiad ac fe gipiodd y sedd, gan olygu bod tri aelod o'r Blaid yn San Steffan. Roedd chwyldro ar droed, neu o leia dyna a feddyliwn ar y pryd gan nad oeddwn wedi dysgu digon eto am natur ddi-asgwrn-cefn a thaeog rhai o'm cyd-Gymry. Ôl-nodyn diddorol i'r stori uchod yw fod mab Gwynoro, Cennydd, bellach yn sefyll mewn etholiadau i'r Blaid!

Rhai digwyddiadau sy'n aros yn y cof yn ystod y cyfnod hwnnw yw tîm rygbi Cymru'n ennill y Gamp Lawn; y Llewod yn trechu Seland Newydd dan hyfforddwr gorau'r byd, Carwyn James; Llanelli yn maeddu'r Crysau Duon 9-3 dan gapteniaeth arwr mawr i fi, Delme Thomas; a Ray Reardon yn ennill pencampwriaeth snwcer y byd bedair gwaith.

Arwyddocaol iawn, er na wyddwn hynny ar y pryd, oedd ymddangosiad pennod gynta opera sebon Gymraeg o'r enw *Pobol y Cwm* a nifer o actorion mwya talentog Cymru yn ymddangos ynddi, actorion y cefais y pleser ymhen rhai blynyddoedd o gydweithio â nhw. A gyda llaw, Lis Miles oedd y *pin-up*, fe fydd yn falch o glywed!

Yn ystod y cyfnod yma y sefydlwyd y band roc Cymraeg go iawn cynta, sef Edward H. Dafis, ac fe fu sawl trip o Ysgol y Gwendraeth i Flaendyffryn, Llanybydder a Llangadog ymysg canolfannau eraill.

7

Gadael y Gwendraeth

CYFNOD HAPUS IAWN oedd fy mlynyddoedd ola yn Ysgol
Ramadeg y Gwendraeth, a'r cyfnod yn cael ei reoli gan
ddiwylliant Cymraeg, rygbi, byd y ddrama a charu. Yn sgil
dyfodiad Edward H. fe ddaeth diwylliant Cymraeg yn ffasiynol
ac fe fu fy nghyfaill Gethin Thomas a finnau'n trefnu bysus
i nosweithiau roc dro ar ôl tro. Doedd llenwi'r bws ddim yn
broblem a dwi'n cofio mynd â dau lond bws i Langadog un
tro – cant ohonon ni o Gwm Gwendraeth. Mae gan Edward
H. le cynnes yn ein tŷ ni gan mai ar un o'r tripiau hynny
i Langadog y dechreuodd Caroline a fi fynd allan gyda'n
gilydd, finnau ar y pryd yn 15 a hithau flwyddyn yn hŷn.
Doeddwn i fawr o feddwl bryd hynny y bydden ni, erbyn
hyn, wedi bod yn briod am dros naw mlynedd ar hugain. Nid
y noson honno oedd y tro cynta i ni fynd mas gyda'n gilydd,
a dweud y gwir, gan i ni gael ambell noson y flwyddyn cynt
yn Eisteddfod Genedlaethol Cricieth. Roeddwn i'n aros gyda
Bleddyn fy ffrind yn y Ffôr a mawr oedd fy niolch iddo am
aros amdana i ar y nosweithiau hwyr hynny. Rwy'n cofio y
byddai Nhad yn dod i godi Bleddyn a fi o'r maes carafannau
a phan welodd Caroline fy nhad yn dod fe ddiflannodd i'r
cysgodion. Ond fu hynny ddim yn wir ar ôl noson Edward
H. yn Llangadog!

Bu Eisteddfod Genedlaethol Aberteifi 1976 yn y llwch
a'r haul yn addysg ynddi'i hun gan i griw ohonon ni fynd i

aros yn y maes pebyll – Gogs, Jules, Gethin, Gwyn Stephens, Meredydd a finnau. Roedd Caroline ac Ann y Berllan wedi llogi carafán ac yn aros yn y maes carafannau ac yn y fan honno y treuliodd Gethin a finnau ran helaeth o'r Eisteddfod. Heblaw am y ffaith ein bod yn caru roedd gan y merched fwy i'w gynnig i swper na bîns, *corned beef* a Smash wedi'u coginio yn yr un sosban! Fe gollais Eisteddfod Genedlaethol Wrecsam y flwyddyn ganlynol gan ein bod fel teulu, a Caroline gyda ni erbyn hynny, ar ein gwyliau yn Weymouth, lle bu bron i fi weld gweinidog yr efengyl yn taro reslar yn ei drwyn am ein gorfodi i giwio am awr am docynnau ac yntau'n gwybod na chaen ni fynediad i'w sioe. Ond stori arall yw honno.

Wrth sôn am ddiwylliant daw atgofion melys iawn am y côr cymysg yn Ysgol y Gwendraeth dan arweiniad medrus Rhyddid Williams. Roedd pawb eisiau canu yn y côr, gan gynnwys bechgyn y tîm rygbi, ac roedd yn wefr cael canu o dan y meistr, er i ni gael cam yn Eisteddfodau'r Urdd ar sawl achlysur, efallai am nad oedden ni'n ysgol ffasiynol. Cawson ni drip hwyliog iawn i Eisteddfod yr Urdd Porthaethwy a chael cam, wrth gwrs, ac yna cystadlu yn y Barri a cholli i gôr oedd â'u baswyr yn swnio fel merched! 'Doedd dim disgwyl i'w lleisiau fod wedi aeddfedu,' yn ôl y beirniad.

Oherwydd ein bod yn canu yng nghôr yr ysgol cafodd rhai ohonon ni gyfle i ymuno â Chôr Meibion Mynydd Mawr a bu hynny'n brofiad gwerthfawr tu hwnt. Yn ogystal â magu dealltwriaeth o ganu corawl fe aed â ni, fel bechgyn ifanc, drwy ysgol brofiad bywyd gan gymeriadau fel Jac Roberts, Idris Francis, Horace Nicholls a'r anfarwol Glyn Twrin, fyddai'n chwarae unrhyw beth ar y piano heb ddarn o gopi. Roedd Glyn yn enwog am adrodd straeon ac roedd gwrando arno'n cyfieithu jôc 'for the sake of our English friends' yn brofiad i'w drysori! Byddai cyfieithiad Glyn yn cynnwys brawddegau megis 'and there he was, myn yffarn i, a mewn â fe, yes'! Cawson ni daith arbennig i Launceston yng Nghernyw ac fe gefais y profiad o ganu yn yr Albert Hall gyda'r mil o leisiau.

Taith fythgofiadwy oedd honno i Lundain, er y siom o ganfod geiriau 'Land of Hope and Glory' ar ein seddau wrth ymarfer. Gwrthod ei chanu mewn noson Gymreig wnaeth y bechgyn ifanc i gyd er bod digon o daeogion, fel bob tro, i lenwi'r bylchau.

Huw Morgan o Lanelli oedd yng ngofal y ddrama flynyddol yn y Gwendraeth ac roedd yn awyddus i fi gymryd y brif ran yn y ddrama *Seventh Veil*, rhan a chwaraewyd yn y ffilm gan James Mason. Roeddwn braidd yn ifanc i'r rhan ond rhaid cyfadde i fi fwynhau ei chwarae gystal ag unrhyw ran a gefais. Dysgais feddwl yn gyflym ar lwyfan, yn sicr, yn dilyn digwyddiad ar ail noson y perfformio. Roedd fy nghymeriad yn dweud wrth y ferch roeddwn yn ei gwarchod, 'This is a bachelor establishment, do you know what that word means?' ac roedd hithau i ateb 'Yes, it means you're not married' a finnau'n mynd ymlaen, 'It means I don't like women about the place.' Wel, ar yr ail noson fe ofynnais y cwestiwn a hithau'n ateb 'No.' Roedd yn amlwg oddi wrth ei llygaid iddi sylweddoli ar unwaith ei bod wedi gwneud camgymeriad ond allai hi wneud dim am y peth. Felly dyma fi'n cymryd ei llinell hi a'i rhoi o flaen fy un i – 'It means I'm not married and I don't like women about the place' – ac fe allwn deimlo rhyddhad y ddau ohonon ni. Andrea Piggott oedd enw'r ferch a does gen i ddim syniad beth ddigwyddodd iddi erbyn hyn gan iddi symud i Loegr i fyw. Rhoddodd Huw Morgan lawer o ffydd yndda i a rhaid diolch iddo am hynny.

Yr ail ddrama a acties i iddo oedd *Anastasia*. Roeddwn i'n chwarae rhan Prince Bounine a'm ffrind Catrin Richards – oedd yn cael ei phen-blwydd ar 29 Chwefror fel finnau – yn chwarae rhan Anastasia. Yn sgil y ddrama honno fe gawson ni daith i Lundain – y tro cynta erioed i fi weld y ddrama – a chefais gryn siom o ddarganfod bod un o actorion mwya *camp* y Saeson yn chwarae fy rhan i, sef Peter Wyngarde, fu'n chwarae'r ditectif Jason King!

Yn ystod fy mlwyddyn ola yn yr ysgol perfformiwyd *The Druid's Rest* ac fe ofynnais am ran lai gan fod gen i arholiadau

Lefel 'A'. Wel, Mr Morgan, mae'n rhaid i fi gyfadde mai ofni y byddai'r ymarferion yn tarfu ar fy rygbi oeddwn i – brwydr oesol i fi. Fe fydda i wastad yn ddiolchgar i bobol fel Huw Morgan ac Ann Williams oedd yn rhoi o'u hamser prin i sicrhau'r cyfle i ieuenctid gael cyflawni rhywbeth gwerthfawr.

Enw arall y dysgais gryn dipyn ganddo yw enw sy'n gyfarwydd i holl ddilynwyr rygbi erbyn hyn sef Allan Lewis, cyn-hyfforddwr Llanelli a'r Rhyfelwyr Celtaidd. Fe ddaeth Allan i'r ysgol fel athro ymarfer corff ac fe fues i'n ddigon ffodus i chwarae i dîm cynta'r ysgol am dair blynedd fel blaenasgellwr. Roedd yn amlwg ei fod yn darllen gêm o rygbi yn arbennig o dda a phan oeddwn i ym mlwyddyn gynta'r chweched roedd tîm hynod o gryf 'da ni. Golygai hyn fod y term *counter-attack* yn cael ei ddefnyddio hyd at syrffed a chadw'r bêl yn fyw oedd ffordd Allan o chwarae. Gan fod gwibiwr cyflyma Cymru, Richard Griffiths, ar un asgell ac un oedd bron yr un mor gyflym dros y decllath cynta, Ewan Hunt, yn gefnwr, gwrthymosod oedd hi ar bob cyfle ond roedd hyn yn newyddion drwg i fi a Clem Thomas fel blaenasgellwyr. Mae Clem, sy'n gefnder i Caroline, yn athro ymarfer corff ym Mhenweddig bellach, gyda llaw. Fe fwynheais i'r tymor yna cystal ag unrhyw dymor a chwaraeais erioed ond roedd un siom ar y gorwel. Chollwyd fawr ddim gêmau yn ystod y tymor hwnnw ac fe fu ond y dim i ni drechu Dwr-y-Felin, Castell-nedd lle roedd tîm cryfaf ysgolion Cymru, yn cynnwys tri chwaraewr rhyngwladol. O ganlyniad i hyn fe drefnwyd taith i Narbonne yn ne Ffrainc. Yn anffodus fe fu'n rhaid i fi fodloni ar aros gartre gan i fi deithio i Tsiecoslofacia i chwarae y tymor blaenorol a gwyddwn na allai fy rhieni fforddio fy anfon dramor ddau dymor yn olynol. Gwobr gysur, mae'n siŵr, oedd y ffaith i fi fod yn rhan o dîm ieuenctid Pontyberem a enillodd y gynghrair yn ystod yr un tymor.

Yn ystod fy mlwyddyn ola cefais y fraint o sgorio dau gais yn y gêm flynyddol bwysig yn erbyn y cyn-ddisgyblion ond sylwodd Caroline ddim ar hynny, er ei bod hi yno. Fu hi erioed bron yn fy ngweld yn chwarae, er ei bod yn ceisio mynd i bob gêm y byddai'r meibion yn chwarae – efallai fod hyn yn dweud rhywbeth am fywyd neu reddf mam.

Cefais y fraint o weld Cymru'n cipio'r Gamp Lawn am y tro ola am flynyddoedd lawer – dyna'r tymor pan enillodd Gareth Edwards ei hanner canfed cap, fe sgoriodd y Cymro tanbaid Ray Gravell ei gais cynta dros ei wlad ac fe enillwyd y gêm ola yn erbyn Ffrainc gan y dewin bach o faswr, Phil Bennett. Rwy'n cofio Jules a fi'n paratoi baner i fynd ar ein trip cynta, baner yn cefnogi ein harwr Ray Gravell os cofiaf yn iawn. Fe fues ar sawl trip a'r canu wastad yn dda o du'r Gwendraeth, yn enwedig yn yr hen Great Western a'r Harlech, a newidiodd ei enw i'r Philharmonic yn ddiweddarach.

Yn 17 oed bues yn yr ysbyty am y tro cynta yn cael tynnu dant oedd yn tyfu ar draws a thra oeddwn yn Ysbyty Treforys cefais y siom o weld Morgannwg yn colli yn Lord's yn erbyn Middlesex yn rownd derfynol Cwpan Gillette.

Tra oeddwn yn y chweched uchaf roeddwn yn ddirprwy brif fachgen a'r sylwebydd rygbi Gareth Charles yn brif fachgen ac fe fu ymgyrch gennym i sicrhau chwarae teg i'r chweched dosbarth. Rai blynyddoedd yn ôl clywais fod athrawon y Gwendraeth ar y pryd wedi cael braw ac yn edrych arna i fel gwrthryfelwr gan i fi arwain y chweched yn yr ymgyrch a llwyddo i gael y prifathro i neilltuo ystafell yn Nhŷ Cwmmawr, yn hen ran yr ysgol, fel lolfa ar gyfer y chweched.

Fe fues yn llwyddiannus yn fy arholiadau yn y Gymraeg, Hanes ac Ysgrythur er nad oeddwn yn hoff o waith academaidd. Pan oeddwn yn sefyll fy Lefel 'A' roedd Cwpan Bêl-droed y Byd yn cael ei chynnal yn yr Ariannin ac fe lwyddais i ddal pob gêm ond un, gan ei bod yn dechrau ar ôl hanner nos ac arholiad gen i'r bore wedyn!

Tra oeddwn yn y flwyddyn gynta yn y chweched mae tri digwyddiad wedi'u serio ar y cof, am wahanol resymau. Y cynta oedd tîm pêl-droed Cymru yn maeddu Lloegr yn Wembley am y tro cynta gyda chic o'r smotyn gan Leighton

James ac mae gen i gof byw iawn o Nhad a finnau'n dawnsio mewn gorfoledd o amgylch ystafell fyw y Mans. Roedd yr ail ddigwyddiad yn gwbl wahanol ac yn destun tristwch i fi, ac yn fwy na hynny i Gymru gyfan, pan fu farw'r diddanwr gwych Ryan Davies allan yn yr Amerig. Wn i ddim a yw pwysigion ein sianel fach gartrefol yn sylweddoli hyd heddiw y golled enbyd gafodd y byd adloniant yng Nghymru ar 22 Ebrill 1977. Mae cyfresi *Ryan a Ronnie*, y panto blynyddol yn y Grand, Abertawe ac, yn ddiweddarach, y gyfres *Fo a Fe* yn anfarwol ac eironi trist iawn yw i frenin adloniant Cymraeg gael ei gipio oddi wrthym cyn dyfodiad S4C.

Testun gorfoledd unwaith eto oedd y trydydd digwyddiad, sef Man Utd yn ennill o ddwy gôl i un yn rownd derfynol Cwpan yr F.A. yn Wembley, ac roedd mwy o flas ar y fuddugoliaeth gan mai Lerpwl oedd y gwrthwynebwyr. Rwy'n cofio i Virginia Wade ennill senglau'r merched yn Wimbledon yr haf hwnnw hefyd ond doedd hynny ddim yn ddigwyddiad o bwys yn ein tŷ ni, ddim mwy nag oedd y Jiwbilî cythreulig pan welwyd bod gan George Thomas ddigon o weision bach taeoglyd ar ôl yn y Gymru Gymraeg hyd yn oed.

Yn Chwefror 1978 y daeth John Toshack yn rheolwr ar glwb pêl-droed Abertawe a dyma ddechrau antur arall, antur y cefais y fraint o'i dilyn yn agos hyd at ei phenllanw yn Deepdale, Preston. Arferai Nhad fynd â fi i'r Vetch i weld y Swans yn chwarae ac eistedd yn hen eisteddle pren y gorllewin fydden ni – eisteddle lle roedd blancedi a Thermos a churo traed yn erbyn y lloriau coed yn gyffredin. Cyfnod digon anodd oedd hi i'r Elyrch yn niwedd y chwedegau a dechrau'r saithdegau a'r tîm yn chwarae yn yr adrannau is. Herbie Williams oedd fy arwr i yn ystod y cyfnod cynnar hwnnw. Roedd Herbie'n chwarae fel ymosodwr i ddechrau ac yna aeth i chwarae yn y cefn tua diwedd ei yrfa – am wn i y byddai Herbie wedi chwarae yn unrhyw safle i'r Swans. Mae'n rhyfedd yr atgofion sydd yn aros ac fe gofiaf Tony Millington yn arwyddo i chwarae gôl-geidwad a'i weld e'n debyg iawn i ganwr pop Cymraeg o'r cyfnod. Yn sgil hynny, byddai'r diweddar Barch. Dan Davies, Trimsaran, a eisteddai y tu ôl i ni yn y Vetch yn aml, yn holi Nhad, 'Oedd Dafydd Iwan yn chwarae heddiw?' Heblaw am Dafydd Iwan, enwau a chwaraewyr digon cyffredin a droediai'r maes yn y cyfnod hwnnw – Screen, Slattery, Gomersall, Lawrence ac ambell seren megis Mel Nurse a Dai Gwyther a symudodd i feysydd breision Halifax a Rotherham am arian mawr. Wel, dyna glywais i yn yr hen eisteddle wrth giwio am fy mhei a'm Mars bar beth bynnag! Ie, blynyddoedd hesb oedd nifer o'r blynyddoedd cynnar hyn, er bod arwyddo hen chwaraewyr rhyngwladol megis Len Allchurch, Barrie Hole a Ronnie Rees yn bygwth esgor ar gyfnod gwell. Rwy'n cofio bod mewn torf anferth o dros 20,000 yn gwylio Abertawe yn chwarae Aston Villa yn yr hen drydedd adran a gorfod sefyll ar y teras gan fod yr eisteddleoedd yn llawn, a finnau ddim ond yn gallu gweld y bêl pan fyddai yn yr awyr!

Dyfodiad tri chwaraewr ifanc gododd yr Elyrch o'u trwmgwsg, sef Alan Curtis, Robbie James a Jeremy Charles. Alan Curtis oedd fy arwr i ar y Vetch ac mae'n parhau felly hyd heddiw. Roedd ei arddull yn atyniadol a'i allu'n ddigamsyniol. Bu'n anffodus tu hwnt i symud i Leeds United pan oedd y tîm hwnnw wedi colli'i sglein ond anghofia i fyth ei gôl yn y fuddugoliaeth yn erbyn Leeds yn y gêm agoriadol honno yn yr Adran Gyntaf. Cofiaf hefyd un gêm yn arbennig ar ddiwedd y saithdegau a finnau yno pan sgoriodd Abertawe wyth gôl yn erbyn Hartlepool â Curtis a James yn sgorio tair yr un. Erbyn hynny roeddwn wedi symud o eisteddle'r gorllewin i sefyll ar y North Bank ac yn dipyn o lanc yn canu caneuon pêl-droed anweddus – fi a dau o 'nghyd-ddiaconiaid erbyn hyn!

Ar ddiwedd fy nghyfnod yn Ysgol Ramadeg y Gwendraeth fe dderbyniais un wobr roeddwn yn falch iawn ohoni sef gwobr am y Cyfraniad Gorau i Fywyd yr Ysgol tra oeddwn yn ddisgybl yno. Fe fues yn ffodus yn fy ffrindiau, yr athrawon a'r digwyddiadau yn ystod y cyfnod hapus hwnnw a chefais gyfle i ddatblygu personoliaeth gyflawn drwy gymryd rhan yn yr eisteddfod, y corau, yr athletau, y criced, y rygbi, byd y ddrama a derbyn cyfrifoldeb o arwain cyd-ddisgyblion. Y tu allan i'r ysgol cefais brofiad o gymdeithas glòs y pentre a'r capel a'r profiad o weithio yn y byd amaethyddol.

Wrth ymadael ag Ysgol y Gwendraeth roeddwn eisiau gwneud un o ddau beth, chwarae rygbi neu ffermio, ond doedd dim gobaith troi'n chwaraewr rygbi proffesiynol a doedd dim golwg o fferm gan nad oedd fy nheulu'n ffermio a finnau'n caru 'da merch oedd â'i gardd yn llai na'n gardd ni! Mae'n amlwg o ble daeth y diddordeb yn y rygbi, ond beth am y maes amaethyddol?

Bues yn gweithio ar fferm y Wern yn Drefach o'r cyfnod pan oeddwn tua 15 oed ac yno, ar hen dractor Nuffield Universal, y dysgais i ddreifio. Mae gen i gryn hoffter o'r hen Nuffield, er bod fy atgofion yn llawn o deithiau heb frêcs a gêrbocs poeth rhwng fy nghoesau, yn ogystal â mil fyrdd o feiau eraill.

Howard y Wern oedd yn ffermio yno gyda'i fam, Maggie, a'i wraig, Margaret, teulu fyddai'n dod yn gyfeillion oes – roedd eu merch, Nia, yn forwyn flodau i ni. Wnes i ddim gorfodi Neville, y mab, i fod yn *page boy* – fyddai hynny ddim yn gweddu rywsut a fydde fe byth wedi maddau i fi!

Fferm odro oedd y Wern â buches fach o wartheg Friesian ar y pryd ond roedd Howard yn contractio a dyna lle cefais i gyfle i fagu profiad o drin peiriannau amaethyddol. Roedd Howard yn gallu trin pob peiriant ac fe ddysgais lawer ganddo a mwynhau pob eiliad a dweud y gwir. Credwch chi fi, mae yna werth therapiwtig mewn lladd cae o wair a mwynhad anhygoel o fod allan yng nghanol caeau gwair ar ddiwrnod hyfryd o haf. Fyddwn i ddim yn canmol carthu'r beudy â rhaw a thrafod whilber fawr drom yng nghanol gaeaf yn yr un modd, er bod rhyw werth therapiwtig yn hynny hefyd, mae'n siŵr. Yno ar y fferm y treuliwn y rhan fwya o ddiwrnodau fy ngwyliau ysgol, haf a gaeaf, a'r diddordeb mewn ffermio'n cynyddu trwy'r amser. Fe ddeuai'r diddordeb yma'n ôl i fi ar ddiwedd fy mlwyddyn gynta yn Aberystwyth pan oeddwn wedi diflasu ar waith academaidd ac y bu bron i fi newid cwrs i fynychu'r coleg amaethyddol.

Mae un haf yn arbennig yn aros yn y cof sef haf twym '76 pan oedd y gwair yn crasu mewn diwrnod neu ddau a phawb yn ffonio'r *contractor* yr un pryd. Rwy'n cofio Howard y Wern, Stephen fy ffrind a finnau'n mynd oddi amgylch un cae am yn ail ar y *baler* gan fod yr haul mor boeth fel bod yn rhaid chwilio am gysgod mor aml â phosib. Cyrraedd cae arall wedyn a gorfod sefyll mewn nant fach gerllaw i geisio oeri ychydig ar ein traed chwyslyd. Haf bythgofiadwy oedd haf 1976 a digon o waith i'w wneud. Doedd popeth ddim yn mynd fel y dymunwn ar y fferm bob amser chwaith – doeddwn i ddim i fod i ddymchwel wal y domen â phwced flaen y Nuffield, a pheintio sied yr ydlan oedd fy ngorchwyl i fod un prynhawn, nid peintio fi fy hunan, ond mae'n anodd pan nad ydych ond 5' 7" ac yn sefyll mewn pwced y tu blaen i'r tractor! Cefais un digwyddiad annymunol iawn wrth i fi ddod o fewn trwch blewyn i droi'r tractor – dyna'r unig dro i fi ddioddef o sioc ac ni allwn yngan yr un gair am dipyn.

Gwers ddoniol iawn a ddysgais pan oeddwn ychydig yn hŷn oedd nad yw seidr oer a haul yn cymysgu'n rhy dda! Roedd hi'n ddiwrnod twym ac roedd casgen oer o seidr yn yr hen olchdy a dyma helpu ein hunain dros ginio, helpu ein hunain i ychydig gormod ohono. Pan euthum yn ôl i'r caeau o dan y tŷ i droi gwair gallwn daeru bod y carfanau gwair yn symud yn igam-ogam o'm blaen. A bod yn deg, eithriad oedd y digwyddiad hwnnw gan mai Peardrax oedd fy niod i adeg y cynhaeaf gwair. Ni ellir ei gael yn y wlad hon bellach ond dwi'n siŵr i fi yfed galwyni ohono, yn enwedig ar nosweithiau hir o gywain gwair pan ddeuai criw o gymdogion i helpu – yma y dysgais i lawer iawn am fywyd, a mwy byth am dynnu coes a herio. Difyr iawn oedd y nosweithiau hynny yng nghwmni Allenby, Phil Tŷ Newydd, Dan Llety, Rees Penrhewl, Tudor, Elvie, Jimmy, Stephen, Dai Cwmpêr a Wyn Bach a byddai Nhad yn troi i mewn yn arbennig ar gyfer y tynnu coes gan ei fod yn bryfociwr heb ei ail. Dylwn ddweud gair byr am

Jimmy yn y fan yma efallai. Gwyddel o orllewin Iwerddon oedd Jimmy O'Hara, a gyfeiriai at yr enwog Maureen fel ei chwaer! Bu Jimmy'n lojar ar ffierm y Wern am flynyddoedd lawer ac yn helpu o gwmpas y ffierm ar ôl gorffen ei waith dyddiol ar y lori sbwriel. Mi gofiaf fod ei groen fel lledr a byddai'n aml yn godro yn y gaeaf heb grys amdano. Doedd yr hen Jimmy ddim yn hoff o yrru'r tractor, fodd bynnag, ac fe fyddai Wyn Bach, oedd yn yrrwr penigamp, yn neidio i ben y llwyth ar y cae gan fynnu bod Jim yn gyrru'n ôl i'r sied wair. Byddai'r awyr yn goch gan regfeydd ond gyrru'n araf fyddai Jim gan adael y llwyth cyfan o flaen y sied heb fentro ceisio mynd â'r tractor i mewn. Diflannai Jim cyn diwedd y nos fel arfer gan fod Gwin y Gwan yn galw!

Yr un fyddai'r hiwmor yn Gelli Ddu Fach, ffierm Gethin fy ffrind, yng nghwmni Jac, Ger Bach, Gogs, Simms ac Wncwl Wili, nad oedd yn gyfarwydd iawn â'r defnydd o bedal y *clutch*! Roedd twll yn llawr trelyr gwair Jac Gelli Ddu Fach a phan fyddai Wncwl Wili yn gweiddi 'sownd' ac yn gollwng y *clutch* allan yn go siarp, i'r twll hwnnw y syrthiai un ohonon ni'n amlach na pheidio!

Yn anffodus mae pethau wedi newid cryn dipyn erbyn heddiw a'r silwair sy'n boblogaidd. Rwy'n deall ei bod yn haws i'r ffermwr ac yn haws o ystyried yr hafau gwael rydyn ni wedi'u dioddef ond alla i ddim peidio â meddwl am y golled mae rhai o fechgyn ifanc y wlad yn ci chael wrth golli'r cyfle i gydweithio â rhai o gymeriadau cefn gwlad. Mae'r newid yn y byd amaethyddol yn golygu bod rhaid i ffermydd dyfu yn eu maint neu orffen amaethu erbyn hyn – does dim lle i'r tyddynnwr mwyach. Pan oeddwn i'n gweithio ar ffermydd yn yr ardal yma roedd dros ugain o ffermydd a thyddynnod yn godro. Erbyn heddiw does ond dwy ffierm yn godro ac mae'r rheiny wedi gorfod prynu a rhentu tir i gynyddu'r fuches. Bu cyfnod y cwotas llaeth yn gyfnod anodd i amaethwyr ond mae'n dal i fod yn ffordd iach o fyw. Er bod rhamant yn perthyn i'r hen gyfnod mae peiriannau wedi hwyluso gwaith yr amaethwr gryn dipyn a dyma'r diwydiant mawr ola sydd ar ôl 'da ni'r Cymry yn dilyn dirywiad y gweithfeydd dur, y chwareli a'r gwaith glo. Ond doedd dim dyfodol i fi ym myd y ffermio, felly rhaid oedd symud ymlaen.

Yn ystod yr haf ar ôl gadael yr ysgol bues yn gweithio yn chwarel galch Hobbs ym Mynyddcerrig a dyna brofiad unigryw arall. Roedd mwyafrif y gweithwyr yn dod o bentre Mynyddcerrig ac yn glynu'n glòs at ei gilydd, a wnes i erioed weithio mewn cystal awyrgylch o frawdoliaeth. Roedd Jules a fi'n gweithio yn y chwarel gyda'n gilydd a'n gwaith pennaf oedd glanhau o dan y *crusher* lle roedd y creigiau mawr yn cael eu malu'n llai. Dwst oedd yno gan amla i'w lanhau ond pan fyddai'r belt yn llithro fe fyddai tunelli o gerrig yn syrthio a byddai'n rhaid eu clirio – gwaith trwm oedd hwnnw. Gan nad oedd angen glanhau trwy'r amser fe fyddai 'da ni beth amser sbâr ac fe ddyfeision ni gêm o griced, oedd yn eitha peryglus o edrych yn ôl. Fe fyddai'r bowliwr yn bowlio carreg a'r batiwr yn defnyddio'i raw fel bat ac am wn i na fuon ni'n batio'n amlach na fy arwr o fyd criced, Alan Jones, Morgannwg, yn ystod yr haf hwnnw. Fe fues yn ôl yn y chwarel, neu'r 'cwar' fel y câi ei galw, y ddau haf canlynol hefyd a chael cyfle i yrru un o'r loris anferth yna – difyr am wythnos neu ddwy ond undonog iawn ar ôl hynny.

O ganlyniad i dderbyn gwaith cyflogedig fe lwyddais i brynu 'nghar cynta, sef Hillman Minx, am £100. Fe ges gryn help gan Maldwyn Williams i roi sglein ar y modur ac erbyn i Maldwyn orffen ag o roedd y car yn aur a brown ac roeddwn innau wedi gosod draig goch fawr ar y drysau blaen. Fe fu sedd gefn yr hen Hillman yn ddefnyddiol iawn i Caroline a finnau yn ystod yr haf hwnnw ond nid dyma'r lle i fanylu!

Dyna fi felly, yn fab y Mans, â thair Lefel 'A', yn berchennog Hillman Minx ac yn dipyn o ffermwr a chwarelwr, yn barod i'w chychwyn hi am dair blynedd fwya anturus fy mywyd yn Aberystwyth.

8

Dyddiau Coleg yn
Aberystwyth

TYMOR YR HYDREF 1978 a dyma gyrraedd Neuadd Pantycelyn
ar riw Penglais yn Aberystwyth – fy nghartre am y tair
blynedd nesa. Roeddwn yn rhannu ystafell â ffrind o'r ysgol
– Iwan Jones, neu Pij fel y gelwid ef gan bawb, gan fod ei
dad yn cadw colomennod! O fewn yr wythnos gynta, fodd
bynnag, roeddwn wedi gwneud ffrindiau newydd, ffrindiau
fyddai'n parhau am oes – Gwyn Eirug o Fangor, Dai Boobier
o Gaerdydd, Kevin Davies o Grymych a Geraint George o
Gwm Tawe – a, thrwy gyd-ddigwyddiad rhyfedd, roedd fy
nghyfyrder, Tim Hartley, yn rhannu ystafell ag un arall o
fois y Gwendraeth, Gwilym Francis. Dyna'r criw fentrodd
tua'r Cŵps a'r Llew Du gyda'i gilydd yn ystod yr wythnos
gynta honno. O fewn dim o amser roeddwn wedi gwneud
ffrindiau â chriw o lanciau tebyg o'r Gogledd – Geraint
Hughes (Trafolta) o Fotwnnog, Dei Evans (Dwtsi) o Dŷ-croes,
Tudur Owen (Twmffi) o Ynys Môn a Dylan Roberts (Strop) o
Fanceinion. Dyma 'nghriw i yn y Coleg ger y Lli ac yn ystod
y blynyddoedd fe ymunodd Huw Roberts (Crobs), Rhys Ifor,
Glyn Heulyn a Dylan Jones (Pilch) â'r gang amheus yma.

Yn ystod fy nghyfnod yn Aber roedd nifer o 'nghyd-
fyfyrwyr yn rhai fyddai'n gadael eu hôl ar fywyd cyhoeddus
Cymru mewn rhyw fodd – beirdd megis Myrddin ap Dafydd,
Iwan Llwyd ac Emyr Lewis; y gwleidydd Helen Mary Jones;
awduron megis Wil O. Roberts a Geraint Lewis; Arthur Emyr

o fyd chwaraeon; nifer o'r byd darlledu megis Garry Owen a Dylan Jones; y barnwr a'r sylwebydd Nic Parry; a nifer o actorion tu hwnt o safonol yn cynnwys Betsan Llwyd a Nia Caron ymysg eraill. Roedd pennaeth newydd S4C, Ian Jones, neu Tish i ni, yn gyfaill da. Mae'r rhestr yn ddiddiwedd.

Cawn y gwaith academaidd yn ddiflas tu hwnt er i fi gael darlithoedd gan aelodau dylanwadol iawn o'r Gymru gyfoes – Dr John Davies a Dr Geraint Jenkins yn Hanes Cymru, Dr Bobi Jones, John Rowlands, D. J. Bowen a'r Athro Geraint Gruffydd yn yr Adran Gymraeg ac Elan Closs Stephens ac Emily Davies yn yr Adran Ddrama. Wrth ymuno â'r brifysgol roedd fy mryd ar astudio'r Gymraeg ond wnes i ddim mwynhau'r cwrs yn arbennig ac roedd darlithoedd Arwyn Watkins ar Gymraeg Canol yn ddiflastod llwyr. Doedd y ffaith nad oedd y darlithydd yn gefnogol i'r iaith Gymraeg, yn ogystal â'r ffaith fod ei ddarlithoedd yn cael eu cynnal ar awr gynnar, fawr o help mae'n siŵr. Doedd hi ddim yn fwriad gen i barhau â Hanes Cymru er bod Dr John Davies yn ddifyr iawn. Teimlaf i fi ddysgu mwy oddi wrth y rhyw deg oedd mor ddylanwadol yn yr Adran Ddrama. Mae gen i barch mawr at Elan Closs Stephens, a'i hanogaeth hi yn anad neb arall a sicrhaodd fy mod i'n gadael Prifysgol Aberystwyth â gradd gystal. Roedd Elan yn ddarlithydd galluog ond yn berson cynnes hefyd, a wastad yn annog mwy oddi wrtha i. Roeddwn yn falch i fi lwyddo pe bai ond er mwyn ei phlesio hi gan iddi fy ngwthio i brofi bod gen i fwy i'w roi. Fe groesais gleddyfau ag Emily ar fwy nag un achlysur, gan amla oherwydd fy mod i am chwarae rygbi a hithau'n mynnu nad oedd dim yn bwysig mewn bywyd ond byd y ddrama. Fel cynhyrchydd dramâu, fodd bynnag, hi oedd y frenhines ac fe ddysgais fwy ganddi hi mewn tair blynedd nag y gallwn ei ddychmygu. Roedd ei marwolaeth ddisymwth yn golled i fyd y ddrama yng Nghymru.

Mae'n debyg i fi astudio Drama gan fy mod yn mwynhau perfformio. Cefais fy siomi o ganfod mor sych oedd y cwrs Cymraeg, er y byddai fy narlithwyr yn siŵr o ddadlau y buaswn wedi cael gwell blas ar eu darlithoedd pe bawn yn eu mynychu'n amlach!

Do, fe dreuliais dipyn o amser yng Nghaffi Morgan, yr Home Cafe a'r Penguin yn lladd amser dros sgwrs ddifyr pan ddylwn fod yn rhywle gwell, mae'n siŵr. Diolch i'r drefn nad oedd tafarnau ar agor drwy'r dydd yn y cyfnod hwnnw! Roedd rhai o dafarnau Aber ar agor drwy'r dydd ar ddydd Llun, fodd bynnag, oherwydd y mart lleol ac roedd dydd Llun cynta'r tymor yn ddiwrnod mawr i drigolion Pantycelyn. Y tafarnau gyferbyn â'r stesion fyddai ar agor – y Cross Foxes, y Cambrian a'r Terminus (y Vale of Rheidol erbyn hyn) – tafarnau na fydden ni'n eu mynychu'n rheolaidd. Tripiau dechrau tymor poblogaidd tu hwnt oedd teithiau i Flaendyffryn a Dolbrodmaeth a bu cyfuniad o brynhawn Llun yn y Terminus a thaith ar fws i Ddolbrod bron â bod yn ormod i bledren Dwtsi a finnau, ond stori arall yw honno!

Yn ystod fy mlwyddyn gynta ym Mhantycelyn roedd Pij a finnau'n rhannu ystafell uwchben llety John Bwlchllan, a oedd yn warden â gofal am y neuadd a'r myfyrwyr, a rhaid cyfadde i ni ddiodde ei lach fwy nag unwaith; does dim syndod i Pij ennill gwobr 'Sgitso'r Flwyddyn' yng nghinio blynyddol y neuadd!

Un bennod a ddenodd Doctor John i'n hystafell oedd pennod yr *home brew*. Bu criw ohonon ni'n bragu lager go amheus mewn dau dwba mawr a threulio sawl noson yn teithio o amgylch cefnau tafarnau a chlybiau'r dre yn llwytho cratiau o boteli gwag i gist yr Hillman Minx. Wedi sterileiddio'r poteli a'u llenwi roedd yn rhaid aros am gyfnod cyn cael blasu'r campwaith. Un noson, a'r bois ddim wedi mentro allan, dyma benderfynu tua 10 o'r gloch ein bod wedi aros yn ddigon hir. Felly dyma ddechrau ar y gymysgedd gartre a darganfod ein bod yn dal wrthi, yn canmol ein hunain, mewn stad go sigledig am 4 y bore, pan benderfynodd Doctor John ei bod yn bryd iddo ymyrryd. Digon teg oedd yr ymyrraeth, dybia i, ac fe gyflwynwyd rhyw fath o gosb, er na alla i ddwyn y cyfryw benyd i gof ar hyn o

67

bryd. Roedden ni'n gwmni difyr o gyfreithwyr, cynhyrchydd teledu, rheolwr banc, swyddog gyda ein sianel deledu gartrefol, athro, arweinydd canolfan ieuenctid ac actor sydd i gyd erbyn heddiw yn ganol oed parchus.

Rhag i Mam anobeithio'n llwyr o ddarllen y bennod hon, byddwn yn mynychu capel yr Annibynwyr yn Baker Street yn gyson fel myfyriwr a chefais y fraint o fod dan weinidogaeth cyfaill mynwesol i Nhad sef y Parch. Jonathan Thomas. Ef gafodd y fraint o fy medyddio 'nôl yn nechrau'r chwedegau ond trist yw cofnodi bod Jonathan, fel fy nhad, wedi'n gadael bellach.

Wrth groniclo pigion y flwyddyn gynta yn Aber daw enwau fel y Ganolfan Chwaraeon, pictiwrs y Commodore, Parti Panty, trip i'r traeth, crôl hanneri, y Light of Asia a'r bwytai Tsieineaidd ag atgofion fil i'r cof. Yn ystod yr ail flwyddyn rhaid ychwanegu enw'r Unicorn lle bu Les yn ein cyflwyno i ogoniannau'r Black Velvet. Cefais gyfle yn ystod y flwyddyn honno i chwarae mewn tîm dartiau am y tro cynta erioed ac ennill tlws gyda thîm Arnie's Arrows. Fy mhartner gan amla fyddai Glyn Heulyn, perchennog yr Harbourmaster yn Aberaeron bellach, a rhaid cyfadde bod Glyn wrth daflu i lawr o 6' 5" lawer yn well nag oeddwn i'n taflu i fyny o 5' 7"!

Fe fu'r hen Hillman Minx farw a bu'n rhaid cael Simca 1000 Special yn ei le – yr unig beth oedd yn 'sbesial' hyd y cofiaf i oedd bod y Simca'n ffitio'n berffaith ar y llwybr a arweiniai o'r undeb i Bantycelyn, ond peidio ymhelaethu ar hynny fyddai orau. Yn anffodus, llwyddais i droi'r Simca ar ei do y tu allan i Aberystwyth wrth fynd i gasglu copïau o'r cylchgrawn rag Cymraeg, *Rhagrith*, o'r Lolfa. Lyn Lewis Dafis a finnau oedd y golygyddion ac roedd hi wedi rhewi'n galed pan aeth Gwyn Eirug a fi ar y daith fer fythgofiadwy honno. Methiant fu ein hymgais i gyrraedd Tal-y-bont gan i'r car lithro ar y rhew a throi drosodd mewn cae jyst tu allan i Aberystwyth. Profiad amheuthun oedd troi at Gwyn, a'r ddau ohonon ni yn y cefn erbyn hynny, a holi 'Wyt ti'n iawn?'

Mae cysylltiad rhwng rygbi a dau achlysur cymdeithasol

cofiadwy yn y coleg. Y cynta oedd y diwrnod yr anfonwyd Paul Ringer o'r cae yn erbyn Lloegr am redeg ei fys ar hyd mascara maswr Lloegr, John Horton. Roedd yn hysbys i bawb fod y wasg Seisnig wedi canolbwyntio ar Ringer cyn y gêm a, fwy neu lai, wedi rhoi'r dyfarnwr dan bwysau aruthrol i'w gosbi'n llym am unrhyw drosedd. Fe wylltiodd bechgyn Pantycelyn i gyd wedi'r gêm a chyda gormod o lawer o *Dutch courage* aethpwyd allan i'r dre, am yr unig dro y cofiaf, i chwilio am Saeson i'w beio am anfadwaith y wasg a'r dyfarnwr. Aethon ni i dafarnau na fydden ni'n arfer eu mynychu, fel y Castle, lle bu'r gwrthdaro mwya – y Saeson yn un hanner llawr y bar a'r Cymry yn yr hanner arall gyda bwlch anghyfforddus rhyngon ni. Fel roedd pethau'n dechrau mynd yn flêr fe gyrhaeddodd yr heddlu a gadawodd y Cymry gan chwythu bygythiadau a symud ymlaen i gamfihafio mewn tafarn arall, lle bu rhywun yn angharedig wrth jiwcbocs a char yr heddlu, yn ôl pob sôn! O edrych yn ôl fe sylweddolon ni pa mor beryglus mae *mob rule* yn gallu bod ac fe fu profiad y noson honno'n gymorth i fi ddeall yr hyn fyddai'n digwydd mewn terfysgoedd yn rhai o drefi mawr Prydain yn yr wythdegau.

Yr ail ddigwyddiad cofiadwy oedd taith fendigedig i Gaeredin i weld Cymru'n chwarae yn erbyn yr Alban. Taith am bris rhesymol oedd hon gan mai teithio ar fws ac aros mewn hostel oedden ni. Roedd yr hostel yn gyffredin tu hwnt â rhyw ddwsin neu ragor o fois yn cysgu ar welyau bynes yn yr un ystafell – hunllef i bob rhiant cyfrifol. Cawson ni gryn hwyl ar y canu a'r mwynhau, gan yfed un dafarn yn sych o *heavy* – yng ngeiriau'r barman wrth un o'i gwsmeriaid rheolaidd, 'The bastards have drunk me dry!' Rwy'n siŵr i ni gael cryn help gan gwsmeriaid eraill y dafarn ond roedd hon yn stori oedd wrth fodd myfyrwyr anaeddfed. Roedd y daith yn ôl yn ymddangos fel tragwyddoldeb am i ni orfod aros ar y draffordd yn yr Alban am hydoedd gan fod car ar dân. Fe fu un perchennog Rolls Royce yn ddigon digywilydd i yrru heibio i bawb ar y llain galed. Efallai nad yw'r gyrrwr hwnnw'n cofio'r car ar dân erbyn hyn ond dwi'n siŵr fod y rhes o benolau Cymreig a anelwyd ato o'r glaswellt uwchben y llain galed yn fyw iawn yn ei gof! Fe lwyddodd fy nghyfaill Gwyn Eirug i deithio'r holl ffordd o Gaeredin i Aberystwyth heb dorri gair â neb heblaw am ambell i ebychiad, ac edrychai'n welw iawn!

Un arferiad a fabwysiadwyd yn ystod fy ail flwyddyn yn Aber oedd betio ar geffylau. Roedd trafodaethau mawr ar goridor uchaf Pantycelyn dros sŵn y record *American Pie*, a ddatblygodd yn rhyw fath o anthem, ac mae enw un ceffyl a enillodd gryn arian i ni yn fyw yn y cof, sef David Galaxy Affair. Chwiw a basiodd oedd yr arfer yma, diolch i'r drefn, ac fe lwyddwyd i gyrraedd diwedd y tymor heb wneud colledion mawr. Erbyn inni symud i fyw i goridor y Ffynnon yn y drydedd flwyddyn roedd amser graddio yn prysur bwyso a'r arholiadau terfynol ar y gorwel.

Fe chwaraeodd Cymdeithas y Geltaidd ran bwysig yn fy mywyd colegol hefyd gan i fi lenwi swydd yr ysgrifennydd adloniant a chael fy ethol yn Llywydd y gymdeithas yn fy nhrydedd flwyddyn. Y Geltaidd fyddai'n trefnu nifer o'r gweithgareddau cymdeithasol a chawson ni gyfle i roi nosweithiau llawen at ei gilydd i'w perfformio mewn neuaddau pentre. Ynghlwm wrth y gweithgareddau cymdeithasol hyn roedd yr Eisteddfod Ryng-golegol a chefais gyfle i gystadlu mewn nifer o gystadlaethau gan gynnwys y Côr Meibion a'r pedwarawd gydag Elfrys, Wendy ac Ian. Yn Eisteddfod Ryng-gol Bangor y cychwynnwyd y grŵp Chwarter i Un er mwyn cystadlu yn y cystadlaethau pop. Aelodau'r grŵp oedd Gronw ap Trefor ar y gitâr flaen, Dafydd Rhys ar y gitâr rythm, Dominic Griffiths ar y gitâr fas, Geraint Jones ar y drymiau a 'nghyfyrder Tim Hartley a finnau'n canu. Dros y tair blynedd ganlynol fe fu Owen Owens yn drymio ac yna Rhys Powys ond bu gweddill yr aelodau'n sefydlog tan i fi adael ym 1981. Fe gawson ni lawer o sbort yn perfformio a thipyn o lwyddiant – enillwyd gwobr Grŵp Mwyaf Addawol y cylchgrawn *Sgrech* un flwyddyn; cafwyd dwy daith haf lwyddiannus yng nghwmni Ail Symudiad a Doctor; rhyddhawyd record,

Dôp ar y Dôl, ac fe ymddangosodd y gân fwya poblogaidd, 'Tin Traddodiadol', mewn perfformiad byw ar record *Twrw Tanllyd*, er mai recordiad digon anghelfydd ydyw yn anffodus. Grŵp byw oedd Chwarter i Un, fodd bynnag, ac ar ei orau mewn dawnsfeydd lle roedd cyfle i rannu egni'r gynulleidfa. Mae nosweithiau o brancio chwyslyd mewn llefydd megis Clwb Tan-y-bont, Neuadd Garndolbenmaen a Chorwen yn fyw iawn yn y cof. Roedd y perfformio'n rhoi tipyn mwy o foddhad na'r gyrru 'nôl i Aber yn y fan ganol nos!

Cawson ni berfformiadau arbennig yn Eisteddfod Machynlleth, er i fi roi'r gorau iddi yn fuan ar ôl hynny gan i fi ddychwelyd i'r De-orllewin i fyw a'i chael hi'n anodd teithio. Buon ni ar raglenni teledu'r cyfnod ond digon annymunol y cefais i'r rheiny gan nad oedd y criwiau Saesneg ar lawr y stiwdio yn dangos fawr ddim diddordeb mewn grwpiau Cymraeg.

Ym myd y ddrama, cefais gyfle yn y flwyddyn gynta i chwarae rhan Macduff yn nrama enwocaf Shakespeare o bosibl, *Macbeth*. Fe fwynheais i'r profiad yn fawr a dysgu llawer am waith llwyfan oddi wrth frenhines y ddrama, Mrs Emily Davies. Dysgais yn fuan iawn hefyd fod drama yn bopeth iddi hi gan i Macduff a Duncan gael cerydd yn yr ystafell newid am drafod *Match of the Day* pan ddylen ni fod yn canolbwyntio ar ein cymeriadau! Bues yn ffodus o gael criw da o gyd-fyfyrwyr yn yr un flwyddyn â fi – Betsan Llwyd, Nia Caron, Gwyneth Hopkins, Geraint Lewis, Wiliam O. Roberts, Derwyn Williams, Edwina Jones a nifer o enwau eraill.

Yn ystod yr ail flwyddyn cefais gyfle i brofi ochr arall y geiniog gan i ni berfformio'r ddrama fwya diflas y bues ynddi erioed, *Chwe Chymeriad yn Chwilio am Awdur* gan Pirandello. Doedden ni a gymerai ran ddim yn deall y ddrama, heb sôn am y gynulleidfa druan. Rwy'n cofio Nhad yn dod i weld perfformiad a gofyn i fi 'Am be oedd honna d'wed?' Digon yw dweud i rai syrthio i gysgu yn ystod un o'r ymarferion!

Yn fy mlwyddyn ola cefais gyfle i chwarae rhan Dr Astrov

yn nrama Chekhov, *D'Ewyrth Fania*, ac roedd yn rhan dda mewn drama dda. Fe lwyfannwyd y ddrama yn Theatr y Werin adeg Eisteddfod Genedlaethol Machynlleth ym 1981. Golygai hyn fod yn rhaid i ni ddod yn ôl i Aber i ymarfer ar gyfer y perfformiad ac o ganlyniad ni fu'n bosibl i fi weithio yn ystod yr haf hwnnw i ad-dalu fy ngorddrafft. Fe addawyd ein digolledu am y cyfnod yn Aber a'r Eisteddfod ond welais i'r un geiniog hyd heddiw. Bues yn ddi-waith am chwe mis ac o ganlyniad cynyddu wnaeth y gorddrafft. Er i'r profiad fod yn werthfawr, byddai clirio fy ngorddrafft wedi bod yr un mor werthfawr os nad yn fwy ar y pryd!

Yn ystod fy nghyfnod yn Aber y cefais fy nghyflwyno i wleidyddiaeth o ddifri, er fy mod yn aelod o Blaid Cymru a Chymdeithas yr Iaith eisoes. Mae annibyniaeth i Gymru a dyfodol yr iaith Gymraeg wedi'u serio ar fy nghydwybod a diolchaf i fy rhieni am hynny. Roeddwn yn rhy ifanc i ddathlu buddugoliaeth Gwynfor ym 1966 ond cynhyrfais yn llwyr pan gafodd Gwynfor, Dafydd Wigley a Dafydd Elis-Thomas eu hethol ym 1974. Pe bai pobol Cymru wedi cydio yn y llwyddiannau hynny fe fyddai Cymru mewn tipyn gwell stâd erbyn hyn. Fe sicrhaodd gelynion pennaf Cymru a'r iaith Gymraeg, serch hynny, y câi pobol eu rhybuddio o beryglon yr eithafwyr hyn a feiddiai geisio byw eu bywydau trwy eu mamiaith. Pan oeddwn yn y coleg ym 1979 gwrthodwyd datganoli i Gymru ac fe dyfodd pobol megis y taeog George Thomas a'r afiach Neil Kinnock yn elynion pennaf i fi. Yn dilyn helyntion Education First, oedd yn ymgyrchu yn erbyn addysg Gymraeg yn Sir Gaerfyrddin, fe fyddwn yn gosod y dyn bach milain Dr Alan Williams yn yr un categori â'r uchod. Yn anffodus, cadwodd gwleidyddion fel Llew Smith a Huw Lewis y traddodiad gwrth-Gymreig o fewn y Blaid Lafur yn fyw ac yn afiach mewn cyfnod diweddarach.

Cyfnod Thatcher oedd rhan helaeth o 'nghyfnod coleg i, wrth reswm, cyfnod y brotest am sianel deledu Gymraeg a helyntion tai haf. Roedd ymgyrch gref ar droed ym Mhrifysgol Bangor i Gymreigio'r coleg a braint oedd cael teithio yno i'w cefnogi. Cefais gyfle i gymryd rhan mewn sawl protest iaith a mentro ymhellach na sticio sticeri Cymraeg ar arwyddion Saesneg fel y gwnaeth Gareth a fi yn Drefach yn nyddiau ysgol. Bu sawl taith ddirgel i beintio sloganau ac arwyddion yng nghanolbarth Cymru ond y fenter fwya oedd taro mast teledu i'r gogledd o'r Bala. Trefnwyd yr ymgyrch yma gan berson sy'n dal swydd bur bwysig o fewn y gorfforaeth deledu erbyn hyn a chan fod car gen i, fi oedd y gyrrwr. Dyma ollwng y gweddill ar yr heol fach a arweiniai at y mast a diflannu am ychydig cyn dychwelyd i ddarganfod iddyn nhw fethu torri i mewn i'r adeilad. Wyddai neb am yr ymgyrch honno ond cefais fy atal sawl gwaith gan yr heddlu adeg cythrwfl y tai haf, er nad oedd gen i ddim mwy o gysylltiad â'r ymgyrch honno na'r ffaith 'mod i'n gwisgo bathodyn 'Taniwch dros Gymru' ac yn canu 'We'll burn your houses down'!

Tra oeddwn yn Aber deuthum yn ymwybodol o fodolaeth yr heddlu cudd fyddai'n cadw golwg ar ein protestiadau o hirbell, sawl un yn dymuno cael rhan ar y gyfres *The Professionals* bid siŵr! Erbyn heddiw mae fy mhlant i wedi bod mewn ysgol Gymraeg ac wedi cael rhwydd hynt i wylio sianel Gymraeg ond maen nhw'n dueddol o gymryd hyn oll yn ganiataol a bydda i'n gofidio weithiau eu bod yn rhy gyfforddus ac nad ydyn nhw'n teimlo bod angen brwydro dros yr iaith Gymraeg. Mae yna fygythiad enfawr, fodd bynnag – y mewnlifiad, yn ogystal â'r all-lifiad yn ein hardal ni. Cyndyn iawn yw llywodraeth Lafur y Cynulliad i wneud unrhyw beth i ddatrys y sefyllfa honno gan eu bod, siŵr o fod, yn credu bod mwy o fewnlifiad yn golygu mwy o bleidleisiau, a'r Ceidwadwyr yn yr un modd. Dwi wedi gweld plant hen gefnogwyr Llafur yn troi at Blaid Cymru gan gofleidio ei gwerthoedd Cymreig a sosialaidd, gwerthoedd y cefnodd Tony Blair arnyn nhw, ac rydw i'n falch i fi gael profiad o'r cyfnod o brotestio gan iddo feithrin egwyddorion cadarn ynof fel person.

O ran fy mhrif ddiddordeb, sef rygbi a'r maes chwaraeon, fe fu cyfnod coleg yn gymysgwch o hapusrwydd a diogi.

Dywedaf 'diogi' yn yr ystyr nad oeddwn yn ymarfer yn ddigon caled ac yn bodloni ar gyrraedd safon ddigon cyffredin – ac o ganlyniad gwelwyd y pwysau'n cynyddu, wrth gwrs! Cefais dair blynedd hapus yn chwarae i dîm rygbi'r Geltaidd, fodd bynnag, yn ysgrifennydd yn ystod yr ail flwyddyn ac yn gapten yn y drydedd. Yr uchafbwyntiau, bid siŵr, oedd ennill y gwpan yn ystod yr ail dymor a'r bencampwriaeth yn y flwyddyn ola.

Roedd rownd derfynol y gwpan yn erbyn WAC, sef y coleg amaethyddol, yn fythgofiadwy ac fe fyddwn yn tybio mai dyna'r gêm fwya cyffrous i fi chwarae ynddi erioed. Un fydd yn cofio'r gêm yn dda yw pennaeth newydd S4C, Ian Jones, gan fod Tish yn chwarae yn y canol yn y ffeinal honno. Roedd tîm cryf gan WAC yn cynnwys chwaraewyr megis Nick Saunders fu'n chwarae i Gasnewydd a Llanelli a Gareth Jones fu'n wythwr i Gastell-nedd. Aeth y gêm i amser ychwanegol cyn i fois y Geltaidd ddathlu'n fuddugoliaethus gan fod ein cinio blynyddol i'w gynnal y noson honno ym Mhlas Gwyn, Llan-non. Fi oedd yn gyfrifol am drefnu'r noson ac fe gofiaf berchennog y gwesty yn sefyll yn y drws i'n hatal rhag gadael a dweud wrtha i, 'I don't mind you leaving, as soon as I've had all my belongings back.' Pan edrychais roedd y bechgyn, yn eu diawlineb, wedi dwyn pob ornament oedd gan y lle ond, chwarae teg, fe ddychwelwyd y cwbl cyn gadael, yn wahanol i'r flwyddyn cynt lle bu'n rhaid i berchennog ddod i Aberystwyth i gasglu ei beli pŵl a'i giwiau! Bu'n fraint cael bod yn gapten yn ystod fy nhrydedd flwyddyn ac ennill y gynghrair ac yna cael cyfle i chwarae i dîm pêl-droed y Geltaidd yn rownd derfynol y gwpan ac ennill siâr yn honno hefyd.

O sôn am bêl-droed, cafwyd trip hanesyddol o Aber i Preston i weld Abertawe'n sicrhau dyrchafiad i'r Adran Gyntaf. Ni oedd un o'r bysus cynta i gyrraedd ac fe'n harchwiliwyd yn fanwl gan heddlu Swydd Gaerhirfryn cyn i ni gael lle i sefyll y tu ôl i'r gôl. Cododd stori ddifyr iawn o'r daith honno. Ar ddiwedd y gêm fe redais ar y cae, fel pawb arall, a chael fy hun yn rhedeg ar draws y cae ochr yn ochr â John Toshack. Teimlwn yn reit browd o hynny nes i fi ddod gartre y Sul canlynol a mynd i'r capel. Ar ddiwedd fy nhrydedd flwyddyn y digwyddodd hyn ac roeddwn i i fod yn astudio'n galed ar gyfer fy ngradd pan oedd Abertawe yn Preston, felly soniais i 'run gair wrth fy rhieni y byddwn yn mynd i'r gêm. Mae'n arferiad yn ein capel ni i'r dynion ymgasglu y tu allan i'r festri am sgwrs a smôc ('Cancer Corner' roedd y bois yn galw'r lle) ac fe drodd un o'r dynion ata i a dweud,

'Welon ni ti dydd Sadwrn ychan, ar y teli.'

'Beth chi'n feddwl?' meddwn innau'n ddiniwed.

'Wel, yn Preston ychan, yn rhedeg wrth ochr John Toshack.'

Digwyddodd y cwbl o fewn clyw fy nhad ond ddywedodd e ddim gair, chwarae teg iddo, gan esgus nad oedd wedi clywed a finnau'n gwybod yn iawn iddo glywed. Gan mai ar brynhawn Mercher rown i'n chwarae rygbi cawn gyfle i weld rhai o'r gêmau cofiadwy ar y Vetch ac roedden nhw'n ddyddiau cyffrous. Fy mhartner yn trefnu'r daith i Preston oedd fy nghyfaill agos Geraint George, ry'n ni bellach wedi'i golli mewn amgylchiadau tu hwnt o drist. Wrth edrych ar yr Elyrch yn llwyddo yn yr Uwchgynghrair, amdano fe y bydda i'n meddwl o hyd – cyfaill triw a gollwyd yn llawer rhy ifanc.

Doedd y byd mawr tu allan ddim yn cyfri rhyw lawer i fyfyriwr ym Mhantycelyn ond bu sawl digwyddiad pwysig ym myd chwaraeon yn ystod fy nghyfnod yn y Coleg ger y Lli sy'n dal i ddychwelyd i'r cof – taith i Gaerdydd ym 1978 i weld Andy Haden yn deifio allan o'r llinell i ennill y gêm i Seland Newydd yn erbyn Cymru; y Cymro Terry Griffiths o Lanelli yn ennill pencampwriaeth snwcer y byd ym 1979; y paffiwr Johnny Owen yn marw ym 1980; ac Abertawe'n sicrhau dyrchafiad wrth gwrs.

Yn Mehefin 1981 dyma dderbyn y newyddion syfrdanol i fi lwyddo i ennill gradd 2:1 mewn Drama ac mae gen i ddyled fawr i Elan Closs Stephens am ei dyfalbarhad yn mynnu'r gorau ohono i. Fe fu hi yn anad neb arall yn ddylanwad pwysig ar fy mywyd addysgol yn Aberystwyth a diolch iddi am hynny.

9

Newid Byd

WEDI GADAEL Y Brifysgol ym 1981 fe dreuliais gyfnod yn ddi-waith. Er i fi gael fy nerbyn i ddilyn cwrs Ymarfer Dysgu doeddwn i ddim yn awyddus i ddilyn y trywydd hwnnw. Fe ddechreuodd Caroline ar ei gyrfa fel athrawes yn Ysgol Gynradd Gorslas ac fe ymunais innau â'r ciw dôl! Yn hydref 1981 cefais gynnig swydd yn darllen llyfrau ar dâp ar gyfer y deillion yn Llyfrgell Caerfyrddin gan Miss Rhian Evans. Roedd Rhian yn colli'i golwg ac yn ymwybodol iawn o bwysigrwydd y gwaith i'r deillion. Fe fues yn cydweithio'n hapus â Huw Isaac ac Alison John ac yna fe ymunodd fy nghyfyrder Tim Hartley am gyfnod. Aeth y gwaith rhagddo'n hwylus dan ofal dymunol Rhian, merch y mae fy edmygedd ohoni'n fawr a merch sydd wedi cyflawni llawer yn siriol iawn er gwaetha'i hanabledd. Yn ystod y cyfnod hwnnw cefais gyfle i ailsefydlu fy hun ym mhentre Drefach gan ymuno â'r pwyllgor llesiant a bwrw ati i gynhyrchu drama lwyfan, *Mentra Gwen*, gyda chyfoedion o glwb ieuenctid y capel. Cawson ni gryn lwyddiant wrth lwyfannu'r ddrama hon gan ei pherfformio yn Hebron, Drefach a theithio i Elim, Ffynnon-ddrain.

Profiad amheuthun yn ystod y flwyddyn honno fu mynd i weld gêm agoriadol Abertawe yn yr Adran Gyntaf yn erbyn Leeds United a'r Swans yn ennill o bum gôl i un. Anhygoel! Treuliais fy nhymor chwaraeon yn gwylio'r Swans ac yn chwarae ambell gêm o bêl-droed i dîm Porthyrhyd ac ambell gêm o rygbi i ail dîm Pontyberem.

Yna gwelais hysbyseb am swydd actor gyda chwmni Theatr

Crwban oedd â'i bencadlys yn Theatr y Werin, Aberystwyth a dyma geisio am y swydd. Roedd cyd-fyfyriwr i fi, Gwyneth Hopkins, eisoes yn aelod o'r cwmni a chlywais mai Emily Davies o'r coleg fyddai'n cynnal y cyfweliadau. Roedd Emily wedi sefydlu cwmni yn Aberystwyth a hwnnw'n cynnwys rhai o'm cyd-fyfyrwyr eraill ond roeddwn i wedi gwrthod ymuno â'r cwmni hwnnw gan fod arnaf eisiau symud yn nes at adre â Caroline ar fin dechrau ar ei swydd ddysgu gynta. Roeddwn yn bryderus ac yn ofni na fyddai Emily wedi maddau i fi ond di-sail fu'r pryder hwnnw gan i fi gael y swydd.

Dyma ddechrau ar fy ngyrfa broffesiynol, felly, ym Mai 1982, yng nghysgod rhyfel ofer y Falklands, yn ôl yn Aberystwyth. Fe symudais i fyw i dŷ y drws nesaf i'r Ganolfan Chwaraeon ond wnes i ddim setlo'n dda iawn gan fod nifer o'm ffrindiau wedi gadael Aber a gormod o atgofion rownd pob cornel. O ganlyniad fe benderfynais symud i Lanilar a rhentu tŷ gan Billy Siop yr ochr draw i dafarn y Falcon – lle delfrydol i gogydd gwael! Bu'r cyfnod fel aelod o Theatr Crwban yn sylfaen dda i actor ifanc ac er bod y gwaith yn galed a'r cyflog yn fach roedd y profiad yn werthfawr. Mae sioeau fel *Wil a'r Bois* a *Baled Alun Jones* yn fyw iawn yn y cof, a Gwyneth, John Glyn Owen a finnau'n aelodau sefydlog yn y cwmni. Roedd *Baled Alun Jones* yn sioe arbennig o dda a sgriptiwyd gan John Glyn ac fe ddaeth Alun Elidyr aton ni i chwarae'r brif ran yn ogystal â Siw Hughes a Dewi Pws. Fe fu'r daith yn un i'w chofio, yn enwedig y sioe yn Llangadog lle penderfynodd fy nannedd gosod ddod allan o 'ngheg a finnau'n ceisio'u gwthio'n ôl er fy mod yn gwisgo menyg bocsio am fy nwylo! Daeth gŵr ata i ar y diwedd a dweud, 'Fe sbwyloch chi'r ddrama ond fe wnaethoch chi'r nosweth!' Yn Bronwydd dwi'n cofio Alun a finnau'n cael damwain – roedd Alun, y pencampwr, a finnau, ei ffrind anobeithiol, i fod i sbaro 'da'n gilydd a bu'n rhaid gweithio'r symudiadau'n ofalus. Aeth popeth yn iawn tan i ni gyrraedd Bronwydd – am ryw reswm fe blygodd Alun ei ben pan oedd i fod i'w godi ac fe drawes i fe ar ei drwyn a dechreuodd hwnnw waedu.

Dechreuodd y dorf glapio gan feddwl bod y glatsien yn rhan o'r ddrama a'n bod yn glyfar iawn. Nid dyna'r gwir, fodd bynnag, ac fe darod Alun fi rhwng fy nau lygad mewn rhyw fath o ymateb greddfol. Felly dyna lle roedd y ddau ohonon ni, Alun a'i drwyn yn gwaedu a finnau a'n llyged yn dyfrio, a'r gynulleidfa'n cymeradwyo!

Actiais mewn nifer o sioeau Theatr mewn Addysg megis y *Stafell Ddirgel* a sioeau am fomiau niwclear a'r gofod y bu'n rhaid i ni eu sgriptio ein hunain. Bu hyn i gyd yn ymarfer da iawn ar gyfer y dyfodol. Rwy'n cofio gwneud taith ysgolion meithrin gyda Menna Brown lle roeddwn yn chwarae rhan Mabon ac ym Mhenrhyn-coch fe syrthiodd y set ar Mabon druan, er mawr ofid i'r mamau yn y rhes flaen a glywyd yn yngan, 'Na, ma fe'n olreit, ma fe wedi symud!'

Cofiaf i ni wneud sioe ddifyr iawn i ysgolion cynradd ar y gwaith glo, sef *Pris y Glo*, a theithio ysgolion Cwm Gwendraeth. Roedd dau bwll yn y cwm ac roedd yn ofynnol cael y plant i ddychmygu eu bod yn ôl yn y ganrif ddiwethaf a'u bod yn gweithio yn y pyllau hyn fel dau dîm yn cystadlu yn erbyn ei gilydd. Mewn un ysgol roeddwn wedi llwyddo i gael y plant i gredu yn yr hyn roedden nhw'n ei wneud ac roedden ni i gyd i mewn yn y pwll yn gweithio pan godood y prifathro ochr y pwll a gofyn 'Wyt ti moyn dished o de?' gan sbwylio'r holl awyrgylch roeddwn wedi ymlafnio i'w greu!

Wrth berfformio gyda Theatr Crwban fe ddaeth Pete Edwards a Hugh Thomas i 'ngweld a chynnig rhan i fi mewn pennod o gyfres newydd gyffrous, sef *Bowen a'i Bartner*, a ddaeth yn gyfres tu hwnt o boblogaidd. Ffilmio ar gyfer y bennod yma oedd y gwaith teledu cynta i fi ei wneud ac roeddwn yn cael coten gan un a ddaeth yn un o'm ffrindiau pennaf ym myd darlledu, sef Ieuan Rhys. Cyn i'r bennod gael ei dangos, fodd bynnag, daeth cynhyrchydd *Pobol y Cwm*, y diweddar Myrfyn Owen, i'm gweld yn perfformio gyda'r cwmni ac fe gynigiodd ran yn yr opera sebon i fi. Fel roedd hi'n digwydd roeddwn ar fin priodi a'r bwriad oedd i Caroline symud ata i i Lanilar ond fe fyddai derbyn y rhan yn *Pobol y*

Cwm yn golygu y gallwn symud yn ôl i Gwm Gwendraeth, lle roedd fy nghalon. Roedd mater bach arall hefyd, wrth gwrs, sef y gwahaniaeth mawr mewn cyflog! Fe symudais yn ôl i'r cwm a theithio i Aber am weddill fy nghytundeb gan aros weithiau yn nhŷ Geraint Lloyd a'i briod Siw a weithiai i'r cwmni fel ysgrifenyddes. Mae nifer o actorion ifanc heddiw yn cael swyddi ar raglenni teledu cyn gwneud gwaith llwyfan ond dwi'n gwerthfawrogi'r cyfle ges i i weithio ar lwyfan cyn symud i fyd y sgrin fach. Mae'r amrywiaeth o ddyletswyddau mae'n rhaid i ddyn eu gwneud mewn cwmni bychan yn gymorth i werthfawrogi gwaith pobl eraill mewn swyddi gwahanol.

Wedi symud yn ôl i'r cwm i fyw, priodi oedd y cam mawr nesa, ond ddeuddydd cyn ein priodas ni fe briododd fy nghefnder, Iwan, a Nesta yn Nhrawsfynydd ac fe gofiaf yn burion i ni gael pynctiar yn olwyn flaen y Sunbeam Ti ar y ffordd i'r Gogledd a gorfod newid teiar yn Aberystwyth. Y noson cyn ein priodas roedd hi'n bwrw eira, er ei bod yn fis Ebrill – testun gofid mawr i Caroline a thestun cryn hwyl i'r bechgyn oedd yn aros yn ein tŷ ni. Fe gafwyd priodas ar 4 Ebrill 1983, fodd bynnag, mewn gwyntoedd cryfion, â Gareth yn was priodas, Elfyn, fy nghefnder, Gwyn Eirug a Gethin y Berllan yn dywyswyr, Bethan fy chwaer a Nia'r Wern yn forwynion a Nhad wrth y llyw. Erbyn heddiw mae'r gwesty lle cawson ni ein brecwast priodas yn ysbyty preifat, sef Werndale ym Mancyfelin. Y rhan anoddaf o'r holl ddiwrnod i fi oedd gwneud fy araith gan fy mod yn greadur tu hwnt o emosiynol a rhaid cyfadde na lwyddais i ddweud popeth roeddwn wedi'i nodi ar fy mhapur. Yn anarferol iawn, ac yntau wastad yn siaradwr grymus a rhwydd, fe drodd fy nhad yn emosiynol hefyd, yn enwedig wrth ddarllen ei fersiwn ef o 'Bytholwyrdd' gan Tecwyn Ifan, er nad anghofia i fyth mo'r geiriau hynny.

Mae nifer heddiw'n treulio eu mis mêl ym mhellafoedd daear, ond pedwar diwrnod yng ngwesty'r Kensington Palace yn Llundain ar drip gyda bysus Jenkins of Skewen gafodd

Caroline a fi. Roedd tocynnau i ddwy sioe yn gynwysedig yn y pris a chawson ni amser bendigedig. Roedd un problem fach, fodd bynnag. Gwelyau sengl gawson ni, felly dyma lythyr i'r gwesty yn cwyno ac fe gawson ni benwythnos am ddim yn yr un gwesty yn yr hydref – a gwely dwbl wrth gwrs!

Fe benderfynodd fy mam a 'nhad yng nghyfraith brynu byngalo yn y Tymbl ac felly fe brynodd Caroline a fi'r tŷ lle cawsai hi ei geni yng Nghwmmawr, sef Maesyffynnon, ac yno y gwnaethon ni ein cartre cynta. Mae gen i gofnod i ni brynu Maesyffynnon a hefyd brynu XR3 ar yr un diwrnod ym Mehefin 1983 ac yn ystod yr un mis fe symudodd Caroline i fod yn athrawes yn Llan-non. Trwy garedigrwydd Alwyn a Bronwen, fy nhad a'm mam yng nghyfraith, cawson ni brynu ein cartre cynta am bris gostyngol ac mae eu caredigrwydd tuag aton ni wedi parhau hyd y dydd heddiw. Trwy ddylanwad Alwyn y dechreuais ymddiddori yng nghlwb rygbi'r Tymbl a dweud y gwir – mae e'n cofio pob cais ers adeg y rhyfel bron!

Roeddwn i erbyn hyn wedi bwrw fy hun yn ôl i mewn i fywyd llawn Cwm Gwendraeth ac yn swyddog cyhoeddusrwydd i Gôr Meibion Mynydd Mawr a melys yw'r atgofion sydd gen i o'r cyngherddau a'r eisteddfodau lle bu'r côr. Cafwyd noson hwyr iawn, bore cynnar a dweud y gwir, yn Eisteddfod Aberteifi y mis Mehefin hwnnw yn dilyn croeso yn y Moose Club, croeso y cawn ail flas arno flynyddocdd yn ddiweddarach gyda thîm pêl-droed Cwmderi. Cawson ni gystal croeso a dweud y gwir fel y cafodd fy nhad yng nghyfraith a finnau gyfle i gyfarch y dyn llaeth ar y ffordd i mewn i'r tŷ!

Roedd cysgod ar y gorwel, fodd bynnag, ac yng Ngorffennaf 1983 bu farw ffrind annwyl iawn i fi sef Mrs Margaret Walters, Y Berllan. Fe gefais gryn siom o golli un a frwydrodd mor ddewr yn erbyn ei hafiechyd ac un a fu mor garedig wrtha i â neb y gwn amdano. Mae bron i ddeng mlynedd ar hugain wedi pasio bellach ond galla i flasu ei chinio twym hyd y dydd heddiw a chlywed y direidi yn ei llais.

Yn ystod yr haf hwnnw penderfynais symud o glwb rygbi Pontyberem i glwb y Tymbl. O fewn ychydig amser wedi dechrau chwarae i'r Tymbl, fodd bynnag, fe gefais anaf cas iawn i ligaments fy mhen-glin, anaf a fyddai yn y pen draw yn golygu bod fy nyddiau chwarae rygbi ar ben.

Llwyddodd fy chwaer yn ei harholiadau Lefel 'A' a diflannodd i goleg Bangor, er mawr siom i'w brawd, ac aelwyd y Mans Drefach yn ddi-blant am y tro cynta ers i ni symud yno ym 1968!

Yn ystod blwyddyn gynta ein priodas cafodd fy ngwraig, fy nhad- a'm mam-yng- nghyfraith a finnau ddihangfa lwcus pan lanwyd y tŷ yng Nghwmmawr â charbon monocsid. Fe gododd Caroline ganol nos yn diodde o gur pen ond wedi cyrraedd y lolfa fe lewygodd a thrwy lwc fe glywodd Alwyn, fy nhad yng nghyfraith, hi'n syrthio a mynd i lawr i weld beth oedd yn bod. Erbyn hynny roedd pawb yn effro a'n pennau'n curo'n drwm. Bu'n rhaid mynd y drws nesaf i gysgu at Maldwyn a Liz Williams ac fe ddaeth dyn o'r Bwrdd Glo allan i archwilio'r lle tân a dod i'r casgliad i ni fod yn lwcus dros ben. Profiad digon annifyr oedd dychmygu beth allasai fod wedi digwydd.

Fel y soniais, roedd clwb ieuenctid llewyrchus gennym yn y capel. Gan ein bod i gyd yn rhy hen i glwb ieuenctid erbyn hynny, fe ddaethom at ein gilydd i sefydlu clwb hamdden i'r pentre, gan gynnal nosweithiau cymdeithasol a chyngherddau. Adlewyrchwyd y gymdeithas glòs oedd yn y pentre gan y nosweithiau 'Pawb yn ei Dro' lle roedd amryw gymdeithasau'r pentre yn cystadlu'n erbyn ei gilydd ar lafar ac ar gân.

Ym mis Rhagfyr 1983 fe lwyddodd fy chwaer a finnau i drefnu swper i ddathlu priodas arian ein rhieni ym Mhlas Maenan, Llanrwst gan wahodd teulu a ffrindiau yn ddiarwybod iddyn nhw. Fe fu hon yn noson i'w chofio i Mam a Nhad ac yn gyfle cynta, efallai, i Bethan a fi dalu ychydig o'n dyled yn ôl iddyn nhw.

Roedd cŵn wedi chwarae rhan yn ystod fy mhlentyndod

gan i ni fod yn berchen ar *fox terrier* yng Ngharno a chi defaid ym Mhorthmadog. Jack Russell o'r enw Patch a Dalmatian o'r enw Meg fu gyda ni yn y Mans. Ar y ffordd yn ôl o Blas Maenan fe gasglodd Caroline a fi gi defaid, ast fach goch o'r enw Nel, a fu gyda ni am 10 mis ond gan ei bod yn llawn gwaith teimlwn ei bod yn annheg ei chaethiwo mewn tŷ felly rhoddwyd hi i ffermwr. Bu Meg farw flwyddyn yn ddiweddarach wedi iddi gael ei tharo gan gar, ac er i ni gael *golden retriever* o'r enw Gelert bu'n rhaid cael gwared ar hwnnw hefyd gan fod Rhys y mab yn dioddef o asthma.

Mae mis Mawrth 1984 wedi ei serio ar y cof gan i fi dderbyn fy nhocyn sbidio cynta erioed, yn fy XR3. Dyma'r cynta o ryw hanner dwsin y byddwn i'n eu derbyn dros y pum mlynedd ar hugain nesaf a doedd neb ond fi ar yr M4 yn dychwelyd o Gaerdydd am un ar ddeg o'r gloch y nos. Erbyn heddiw mae camerâu cyflymder yn bla; dy'n nhw ddim wedi dod o hyd i'r ateb fydd yn dileu'r gyrru peryglus, ond maen nhw wedi llwyddo i lenwi coffrau'r heddlu.

Yn fuan iawn anghofiais am siom y tocyn goryrru oherwydd rhyw fis yn ddiweddarach bu farw Nain Rhiw yn yr ysbyty yn Lerpwl yn dilyn trawiad mawr ar y galon. Bu Nain yn rhan o'm bywyd am bedair blynedd ar hugain a melys yw'r atgofion am ei hiwmor a'i chwerthiniad iach. Treuliai lawer o'i hamser gyda ni ar aelwyd y Mans yn Drefach ac roedd ei chwerthin heintus yn ddylanwad mawr arnaf. Roedd yn llawn afiaith er gwaetha'r cryd cymalau difrifol fu arni ers blynyddoedd, ac ildiodd hi ddim i'r aflwydd hwnnw. Gymaint roedd hi wedi dod yn gyfarwydd â phoen fel na sylweddolodd iddi gael trawiad yn ei gwely gartre. Diolch Nain am yr hwyl a'r atgofion hapus.

10

Pobol y Cwm

DECHREUAIS AR FY ngyrfa yng Nghwmderi ym mis Mai 1984 gan gyfarfod rhai o actorion pwysica'r genedl. Roedd yn gryn brofiad i berson ifanc oedd bron yn 24 oed gydweithio â phobol fel Rachel Thomas, Charles Williams, Islwyn Morris, Dillwyn Owen, Dic Hughes, Huw Ceredig, Lis Miles a Gaynor Morgan Rees. Swil iawn oeddwn i ar y cychwyn ond cefais ddau actor da yn gefn i fi, dau oedd yn cychwyn ar yr un pryd sef Sharon Morgan a Phillip Hughes, er imi gael fy nadrithio gan Phil yn ddiweddarach. Cyrhaeddodd y tri ohonon ni fel teulu – Phil a Sharon yn chwarae rhan perchnogion fferm Llwynderi, Stan a Sylvia Bevan, a finnau fel y gwas newydd. Dwi wastad wedi teimlo mai ar y tir mae Denzil hapusa – dyna un peth sydd gan y ddau ohonon ni'n gyffredin efallai.

Yn ystod y cyfnod hwnnw fe fydden ni'n recordio'r golygfeydd allanol mewn un bloc ar leoliad a dwi'n cofio teithio i fferm yn Nelson i'r gogledd o Bontypridd i ffilmio'r golygfeydd ar fferm Llwynderi. Bu fy mhrofiad o waith fferm yn gymorth i fi o'r cychwyn cynta – roedd yn rhan o'r stori bod Stan Bevan wedi gwerthu holl wartheg godro Llwynderi ond roedd y cyfarwyddwr ar fin saethu golygfa â buwch Friesian fawr a'i llo yn y cefndir. Wyddwn i ddim sut i ddweud wrtho'n iawn na ddylai'r fuwch honno gael ei dangos gan mai buwch odro oedd hi. Ei gwestiwn i fi oedd, 'Ti'n meddwl neith rhywun sylwi?' a chan fod carfan helaeth o ddilynwyr y rhaglen yn y Gorllewin â chysylltiad â'r byd amaethyddol fe fu'n rhaid i fi awgrymu y bydden nhw'n amheus iawn o leia!

Cofiaf mai yn y Deri yr oedd fy ngolygfa gynta yn y

stiwdio, a'r cymeriad ddaeth i siarad â Denzil oedd Harri Parri. Er mwyn creu argraff ar ei feistr newydd, daeth Denzil yno i gario Stan Bevan o'r dafarn i'r fferm. Sudd oren roedd Denzil wedi'i archebu ac fe ddywedodd un o aelodau'r capel gartre wrth Mam, "Na falch o'n i fod Gwyn wedi ordro *orange juice*.' Ie, fy ngwers gynta yn gwneud i fi sylweddoli pa mor real yw'r gyfres i nifer o'r gwylwyr!

Yng nghefn capel Ebeneser yn Charles Street, Caerdydd y byddai'r ymarferion ac ar yr adeg honno roedd dwy ystafell werdd – un i aelodau hŷn y cast ac un i'r to iau. Gyda'r to iau y byddwn i, wrth reswm, er y byddwn yn mentro weithiau i blith aelodau profiadol y cast am air o gyngor. Byddwn yn plesio Charles Williams yn arw wrth holi am straeon y gallwn eu defnyddio ar gyfer arwain nosweithiau 'nôl yn y cwm. Roedd Charles yn feistr ar y gamp a chefais y fraint o'i glywed yn arwain o lwyfan a gweld y gynulleidfa yng nghledr ei law. Daw ambell stori o'r cyfnod i'r cof, fel honno am y dyn yn torri'i goes a'r staff yn yr ysbyty yn ceisio gwthio'r asgwrn yn ôl i'w le. Roedd y claf yn sgrechian mewn poen a meddai'r nyrs wrtho, 'Byddwch yn dawel, wir, mae yna ddynes yn y ward nesaf newydd roi genedigaeth i fabi a wnaeth hi ddim hanner cymaint o sŵn â chi.' 'Wel,' meddai'r claf, 'triwch chi'i wthio fo'n ôl ac fe gewch chi weld faint o sŵn wneith hi!'

Yn llawer pwysicach na'r ffaith ei bod hi'n stori dda oedd y modd y byddai Charles yn ei dweud hi. Roedd ganddo ddawn dweud anhygoel a byddai'n amseru ei seibiau yn berffaith. Byddai wrth ei fodd o flaen cynulleidfa, a phleser ac addysg oedd bod yn gynulleidfa i Charles. Gallai ddynwared hen gymeriadau Sir Fôn i'r dim ac amhosibl yw gwneud cyfiawnder â'r dynwarediadau hynny trwy eu nodi ar bapur, dim ond dweud ei bod yn ddifyrrwch pur gwrando arno.

Un o'r to hŷn fu'n teithio cryn dipyn gyda fi oedd Haydn Edwards a arferai chwarae rhan Dil, tad Reg a Sabrina. Roedd Haydn yn byw ym Mhontyberem ac nid oedd yn gyrru felly yn gynta oll buodd yn teithio gyda fi i Aberystwyth i baratoi ar gyfer y sioe am y gweithfeydd glo a berfformiwyd

gan Theatr Crwban. Yn sgil hyn fe deithiai'n aml gyda fi i
Gaerdydd ac fe fyddai'n hoff o dynnu coes Ernest Evans ei fod
yn cyrraedd lawer yn gynt wrth deithio gyda fi nag y gwnâi
pan gâi lifft gan Ernest. Cymeriad o ardal y glo caled oedd
Haydn a melys yw'r atgofion am y crys coch a'r Woodbines.

Un fyddai'n gwrando'n astud ar y tynnu coes am y
gyrru chwim oedd Harriet Lewis a sawl gwaith fe gefais
fy nghornelu ganddi a chael darlith am yrru'n rhy gyflym,
a'i bys yn pwyntio yn arddull hen brifathrawes ar ei gorau.
Roedd straeon digon lliwgar am yrru Harriet ei hun, wrth
gwrs, gan fod ganddi *overall* ac esgidiau arbennig ar gyfer
gyrru a chlustog ar y sedd er mwyn ei chodi'n uwch iddi weld
yn iawn trwy'r sgrin wynt. Gan nad oedd yn gyrru fe fyddai
Huw Ceredig yn cael ei gludo ganddi weithiau a byddai
Huw'n dal i chwysu wrth sôn am weld 'gwyn llygaid gyrrwr
bws Caerdydd' wrth i Harriet dorri i mewn o'i flaen. Ei eiriau
fe wrthi ar y pryd oedd, 'Watsiwch y bws 'na, Harriet,' ac ateb
nodweddiadol Harriet oedd, 'Pa fws, bach?'

Dyddiau hapus a digon cyffrous oedd y rheiny i fi, a phawb
yn cydweithio fel tîm – ymarfer, *technical run*, *producer's run*
ac yna i'r stiwdio ar ddiwedd yr wythnos i recordio. Mae
cymaint o newid wedi bod yn nhrefn gweithio a recordio'r
gyfres fel ei bod yn anodd cofio'r union drefn. Cofiaf i'r holl
dermau a dulliau technegol fy hudo ar y dechrau ac anfodlon
oedd bachgen ifanc i gydnabod ei ddryswch – dysgu o
brofiad oedd hi. Bu mynd i siopa dillad i Denzil am y tro
cynta yn brofiad unigryw, dan gyfarwyddyd Colleen O'Brien,
oedd yn hen law yn yr adran wisgoedd. Dysgais mai yn ôl
teip y byddai hi'n gwisgo cymeriadau opera sebon a chofiaf
hi'n dweud wrtha i, 'You see, Dic Deryn is check shirts.' Am
wn i na newidiodd steil Denzil mewn dros ugain mlynedd, a
synnwn i fochyn nad oes ambell grys gwreiddiol a wisgai yn
dal ar y rheilen!

Roedd disgyblaeth yn bwysig, ym mhob agwedd o'r
rhaglen. O ran y sgriptio byddai hoelion wyth megis Wil
Sir Fôn, T. James Jones a Dewi Tsips yn llywodraethu. Ar yr

ochr berfformio bues yn gweithio o dan arweiniad amryw o gyfarwyddwyr megis Rhydderch Jones, Gwyn Hughes Jones, Allan Cook, Ron Owen, George Owen a Brydan Griffiths ac ar lawr y stiwdio byddai disgyblaeth Dic Williams yn llym a chywir a'r diweddar Myrfyn Owen yn gapten ar y llong.

Yn ystod y cyfnod cynnar hwnnw dim ond am ran o'r flwyddyn roedden ni'n ffilmio *Pobol y Cwm* ac un bennod yr wythnos fyddai'n cael ei darlledu felly roedd yn rhaid canfod gwaith arall am weddill y flwyddyn. Cefais gyfle yn yr wythdegau, felly, i weithio i nifer o gwmnïau annibynnol ar wahân i'r BBC, yn ogystal â chymryd rhan mewn cynyrchiadau i'r gorfforaeth megis y dramâu *Cap Milwr* a *Man a'r Lle* heb anghofio cyfres gomedi ryfedd iawn o'r enw *Pedwar ar Bedwar* gyda Meic Povey, Sharon Morgan a William Huw Thomas ac yna Owen Garmon yn lle Wil yn yr ail gyfres. Cynhyrchydd y gyfres honno oedd y diweddar Brynmor Williams a chanddo synnwyr digrifwch gwahanol iawn. Doedd dim syndod, felly, i ni gael nifer o sgetsys yn cynnwys hiwmor 'gwahanol iawn'. Cafwyd dwy gyfres ond ni fu'r un o'r ddwy yn orlwyddiannus yn fy marn i. Rwy'n cofio gofyn i Charles a welodd e'r bennod gynta, y diwrnod canlynol, a'i ateb oedd 'Do.' 'Be oeddech chi'n feddwl?' mentrais eto, a'i ateb diplomatig oedd, 'Roeddat *ti'n* dda iawn. Ti'n 'y nallt i?'

Mi gofiaf Brynmor yn cael cinio gyda mi yn nhafarn y Conway yng Nghaerdydd pan oedden ni'n ymarfer yng Nghanolfan yr Urdd ar Conway Road un tro. Edrychodd yn syn arnaf yn rhoi halen ar fy mwyd ac meddai, 'Mae gormod o hwnna siŵr o dy ladd di', cyn tanio sigarét a thynnu am ei fywyd! Dangosais wiriondeb y sefyllfa iddo ac fe chwarddodd yn uchel ond yr eironi trist yw i'r hen gyfaill farw o gancr.

Cyfarwyddwr y ddrama *Cap Milwr* oedd y diweddar George Owen, un arall oedd yn enwog am ei straeon a'i dybaco! Byddai George yn cychwyn pob ymarfer drwy hel atgofion am y Gogledd ac yn aml fe âi deg munud yn hanner awr cyn cychwyn. Byddai wastad yn tynnu ar ei bibell wrth adrodd y straeon hyn ac mae yna stori am George yn mynd â'r papur newydd i'r tŷ bach i'w ddarllen a hwnnw'n mynd ar dân diolch i'w bibell! Bûm yn ddigon ffodus i gael ei gwmni yn y Cwm fel y ficer rai blynyddoedd yn ddiweddarach, parchus goffadwriaeth amdano.

Cefais gyfle i weithio gyda chwmni Norman Williams ar ddrama *Y Cyfle Ola* gan ffilmio yn Sir Fôn a Chaer a chael cydweithio â Dafydd Hywel am y tro cynta. Fe wnes i gryn dipyn o waith i gwmni Tir Glas, sef cwmni Huw Jones ac Ifan Roberts yng Nghaernarfon, a rhaid cyfadde i fi fwynhau gweithio ar raglenni ysgafn gyda nhw yn fawr iawn. Teg yw tynnu sylw at y ffaith mai dyma'r unig gwmni fyddai'n cydnabod derbyn llythyr gan actor ac fe fyddai cerdyn Nadolig yn cyrraedd yn ddi-ffael. Roeddwn, fel actor hunangyflogedig, yn gwerthfawrogi hyn yn fawr gan fod diffyg cwrteisi yn nodwedd ymhlith y cwmnïau creu adloniant.

Cefais gryn bleser yn gweithio ar gyfresi *Ma' Ifan 'Ma* gyda Ifan Gruffydd, John Pierce Jones, Gillian Elisa a'm hen ffrind Gwyneth Hopkins. Roedd Ifan yn gymeriad direidus ac yn wledig, naturiol ei ffordd, doedd dim rhodres seren deledu yn perthyn iddo o gwbl ac roedd llawer yn gyffredin rhyngon ni, gan gynnwys ein ffydd. Bu iechyd Ifan yn ddigon bregus cyn cychwyn ar ei gyfresi teledu ond mae golwg dda arno ar hyn o bryd ac rydyn ni'n parhau i fod yn ffrindiau da. Bonws arall o weithio ar raglen Ifan yn Aberystwyth oedd cael rhyw *businessman's lunch* gyda John Bŵts neu John Pierce Jones. Mae John yn storïwr heb ei ail ac yn gwmni difyr dros ben, yn enwedig dros bryd o fwyd – addysg amheuthun i actor ifanc. Fe hoffwn pe byddwn yn gallu cofio rhai o'i straeon ond roedd gan John ddawn i fynd i bob cyfeiriad ac yna'n ôl at y stori wreiddiol. Ochr arall y geiniog i weithio ar gyfres fel *Pobol y Cwm* am gyfnod hir yw mai prin iawn fu'r cyfleoedd i weithio gyda phobol megis John a D.H. a'u tebyg.

A finnau bellach 'nôl yng Nghwm Gwendraeth yng nghanol yr wythdegau, roedd hi'n gyfnod digon cyffrous yno ac mae nifer o ddigwyddiadau'n aros yn y cof. Am wn i mai diflastod mwya'r cyfnod oedd gorfod rhoi'r gorau i chwarae rygbi ond gallwn droi i chwarae pêl-droed yn achlysurol ac fe chwaraeais yn y gêm gynta gafodd tîm pêl-droed Drefach, a sefydlwyd yn swyddogol ym 1985. Trechwyd Carbay yn y gêm gynta yng nghynghrair Sir Gaerfyrddin o bum gôl i ddwy ac mae'r clwb a ddechreuwyd drwy gynnwys nifer o chwaraewyr ifanc iawn yn y tîm wedi mynd o nerth i nerth dan ofal diflino Mark Jenkins a Derek Lewis. Erbyn Hydref 1985 llwyddwyd i gael ail dîm a chefais y fraint o arwain y tîm hwnnw yn ei gêm gynta – buddugoliaeth o chwe gôl i un yn erbyn Felin-foel, os cofiaf yn iawn. Erbyn heddiw mae'r tîm yn defnyddio'r clwb criced yn Drefach ac yn chwarae ar waelod y cae hwnnw, diolch i ymroddiad a gwaith caled Mal Rees fuodd wrthi'n paratoi lle addas iddyn nhw.

Roedd canol yr wythdegau yn gyfnod anodd i nifer yn y cwm gan mai dyma adeg streic y glowyr a gwelwyd yr ardal yn cael ei tharo'n galed wrth i waith Cynheidre gau yn dilyn y streic gan golli 600 o swyddi. Ergyd fawr i ardal fechan, ergyd na wnaiff neb o drigolion y cwm fyth faddau amdani i'r ddynes erchyll yna, Magi Thatcher, a drawsnewidiodd economi Cymru a hynny heb ronyn o gydymdeimlad.

Roedd *Pobol y Cwm* yn newid yn gyson gan arwain at y newid mawr, yn niwedd yr wythdegau a dechrau'r nawdegau, pan ddechreuodd y rhaglen ymddangos bum gwaith yr wythnos. Pan glywson ni, fel cast, am y syniad gynta roedden ni'n ffaelu dychmygu sut gallai'r fath gynllun weithio ac fe fuodd trafodaethau di-ri. Roeddwn i ar y pryd yn gynrychiolydd Ecwiti, undeb yr actorion, ynghyd â 'nghyfaill agos Gareth Lewis, a ni, yn anad neb arall, fuodd yn ymwneud â'r holl drafodaethau hyn. Ar y cychwyn bu cryn bryderon ynglŷn ag oriau gwaith ac yn y blaen ac roedd y cynhyrchydd ar y pryd, Glenda Jones – hen gyfaill coleg i fi – yr un mor bryderus. Gofid am safon y rhaglen oedd gan yr actorion a buodd ond y dim i ni fynd ar streic yn ystod y cyfnod hwnnw. Roedd teimladau cryfion yn ein mysg bod dyletswydd arnon ni i roi gwybod i'n cynulleidfa am y toriadau a'r newidiadau oedd yn yr arfaeth. Oherwydd hyn paratowyd datganiad i'r wasg i gyd-fynd â streic undydd er mwyn cyfleu'r wybodaeth angenrheidiol i'r cyhoedd. Bu symudiadau munud ola ar ran y gorfforaeth gan alw cyfarfodydd er mwyn osgoi hynny, fodd bynnag. Fe lwyddodd y BBC i berswadio Glenda i dderbyn y cynllun a derbyn fu'n rhaid i ninnau ond nid cyn i fi ddatblygu *psoriasis* am y tro cynta yn fy mywyd. Mae *psoriasis* yn ymddangos weithiau oherwydd gofid a thensiwn medden nhw, a chan iddo ddatblygu maes o law i fod yn *psoriatic arthritis* dwi'n siŵr i'r cyfnod cythryblus hwn gael dylanwad parhaol ar fy iechyd.

Un uchafbwynt ar ddiwedd yr wythdegau gyda *Pobol y Cwm* oedd ein taith i Lydaw i ffilmio Cwmderi wrth i ni efeillio â thref Lydewig ddychmygol lle roedd y diweddar Ronnie Williams yn faer. Fe deithion ni i Portsmouth er mwyn hwylio i Roscoff a chefais fy nghyflwyno i'm hoff win gwyn mewn bwyty yn Portsmouth gan y *connoisseur* ei hun, Huw Ceredig. Diolch i Huw mae Sancerre wedi parhau'n ffefryn hyd heddiw. A dweud y gwir, mae cyfraniad Huw tuag at fy ngwerthfawrogiad i o fwyd a diod da wedi bod yn rhyfeddol! Wrth hwylio i mewn i Portsmouth ychydig wedi angladd Huw gallwn glywed ei lais dwfn yn fy argyhoeddi o rinweddau'r Sancerre. Cawson ni gryn hwyl yn ystod y cyfnod yn Llydaw a chan fod y rhan helaetha o waith Gareth Lewis a finnau wedi'i ffilmio ar y llong wrth groesi draw, roedd cryn dipyn o amser rhydd 'da ni. Gorwedd ar draeth caregog Roscoff fu Gareth a fi yn cyfansoddi penillion anweddus a chael hwyl garw, yn enwedig mewn tafarn fach o'r enw Chez Janie's. Dyw cyllid y rhaglen ddim yn gallu gyrru neb ymhellach na Sir Fôn erbyn heddiw!

11

Geni Rhodri
a Rhys

FE BRYNODD CAROLINE a fi garafán am y tro cynta am £500
a'i defnyddio i aros yn Eisteddfod Genedlaethol Llambed ym
1984. Yno y cyhoeddwyd bod ein mab, neu faban i fod yn
fanwl gywir, ar ei ffordd ac ar 12 Mawrth 1985 dyma'n byd
yn newid am byth gyda dyfodiad Rhodri Elfyn Jones yn 8
pwys 12 owns. Yn anffodus, neu'n ffodus, roedd Caroline ar
ei phen ei hun yn Ysbyty Glangwili gan fy mod i'n ffilmio
drama gan Rhydderch Jones ar safle'r British mewn pentre
bach o'r enw Talywain ger Pont-y-pŵl. Trwy alwad ffôn
mewn clwb cymdeithasol y cefais y wybodaeth ac fe gerddais
o'r ystafell mewn rhyw fath o berlewyg mae'n rhaid gan i
fi anghofio sôn am y newyddion wrth Rhydderch Jones a
Gwenlyn Parry oedd yn digwydd sefyll wrth fy ymyl! Fe es
â Caroline i weld y clwb lle cefais yr alwad honno ychydig
flynyddoedd yn ôl pan oedd Rhodri, yn eironig iawn, yn
chwarae rygbi i Lanymddyfri yn erbyn Talywain mewn gêm
gwpan. Neuadd Tystion Jehofa oedd y lle erbyn hynny.

Wedi codi Rhodri a'i fam o'r ysbyty yn fy Audi 80 Sport
newydd (ail law wrth gwrs) dyma ddychwelyd i Gwmmawr a
threulio noson gyfan ar ein traed am fod Rhodri'n sgrechen
– sôn am fedydd tân! Dyna'r unig noson o sgrechen gawson
ni a bod yn onest, wedi i ni ddeall ei ffîd! Mae'n cymryd
amser i rieni newydd ymdopi ac wrth i'r plant dyfu y gair
pwysica yn yr eirfa newydd yw 'Calpol'!

Yn ystod y misoedd yn dilyn genedigaeth Rhodri cawson ni achos fel cymuned yng Nghwmmawr a gwaelod y Tymbl i frwydro'n erbyn dyfodiad tomen sbwriel i safle ger ein tai. Cefais fy ethol yn ysgrifennydd pwyllgor lles Cwmmawr a buodd y frwydr yn un lwyddiannus gan ddangos gymaint o bŵer sydd gan gymuned wedi iddi uno mewn ymgyrch leol. Mae ymladd am gyfiawnder mewn achosion fel hyn yn bwysig wrth geisio sicrhau dyfodol diogel i'r plant yn y gymuned ac roedd gen innau blentyn erbyn hyn ac arno yntau angen dyfodol diogel.

Er i fi fod yn bresennol ym muddugoliaeth y Scarlets yn erbyn Caerdydd yn rownd derfynol cwpan Cymru yn ystod y flwyddyn honno, nid dyna uchafbwynt chwaraeon y flwyddyn i fi. Wedi cystadlu gyda Chantorion y Rhyd yn Eisteddfod Genedlaethol y Rhyl aeth Caroline, Rhodri a finnau yn ein carafán i'r Cotswolds ac oddi yno aethon ni i fyny am noson at fy ffrind Julian oedd erbyn hyn yn byw yn Glossop ger Manceinion. Dyma gyfle i fynd i Old Trafford am y tro cynta erioed. Roeddwn wedi cefnogi Man Utd ers fy mod yn fachgen bach yn y Gogledd ond erioed wedi breuddwydio y cawn fod yn y stadiwm ei hunan i weld fy arwyr yn chwarae. Ar 17 Awst 1985, fodd bynnag, dyma fynd i weld Utd yn maeddu Aston Villa o bedair gôl i ddim – profiad amheuthun i fi, ac ychydig a feddyliais ar y pryd y byddai 'da fi docyn tymor yn y dyfodol.

Côr cymysg a sefydlwyd gan Hywel Glyn Lewis oedd Cantorion y Rhyd, côr y buodd Caroline a fi'n canu ynddo, a chefais yr anrhydedd o gael fy ethol yn gadeirydd cynta'r côr. Bues i'n cystadlu mewn eisteddfodau fel aelod o'r côr gan ddod yn fuddugol yn Eisteddfod Genedlaethol Porthmadog ym 1987. Dyna'r flwyddyn yr aethon ni ar daith i Lydaw gan ganu'n ddi-baid a gorffen ar lwyfan yng nghwmni pibyddion y Black Watch – profiad a hanner! Yn anffodus fe gafodd y gorganu effaith ar fy llais a buodd yn rhaid i fi fynd i'r ysbyty y flwyddyn ganlynol i stripio'r *vocal chords* – llawdriniaeth ddigon diflas. Cofiaf yn dda i ni gymryd rhan mewn cyngerdd arbennig i ddathlu agor Canolfan Chwaraeon Carwyn ar dir Ysgol y Gwendraeth. Roedd hon yn fraint oherwydd fy edmygedd mawr o Carwyn, un o gewri'r Gymru gyfoes. Os mai siom fu colli Ryan mor gynnar a disymwth, wel colled enfawr arall i Gymru ac yn sicr i S4C oedd marwolaeth drist ac unig Carwyn James. Pan fydda i'n clywed y dywediad am ddiffyg cydnabyddiaeth i broffwyd yn ei wlad ei hun, am Carwyn y bydda i'n meddwl bob tro. Roedd yn genedlaetholwr pybyr, yn ddarlithydd diddorol ond yn bennaf oll yn athrylith tactegol ar y maes rygbi. Roedd gwrando arno'n traethu am gêm rygbi ar brynhawniau Sul, ei ben ar osgo, wastad yn fy rhyfeddu gan ei fod yn gallu gweld sefyllfaoedd a'u dehongli mor rhwydd a diymdrech. Hawliai wrandawiad ac mae'n gywilydd arnon ni fel Cymry nad apwyntiwyd ef yn hyfforddwr ar ein tîm cenedlaethol. Byddai tipyn mwy o lewyrch ar ein gêm pe byddai hynny wedi digwydd. 'Sdim amheuaeth nad oedd elfen o wrth-Gymreictod yn rhannol gyfrifol am y penderfyniad hwnnw, fel yn achos sawl penderfyniad arall yng Nghymru yn y cyfnod.

O ran digwyddiadau a ddylanwadodd ar fy mywyd yn ystod y cyfnod yma roedd cyfarfod â'r Parch. Desmond Tutu yn Rhydaman yn brofiad bythgofiadwy. Caiff y gair 'carismatig' ei gamddefnyddio'n aml ond dyma i chi ddyn oedd yn gweddu i'r disgrifiad hwnnw i'r dim. Roedd ei weld yn llefain wrth iddo glywed y canu cynulleidfaol Cymreig ac yna ei glywed yn pregethu mor fendigedig yn brofiad fydd yn aros gyda fi am byth.

Darllenais hunangofiant Willie John McBride yn ddiweddar ac er fy edmygedd o'i allu ar y maes chwarae roedd darllen ei sylwadau am Desmond Tutu yn siomedig. Fe deithiodd McBride i Dde'r Affrig gyda'r Llewod ym 1974 ac roedd yn ei chael hi'n anodd derbyn beirniadaeth Tutu o'r daith honno. Beth oedd yn peri iddo gredu ei fod ef yn deall mwy na Desmond Tutu am ddioddefaint y dyn du yn y wlad honno, wn i ddim. Efallai y dylai ddarllen llyfrau megis *More Than Just a Game* sy'n disgrifio pêl-droed yng ngharchardai creulon y dyn gwyn a darllen am hanes y chwaraewyr rygbi hiliol a fodolai tan yn ddiweddar iawn. Yn fy marn i, cefnogi'r gormeswyr hynny oedd teithio i Dde'r Affrig yn ystod yr adeg pan oedd polisi apartheid creulon mewn grym. Fe brofwyd yn y pen draw mai troi cefn ar y bobol hyn a newidiodd sefyllfa De'r Affrig ac roedd dewrder a graslonrwydd Nelson Mandela yn dilyn ei ryddhau o gaethiwed anghyfiawn yn destun edmygedd i unrhyw ddyn deallus. Diddorol nodi rhan Peter Hain yn y protestiadau gwrth-apartheid, er mai prin iawn yw ei ymdrechion i ddiogelu iaith a diwylliant y Cymry heddiw!

Wrth droi at wleidyddiaeth y cyfnod, er bod pawb yn cofio '86 fel blwyddyn Eisteddfod y mwd yn Abergwaun, i fi roedd gweld bod cynhadledd Plaid Cymru yn cael ei chynnal yn y Tymbl yn arwydd bod cenedlaetholdeb ar gynnydd yn ein hardal ni, a hynny yn ei dro yn ysbrydoliaeth i ni'r ieuenctid. Yng Nghwm Gwendraeth, fel mewn sawl cwm arall bid siŵr, y drefn yn y cyfnod oedd bod pobl ifanc ein hoedran ni'n troi at Blaid Cymru a'r rhieni'n dal yn rhan o'r traddodiad Llafur. Erys y tueddiad hwnnw hyd heddiw, a hyn yn anad dim sydd wedi gweld y Blaid yn llwyddo yn Llanelli a Chaerfyrddin. Yn etholiad y flwyddyn ganlynol cefais y fraint o ganfasio dros y Blaid yng nghwmni neb llai na Dafydd Wigley a chlywed Hywel Teifi yn siarad yn rymus mewn cyfarfod yng nghlwb bach y gweithwyr ym Mynyddcerrig. Siom fu canlyniad yr etholiad, fodd bynnag, wrth i'r dyn bach afiach hwnnw, Dr Alan Williams, ennill y sedd a Rod Richards fileinig yn dod yn ail – anodd credu'r fath ganlyniad yn sir Gaerfyrddin o bob man. Efallai mai dyna pam y cafodd y dre lifogydd mawr yn Nhachwedd 1987!

Yn yr un flwyddyn fe wnaethom benderfyniad pwysig fel teulu i brynu Eifionydd ym Mhontyberem, am bris anferth ar y pryd yn ein barn ni ond yma ry'n ni o hyd. Ein bwriad oedd prynu tŷ yn Drefach ond yn anffodus nid oedd hyn yn bosibl ac er i ni bron â phrynu plot i adeiladu arno mewn cwpwl o flynyddoedd ni wireddwyd y freuddwyd honno chwaith.

Wedi dweud hynny, rydyn ni wedi bod yn hapus iawn yn Eifionydd a chymdogion bendigedig 'da ni yn y stryd. Yn rhyfedd iawn, roedd nifer o fechgyn ifanc yn ein stryd ni a'r rhan fwya ohonyn nhw'n chwarae pêl-droed, rygbi neu griced a hynny yn ein gardd ni! Bu Rhodri a Rhys yn ffodus iawn i gael cymaint o ffrindiau o fewn tafliad carreg i'w cartre ac roedden ninnau'n hapus, yn gwybod i sicrwydd ble byddai'r ddau trwy'r amser.

Bu cryn gynnwrf yn yr hydref y flwyddyn honno pan gafwyd pasiant i ddathlu 275 o flynyddoedd ers sefydlu'r achos yng Nghapel Seion, Drefach a mawr fu'r paratoadau a'r dathlu. Roedd gweld fy nhad a'i braidd wedi'u gwisgo yn null cyfnod adeiladu'r capel ac yn cyflwyno'r hanes yn brofiad gwahanol a dweud y lleia. Gwelwyd yr aelodau, ac yn wir y gymuned gyfan, yn dod at ei gilydd i gyflwyno campwaith lleol. Teimlaf weithiau fod nifer o'm cyd-weithwyr yn yr operâu sebon yn colli'r ymdeimlad hwn o gymuned a'r cyfraniadau sydd gan y bobol leol o fewn y gymuned i'w cynnig. Yn sicr, fe gyfoethogwyd fy mywyd gan brofiadau tebyg ar hyd y blynyddoedd.

O safbwynt chwaraeon, aeth criw ohonon ni ar drip i'r Alban i weld Cymru'n chwarae, a dyna ddechrau ar dros ugain mlynedd o deithiau di-dor. Bws mini â saith ohonon ni arno wnaeth y daith gynta, gan fentro dros y Sugarloaf yn yr eira a gyrru trwy'r dydd i Gaeredin gyda Gogs a fi'n rhannu'r gyrru. Aros mewn castell yn Bonnyrigg ar gyrion y ddinas wnaethon ni, profiad blinedig, a buan y sylweddolon ni y byddai'n rhaid aros yn y ddinas a hedfan lan yn y dyfodol!

Dyma flwyddyn gynta Cwpan Rygbi'r Byd, wrth gwrs, ac addas ydoedd mai Seland Newydd a'i henillodd. Mae pawb wedi ceisio efelychu gêm y Crysau Duon byth oddi ar hynny. Gyda llaw, fe enillodd Cymru Gwpan Byd yn yr un flwyddyn, sef y cwpan golff diolch i Ian Woosnam a Dai Llewellyn.

Digwyddiad mawr yr wythdegau yng Nghwm Gwendraeth oedd dyfodiad Eisteddfod yr Urdd i'r cwm ym 1989 a'r holl weithgarwch fu ynghlwm â hi. Cafwyd amrywiaeth o nosweithiau, gan gynnwys *Reslo* yn dod i Ganolfan Carwyn yn Ysgol y Gwendraeth. Ie, Giant Haystacks ym mhentre Drefach a'r pensiynwyr oedd yn bresennol yn cynhyrfu mwy na neb! Stiwardio ar y maes carafannau y bues i a chadw proffil gweddol isel gan fod Caroline yn cario Rhys ar y pryd ac o fewn rhyw dair wythnos i'w eni. Ces wahoddiad i fod yn feistr y ddefod yn seremoni'r Fedal Ddrama, fodd bynnag, a dwi'n ddiolchgar i'r pwyllgor am y fraint o gael llywio'r seremoni honno. Ian Staples oedd yn fuddugol, un fyddai'n dod yn gyd-actor yn y Cwm mewn rhai blynyddoedd.

Gorchwyl arall a syrthiodd i'm rhan oedd bod yn feirniad ar gystadleuaeth y Noson Lawen – gorchwyl na fwynheais o gwbl ar un wedd. Er mwyn esbonio, roedd Aelwyd Crymych ar y blaen yn dilyn y rhagbrofion a thybiwn mai nhw fyddai'n ennill. Fodd bynnag, ar y noson fe lwyddodd Ysgol y Strade i gael ymateb arbennig gan y gynulleidfa, er mai noson lawen draddodiadol oedd 'da nhw tra bod syniad ffres gan Grymych. Y Strade aeth â hi o drwch blewyn. O edrych yn ôl, dwi ddim mor sicr i fi wneud y penderfyniad cywir – pe na bai rhagbrofion, yna fe fyddai syniad Crymych yn newydd a ffres i fi ac wedi cario'r dydd dwi'n siŵr, ond dyma enghraifft o ragbrawf yn sbwylio'r perfformiad, neu efallai arwydd o fy niffyg aeddfedrwydd i fel beirniad.

Heblaw hynny fe fuodd yn Eisteddfod ysgubol o lwyddiannus a thrigolion yr ardal wedi ymroi'n llwyr i'r ŵyl a honno'n fodd i gyflwyno un o gymoedd Cymreiciaf Cymru i nifer o'r Gogledd, na wydden nhw ble roedd Cwm Gwendraeth cyn hynny. Dwi'n cofio clywed un fenyw yn dweud ei bod yn gorfod dychwelyd i'r Gogledd, 'ond fyddwn ni'n ôl cyn diwedd yr wythnos, 'dan ni 'di cael y fath groeso'. Roedd clywed sylw fel yna'n codi 'nghalon i a theimlwn fod un o ardaloedd Cymreiciaf Cymru yn cael ei haeddiant a'i chydnabyddiaeth o'r diwedd.

Prin i ni gael ein gwynt aton ni ar ôl yr Eisteddfod gan i Rhys Elfyn gael ei eni ar 23 Mehefin yn 9 pwys 6 owns. Y tro yma roeddwn yn yr enedigaeth a galla i dystio i'r breichiau enfawr yma ymddangos cyn y sgrech fawr a dywedais wrth Caroline, 'Mae prop nesaf Cymru wedi cyrraedd!' Bellach roedden ni'n deulu cyflawn a Rhodri erbyn hyn wedi cychwyn yn Ysgol Gynradd Drefach a Rhys yn llenwi'r aelwyd â'i bresenoldeb.

O ran crefydd cefais gyfle i annerch llond capel o ieuenctid ym Maenclochog ac yna yn Rhydaman adeg cwrdd chwarter gyda dau ffrind agos, sef Ifan Gruffydd a'r diweddar annwyl Carwyn Davies. Ar ôl dod i nabod Ifan wedi i fi fod yn rhan o'i raglen fe dyfodd y cyfeillgarwch rhyngon ni a datblygodd cyfeillgarwch rhyngdda i a Carwyn hefyd. Bu Carwyn yn asgellwr llwyddiannus i dîm Llanelli a Chymru ac roedd yn Gristion o argyhoeddiad a wrthodai chwarae ar y Sul. Trist ac annisgwyl iawn fu ei golli mor ddisymwth a honno'n golled enfawr i deulu, capel a chymuned. Fe fues yn galw o bryd i'w gilydd wedyn i weld ei rieni a gwn fod y clwyf yn ddwfn iawn a'r bwlch ar ei ôl yn enfawr.

Mae yna ddatblygiad hyfryd i'r stori drist yma, fodd bynnag, gan fod Elen, merch hyna Carwyn, yn gariad i Rhys y mab ers nifer o flynyddoedd bellach ac yn gwbl gartrefol ar ein haelwyd ni. Ry'n ni'n ffrindiau da gyda'r teulu a braf oedd cael adnewyddu ein perthynas â Nia, mam Elen, Catrin ei chwaer a'i llystad Kevin. Yn anffodus mae Gwilym, tad Carwyn, wedi'n gadael ond cofiaf alw gyda fe a Wenna, mam Carwyn, ychydig cyn ei farwolaeth a meddai, gan edrych ar lun o Carwyn ac yna troi ei olygon tuag at Elen a Rhys, 'Beth fydde 'da fe i weud nawr, sgwn i?'

Yn Rhagfyr 1989 fe fuodd oedfa arbennig yng Nghapel Seion i ddathlu un mlynedd ar hugain o wasanaeth gan fy nhad a fy mam yn yr eglwys. Cafwyd noson hyfryd o ddathlu a hel atgofion am gyfnod euraid, a bwyd yn y festri i ddilyn wrth reswm! Fel y dywedodd rhywun wrtha i'n ddiweddar, 'Chi wastad yn b'yta yn 'ych capel chi!'

O ran gwaith roedd *Pobol y Cwm* yn mynd o nerth i nerth ond yn ystod haf 1989, adeg Eisteddfod Genedlaethol Llanrwst, cefais gyfle i ymddangos mewn drama gerdd oedd yn seiliedig ar hanes Enoc Huws. Manteisiais ar y cyfle i berfformio yn Theatr Gwynedd yn chwarae rhan Twm Solat a Mair Tomos Ifans yn wraig i mi. Nid oeddwn wedi gwneud gwaith llwyfan ers tipyn ac edrychwn ymlaen yn eiddgar ond cefais brofiad rhyfedd wrth geisio dysgu'r geiriau. Roeddwn i wedi arfer â chof tymor-byr erbyn hyn gan fod *Pobol y Cwm* yn symud mor gyflym – roedd yn rhaid dysgu golygfeydd yna'u hanghofio'n sydyn a symud ymlaen. Fodd bynnag, roedd yn wahanol mewn theatr – roedd angen serio'r geiriau ar y cof a'u cadw yng nghefn y meddwl trwy'r amser. Es ati i ddysgu fy rhan, cyn codi ofn arnaf fi fy hun wrth ddod yn ôl at y llinellau a gweld nad oeddwn yn eu gwybod gystal ag y meddyliwn. Fe lwyddais cyn i'r sioe agor, fodd bynnag, ac fe aeth y cyfan yn hwylus. Rhaid dweud i fi fwynhau cwmnïaeth Stewart Jones, un arall oedd yn storïwr difyr tu hwnt. Roedd gan Stewart lais bendigedig ac mae gen i atgofion melys o'i weld yn chwarae Ifas y Tryc mewn ffilm mewn rhyw eisteddfod. Roedd dawn dweud unigryw gan y cymeriad hwnnw ac fe ellir dweud bod yr un ddawn, mewn ffordd wahanol, yn perthyn i Stewart ei hun. Byddai'n pasio sylw treiddgar ac reit ddoniol am y cyfarwyddwr, er enghraifft, jyst cyn i hwnnw gyfeirio ata i efallai. Yna byddai'n chwerthin wrth fy ngweld innau'n bwldagu wrth geisio cyfarch y cyfarwyddwr yn gall. Bu ei farwolaeth yn golled i fyd y ddrama yng Nghymru.

12

Clwb Pêl-droed Cwmderi

YM 1988 FE chwaraeodd tîm pêl-droed *Pobol y Cwm* yn erbyn tîm *EastEnders* yn Rhydaman a chafwyd diwrnod arbennig gan godi swm sylweddol o arian i elusen. Yn ychwanegol at rai o gast *Pobol y Cwm* fe chwaraeodd Jonathan Davies, Phil Bennett, Ray Gravell a Phil Davies, yn ogystal â rhai pêl-droedwyr lleol. Roedd rhai pêl-droedwyr o dimau megis Barnet yn chwarae i'r Llundeinwyr hefyd. Cymysglyd oedd brwdfrydedd cast *EastEnders* a rhai fel Gary McDonald a'r actor a chwaraeai ran Rod yn gyfeillgar iawn ond yna Nick Berry yn snobyddlyd tu hwnt, yn anwybyddu pobol gyffredin a'r ffaith eu bod wedi talu arian da i ddod i'w gweld. Roedd un actor, Gary Webster, a fyddai'n cymryd lle Dennis Waterman yn *Minder* mewn blynyddoedd i ddod, braidd yn orfrwdfrydig wrth chwarae – nes i Grav ei lorio, hynny yw! Cyngor y dyfarnwr rhyngwladol Clive Thomas oedd y dylai gael ei eilyddio!

Y gêm yma, mae'n siŵr, wnaeth esgor ar y syniad o sefydlu Clwb Pêl-droed Cwmderi. Chwaraewyd gêm gynta'r clwb yn Ionawr 1989 yn erbyn criw o Theatr y Sherman yng Ngerddi Soffia gan ennill o wyth gôl i ddwy. Roedd breuddwyd a drafodwyd gan Phyl Harries, Ieuan Rhys, Hywel Emrys a finnau wedi cael ei gwireddu. Yn wahanol i nifer o dimau rhaglenni teledu, roedd mwyafrif llethol ein chwaraewyr ni'n actorion neu'n gweithio ar y rhaglen. Er mwyn rhoi rhyw fath o syniad i chi, dyma'r actorion a chwaraeodd yn y tîm, a'u cymeriadau: Phyl Harries (Ken Coslett); Ieuan Rhys (Sarjant James); Hywel Emrys (Derek); Huw Ceredig (Reg); Dewi Pws (Wayne); Gareth Lewis (Meic); Ifan Huw Dafydd (Dic Deryn); Cadfan Roberts (Glan); Eryl Huw Phillips (Doctor); Ed Thomas (Doctor Gareth); Huw Tudur (cariad Kirsty McGurk); Gwyn Derfel (Sean McGurk); Glan Davies (Clem); John Biggins (Billy Unsworth); Bernie Latham (Ron Unsworth); Huw Davies (Cwm FM); Andrew Teilo (Hywel); Geraint Owen (Rod); Simon Fisher (Barry); Iestyn Jones (Ieuan Griffiths); Geraint Morgan (Barry John); Ioan Gruffudd (Gareth Wyn); Dewi Rhys (Dyff); Arwyn Davies (Mark); Martyn Geraint (Hedd yr hipi); a finnau (Denzil).

Yn ogystal roedd pobol fel Dewi Tsips (golygydd sgriptiau), John Waldron a Gareth Huw (rheolwyr llawr), Cerith Williams (adran sain) a Cliff Jones ac Eirwyn Williams (cyfarwyddwyr) i gyd yn ymwneud â'r tîm. Yn ychwanegol at y rhain roedd sêr amlwg o fyd chwaraeon yn chwarae'n achlysurol, gan gynnwys Gareth Davies, Carwyn Davies, Simon Davies, Bobby Dickie, Meilir Owen a Tomi Morgan, ynghyd â sêr o fyd teledu megis Gareth Roberts a'r Brodyr Gregory.

Yn ystod y cyfnod hwnnw chwaraewyd yn erbyn timau yn cynrychioli *Brookside* a *Coronation Street*. Roedd y gêm yn erbyn *Brookside* ar y Cae Ras yn Wrecsam ond prin iawn oedd aelodau eu cast hwy oedd ymhlith y pêl-droedwyr. Nifer o chwaraewyr o'r Mersey Leagues a gafwyd ac roedd gweld Huw Ceredig, mewn gwth o oedran yn nhermau chwaraeon, yn ceisio dal asgellwr 17 oed yn olygfa i ryfeddu ati! Doedden nhw ddim wedi deall yr egwyddor o chwarae gêmau elusennol fel hyn – roedd y dorf angen gweld yr actorion, nid chwaraewyr amatur nad oedden nhw'n eu hadnabod. Am wn i mai uchafbwynt y gêm honno yn Wrecsam oedd y baddonau arbennig ar ôl y gêm, er nad oes yr un ohonon ni'n deall hyd heddiw beth oedd Glan Davies yn ei wneud yn y baddon gan mai dim ond gwerthu rhaglenni roedd e!

Sefyllfa debyg gafwyd wrth chwarae yn erbyn *Coronation Street* ym Mangor pan nad oedd ond rhyw ddau aelod o'r cast yn ein gwrthwynebu. Roedd dau enw cyfarwydd iawn ymysg y gwrthwynebwyr, fodd bynnag, sef Asa Hartford a Len Cantello, y ddau wedi chwarae i'r Alban – Hartford mewn Cwpan Byd wrth gwrs. Fe fydd rhai ohonoch chi'n cofio i Asa Hartford gael cynnig symud o West Brom i Leeds yn y saithdegau ond iddo fethu ymchwiliad meddygol oherwydd bod twll yn ei galon. Yn ystod y gêm ar Ffordd Farrar aeth Dewi Pws i sefyll wrth ochr Asa Hartford a dweud wrtho, 'I'm like you, Asa, I've got a hole in my arse as well!'

Un nodyn difyr arall ynglŷn â'r gêm ym Mangor – fe fethodd Ioan Gruffudd chwarae gan i fi orfod mynd ag e i'r ysbyty yn dilyn gêm y noson cynt yn Llanuwchllyn. Ar nodyn o embaras i Ioan, nid anafu ei goes wrth sgorio gôl anhygoel a wnaeth ond troi ei figwrn wrth neidio ar gefn merch oedd newydd sgorio i'r tîm arall! *Fantastic Four* yn wir!

O sôn am Asa Hartford a Len Cantello, cawson ni gyfle i chwarae yn erbyn nifer o bêl-droedwyr proffesiynol yn sgil y gêmau cyfeillgar hyn – Ian Edwards a sgoriodd bum gôl mewn gêm i Gymru unwaith, Joe Mayo a chwaraeai gydag Edwards yn West Brom, Andy Jones a chwaraeodd i Gymru a Charlton Athletic, Dai Davies wrth gwrs a nifer o gyn-chwaraewyr Abertawe.

Cafwyd cwpwl o gêmau yn yr Eisteddfod yn erbyn criw yr opera sebon *Dinas* a'r gêm enwog honno yn erbyn tîm Bryncoch, sef criw *C'mon Midffîld* wrth gwrs. Cynhaliwyd y gêm honno adeg Eisteddfod yr Urdd yng Nglynllifon, ar gae Nantlle Vale ym Mhen-y-groes, a theg dweud bod gweld y dorf anferthol a ymgasglodd yn gryn sioc i ni gyd – y maes yn orlawn a'r dorf yn arllwys ar y cae, a sôn bod nifer wedi'u hatal rhag cael mynediad. Aeth y dorf gartre wedi mwynhau'r adloniant ac roedd nifer o bêl-droedwyr digon destlus yn chwarae – arferai Eirwyn Williams oedd yn chwarae yn y gôl i Gwmderi gadw Neville Southall allan o dîm Ysgolion Gogledd Cymru ac fe synnwyd nifer o ddeall i Mei Jones (Wali

Tomos) ennill cap ysgolion i Gymru. Fe darodd Mei y trawst gyda chic dros ei ben, *bicycle kick*, yn ystod y gêm a fe, fel Wali Tomos, sgoriodd y gôl dyngedfennol. Bron na chredai rhai fod y peth wedi'i sgriptio! Yn anffodus, y cyfraniad sydd yn aros yn y cof o'm rhan i'n bersonol yw'r *foul* go frwnt a wnes i ar Owain Gwilym, a arferai chwarae'r brif ran yn y gyfres *Jabas*. Dwi wedi ymddiheuro'n bersonol i Owain, ac ar y radio, ond mae'n dal i fy atgoffa am fy nhrosedd felly dyma ymddiheuro am y tro ola – mewn print!

Teithio o amgylch Cymru gan godi arian a hyrwyddo'r rhaglen oedd y prif fwriad, fodd bynnag, ac ymwelwyd â phob cornel o Gymru bron, o Lannerch-y-medd i Gaerffili ac o Dreffynnon i Grymych. Mae rhai gêmau a rhai canolfannau wedi aros yn y cof am resymau amrywiol – stecen a mefus i fwyd yng ngwesty'r Porth yn Llandysul er enghraifft, a'r cawodydd lleia yn y byd yn Ysgol y Dderwen, Caerfyrddin, lle clywyd y gri mai dim ond y Brodyr Gregory allai eu defnyddio! Yr hyn wnaeth y cawodydd isel yma'n destun difyrrwch i fi oedd y ffaith fod y gŵr a chwaraeodd ran tad Eileen yn *Pobol y Cwm*, sef y diweddar John Phillips o Lanpumsaint, wedi bod yn brifathro ar yr ysgol ac fe ŵyr y rhai sy'n cofio John nad oedd e ond prin pum troedfedd o daldra!

Yn Abergele y cafwyd y cae lleia, cae ysgol gynradd lle gallai ein gôl-geidwad ni, Eryl Huw Phillips, daflu'r bêl o un gôl i'r llall! Yno hefyd y clywais linell anfarwol gan John Biggins, a arferai chwarae rhan Billy Unsworth. Roedden ni'n newid mewn ystafell ddosbarth ac meddai John, 'The other team are in a different class to us!' Yr ystafelloedd newid poetha oedd rhai bychan clwb rygbi Castell-nedd ac mae'n siŵr fod hyn yn rhan o dactegau'r cyfrwys Brian Thomas yn ei ddyddiau fel hyfforddwr y tîm lleol. Yng Nghorwen cawson ni'r pleser o gael ein cicio oddi ar y cae gan dîm oedd wedi'u gwisgo fel merched! Cafwyd y gêm fwya gwyntog yn Llangrannog lle roedd y bêl yn troi yn yr awyr wedi i'r gôl-geidwad ei chicio ac yna'n dod yn ôl tuag ato! Bu canu arbennig yn y Ship yn Llangrannog y noson honno hefyd. Lle arall y cafwyd canu da iawn oedd yn London House, Crymych ac organydd un o'r capeli lleol ar yr organ fach!

Yn ystod y teithiau yma cafwyd sawl sylw bachog a rhai sylwadau dilornus iawn o du'r gwylwyr. Yng Ngwauncaegurwen daeth rhyw hen wag lan at Ieuan Rhys a gofyn iddo, 'Chi yw Sarjant James?' 'Ie,' atebodd Ieu, ac ychwanegodd y dyn, 'Iesu, chi'n dew!'

Wedi'r gêm yn Ffostrasol aethon ni i'r dafarn leol lle roedd rhai o'r ffyddloniaid wedi treulio'r prynhawn ac meddai un hen ffarmwr, a'i gap ar gam, wrth Gareth Lewis, sy'n chwarae rhan Meic Pierce, 'Chi'n gwd actor, Dic Deryn ontefe?'! Dywedodd un gŵr lleol wrth Hywel Emrys yn nhoiledau tafarn ym Machynlleth ei fod wedi canu'n dda iawn y noson cynt. 'Na,' meddai Hywel, 'doeddwn i ddim yno neithiwr.' 'Wel oeddech,' mynnodd y dyn, 'chi a'ch brawd – y Brodyr Gregory ychan!' Cafodd Iestyn Jones gryn fraw yng Nghrymych pan ymosodwyd arno'n eiriol, neu o leia ar ei gymeriad. Roedd un o ffyddloniaid y dafarn leol wedi holi Ieuan Rhys beth oedd ei farn am y 'poll tax' a dywedodd Ieu, fel jôc, 'Gofynnwch i Cownsilor Griffiths, mae e'n sefyll wrth y bar.' Draw â'r gŵr, a dim ond ychydig o eiriau a lefarodd wrth Iestyn:

'*Pobol y Cwm?*'

'Ie,' atebodd Iestyn.

'Cownsilor Griffiths?'

'Ie,' meddai Iestyn eto.

'Ff...in twat!' meddai'r dyn wedyn a cherdded bant.

Dwi'n cofio cyrraedd Treffynnon i chwarae a dyma un hen ddyn yn edrych arna i a medde fe, ''Dach chi'm yn chwarae, 'dach chi'n rhy dew!' Yn digwydd bod, y noson honno wnes i ddim chwarae'n rhy ffôl a chwarae teg iddo, fe ddaeth yr hen ddyn ata i ar ddiwedd y gêm a medde fe, gan sibrwd, ''Dach chi 'di chwara o'r blaen!' Dyna'r compliment gorau ro'n i'n debyg o'i gael y noson honno. Doedd Dewi Pws ddim mor hapus pan redodd allan ar y cae yn fy mhentre i, Drefach, a chlywed un plentyn yn dweud wrth ei dad, 'Dishgwl, Nhad, ma hen ddyn yn chware iddyn nhw!'

Do, fe fu teithio oddi amgylch Cymru yng nghwmni'r tîm pêl-droed yn brofiad a hanner a dyma'r peiriant cyhoeddusrwydd gorau gafodd *Pobol y Cwm* erioed. Dyw'r gorfforaeth ddim yn enwog am hybu rhaglenni Cymraeg ond crëwyd diddordeb anhygoel yn sgil ymweliadau cyson gan gynifer o gymeriadau poblogaidd. Fe fentrodd Glan Davies i faes nwyddau wedi'u seilio ar y gyfres yn ogystal ac fe gafodd gryn werthiant – cymaint nes i'r BBC gymryd diddordeb a chreu eu nwyddau eu hunain, ond erbyn heddiw mae fflam y brwdfrydedd hwnnw wedi hen ddiffodd.

Un o'r profiadau gorau gefais i a'r tîm pêl-droed oedd taith anhygoel i Waterford yn Iwerddon. Cawson ni deithiau eraill i'r Ynys Werdd yn ogystal, i Galway a Dulyn, ond y daith gynta i Waterford yw'r un sy'n aros yn y cof. Roedden ni wedi creu cysylltiad â brigâd dân Waterford yn Aberystwyth gan eu bod yn croesi i chwarae pêl-droed yno'n rheolaidd. Fy nghyswllt yn Iwerddon oedd un a ddaeth yn gyfaill da, sef Tom Barrett. Trefnodd Tom i ni chwarae gêm yn erbyn tîm radio lleol WLR, Waterford Local Radio, dan ofal cyfaill arall, Matt Keane.

Roedden ni'n aros yn nhafarn y Maryland gyda Vincent O'Toole, cymeriad lliwgar iawn a gadwai wraig a meistres yn yr un adeilad! Doedd cyfadde ein bod yn aros yn y Maryland ddim yn syniad da, fodd bynnag, gan i ni glywed wedyn bod y lle'n arfer bod yn hen hwrdy. Trefnwyd rownd o golff ar ein cyfer yn Carrick-on-Suir a dwi'n amau mai Huw Ceredig enillodd y gystadleuaeth yno. Buon ni'n ddigon ffodus i gael taith o amgylch ffatri Waterford Crystal ac fe drefnodd Tom i ni ymweld â ffatri breifat arall er mwyn manteisio ar brisiau gostyngol ar y gwaith gwydr unigryw – ffatri a ddeliai'n uniongyrchol â'r Unol Daleithiau. Cawson ni groeso arbennig mewn tafarn a chlwb nos gerllaw, y Reginald (addas iawn i Ceredig), gan sicrhau mynediad am ddim i'r clwb lle roedd Dennis Taylor, Willie Thorne a Cliff Thorburn yn mwynhau eu hunain. Cynhyrfodd Phyl Harries yn arw wrth ofyn am lofnod Cliff Thorburn â'r cyfarchiad anfarwol, 'My wife thinks you're great, Clive!' Roedd pencampwriaeth bêl-droed Ewrop yn cael ei chynnal ar y pryd a buon ni'n gwylio Denmarc yn ennill yn y ffeinal yn y Reginald, lle cawson ni fwyd am ddim chwarae teg iddyn nhw.

Uchafbwynt y daith, fodd bynnag, oedd y gêm ar faes pêl-droed Waterford yn erbyn tîm WLR. Roedd cyn-chwaraewr i Coventry City, mae'n debyg, yn chwarae yn y canol iddyn nhw ac fe fu'r hanner cynta'n galed iawn ond, i dorri stori hir yn fyr, fe newidion ni ein tactegau yn yr ail hanner a llwyddo i ennill o bedair gôl i ddwy. Dyma'r unig dro, am wn i, i newid tactegol lwyddo i Gwmderi! Bu'r gêm yn un ddifyr ond roedd un peth yn ein poeni – dywedodd Matt a Tom fod cannoedd o docynnau wedi'u gwerthu i godi arian at elusen leol ond doedd fawr neb yn gwylio'r gêm. Pan aethon ni i'r clwb lle roedd bwyd a chyngerdd yn dilyn y gêm, fodd bynnag, buan y sylweddolon ni lle roedd y cannoedd – roedd pawb yn y clwb yn disgwyl am noson o adloniant a doedd dim lle i ni yno bron. Cawson ni groeso bendigedig a chyfle i ganu o'r llwyfan ac aelodau o'r tîm yn cymryd at yr offerynnau, rhai'n fwy llwyddiannus na'i gilydd! Dwi wedi cael cyfle i ddychwelyd i Waterford gyda'r teulu ers hynny ac wedi mwynhau croeso gan Tom a'i deulu yntau.

Cawson ni gyfle i wneud record, *Ar y Blaen*, ac fe werthwyd nifer o recordiau a chasetiau gyda'r elw'n mynd i gronfa Rhodri Tudor. Mae Rhodri'n dod o Bontyberem ac yn dioddef o *cerebral palsy* ac erbyn hyn yn y coleg yn Abertawe. Os oes angen unrhyw wybodaeth am y byd rygbi arnoch chi, holwch Rhodri.

Cafwyd cinio arbennig i nodi dod â'r clwb pêl-droed i ben ym mwyty'r Continental yng Nghaerdydd ym Mehefin 1996 ac fe rannwyd nifer o atgofion melys – nifer ohonyn nhw na ellir eu cyhoeddi yma am resymau amlwg. Chwaraewyd dros gant o gêmau a chodwyd dros £50,000 tuag at achosion da. Diolch bois am gyfnod bythgofiadwy.

13

Man U

ADEG EISTEDDFOD YR Urdd yng Nglynllifon, ar gae Nantlle Vale ym Mhen-y-groes, fe ddigwyddodd rhywbeth pwysig iawn i fi. Ar y noson honno y cwrddais â Huw Roberts am y tro cynta. Roedd Huw yn sgowt i Manchester United a fe oedd yr un wnaeth ddarganfod Mark Hughes. Cyn i neb gynhyrfu, nid cynnig treial i fi yn United wnaeth e, ond dyma gychwyn ar berthynas glòs rhyngon ni'n dau dros y blynyddoedd nesa. Bues yng nghwmni Huw a'i wraig hyfryd Nesta sawl tro, ac yntau erbyn hynny'n ymwybodol 'mod i'n cefnogi United yn ffyddlon ers y chwedegau.

Yn ystod y nawdegau rown i wedi cael nifer o brofiadau pleserus ym myd chwaraeon – gan gychwyn yn addawol ar set y Deri Arms yn *Pobol y Cwm* pan roddodd Huw Ceredig ei ben rownd y drws yn ystod ymarfer i roi gwybod i fi fod ceffyl o Nantgaredig, sef Norton's Coin, wedi ennill y Cwpan Aur yn Cheltenham a 'mod i, yn sgil ei fuddugoliaeth, £200 yn gyfoethocach!

Cefais achos i deimlo'n gyfoethocach fyth ar 24 Ebrill 1991 fodd bynnag, ond nid yn ariannol. Fe wireddwyd breuddwyd wrth i Huw Roberts, neu Huw Man U fel y'i gelwid, fynd â fi o gwmpas Old Trafford cyn ail gymal y gêm gynderfynol yng Nghwpan Enillwyr Cwpanau Ewrop yn erbyn Legia Warsaw. Wedi cyrraedd Manceinion fe aethon ni i gae ymarfer United ar y pryd, sef y Cliff, ac wedi i fi weld yr adnoddau yno dywedodd Huw ein bod am alw i gael sgwrs â Nobby Stiles. Roeddwn wedi cynhyrfu braidd oherwydd roedd Nobby Stiles yn un o arwyr fy mhlentyndod ac yn aelod o dîm pencampwyr Ewrop 1968. Hyfforddi bechgyn ifanc oedd Nobby ac yn ôl Huw fe fyddai'n siarad â fi'n gartrefol, fel pe bai wedi fy adnabod erioed. Roedd yn anodd gen i gredu hyn ond gwir oedd ei air ac fe fwynheais sgwrs â Nobby yn ei swyddfa.

Wedi cyrraedd yn ôl i'r stadiwm cefais fy nghyflwyno i Syr Alex Ferguson ei hun ond roeddwn braidd yn siomedig nad oedd wedi clywed am Denzil o *Pobol y Cwm*! Ychydig o amser ges i i siarad ag e gan fod gêm y noson honno'n agosáu ond cefais daith o amgylch y clwb gan Huw ac wrth basio ystafell lle roedd aelodau'r wasg yn ymgynnull fe welais arwr arall, Denis Law. Roeddwn yn mwynhau'n aruthrol ac roedd y profiad yn un amheuthun i fi. Bu United yn llwyddiannus yn y gêm, wrth gwrs, ac yn brawf o'i hynawsedd fe ddaeth Nobby Stiles ata i i ofyn oeddwn i wedi 'mhlesio. Mae'n gymeriad difyr a chynnes dros ben ac mae ei hunangofiant yn llyfr gwerth ei ddarllen os cewch chi gyfle rywdro. Yna 'nôl â ni i'r *directors' lounge* lle roedd cryn brysurdeb ac wrth i fi edrych o 'nghwmpas mewn rhyfeddod dyma lais o'r tu ôl i fi'n gofyn 'Excuse me' wrth geisio pasio – nefoedd wen, Bobby Charlton! Doedd gen i ddim llais na nerth i ddweud gair wrtho, dim ond ei wylio'n diflannu yn y pellter! Treuliais dipyn o amser yn sgwrsio â chyfarwyddwr o'r enw Michael Knighton – fe fydd dilynwyr pêl-droed brwd yn ei gofio fel y dyn ddangosodd ddiddordeb mewn prynu Manchester United ond a fethodd, er iddo redeg ymgyrch gyhoeddus iawn. Wn i ddim oedd e wedi clywed am fy llwyddiant gyda Norton's Coin! Bydd y diwrnod hwnnw'n aros yn y cof am byth fel diwrnod arbennig iawn.

Fe aeth Huw â chriw o blant o Gwm Gwendraeth, gan gynnwys fy mhlant i, o amgylch Old Trafford adeg Eisteddfod yr Urdd yn Nolgellau ym 1994. Mae Huw wedi'n gadael ni bellach ond anghofia i byth mo'i garedigrwydd a byddwn wrth fy modd pan gawn gyfle i fod yn ei gwmni fe a'i wraig.

Yng nghanol y nawdegau daeth datblygiad pleserus iawn o gyfeiriad Old Trafford fyddai'n rhoi profiadau newydd bythgofiadwy i ni fel teulu. Yn dilyn anogaeth gan Huw fe wnaethom, y pedwar ohonon ni, ymaelodi â chlwb cefnogwyr Manchester United a sicrhau tocynnau o bryd i'w gilydd i fynychu ambell gêm. Yna, pan godwyd eisteddle newydd yn Old Trafford daeth cyfle i gefnogwyr wneud cais o'r newydd am docyn tymor. Doeddwn i ddim yn credu bod unrhyw obaith i ni sicrhau tocynnau ond fe anfonwyd y ffurflen gais i Fanceinion. Yna, ryw fore, daeth bil cerdyn credyd trwy'r drws ac ar y papur o'm blaen roedd yn dangos bod MUFC wedi cymryd taliad go helaeth, oedd yn golygu, wrth gwrs, ein bod wedi bod yn ddigon ffodus i gael tocynnau tymor. Dyma ddechrau ar antur go fawr a chafodd nifer o ffrindiau a theulu gyfle, yn ystod y blynyddoedd wedyn, i fynychu 'Theatr y Breuddwydion'.

I blant fel Rhodri a Rhys roedd yr holl beth fel breuddwyd, ac efallai'n fwy na hynny i'w tad, pe bawn yn onest! Roedd eu mam yn mwynhau'r tripiau i Fanceinion dipyn yn fwy nag roedd hi wedi'i ddychmygu hefyd, yn enwedig ar ôl i ganolfan siopa y Trafford Centre agor! A dweud y gwir, pan fyddai pobol yn cael benthyg ein tocynnau roedd yn syndod bob tro clywed ymateb y gwragedd a hwythau'n synnu iddyn nhw fwynhau eu hunain yn fawr. Dylwn esbonio bod pob gêm yn Old Trafford fel gêm rygbi ryngwladol Cymru, gan fod stondinau ar hyd ochr yr heolydd, heb sôn am y Megastore anhygoel sydd yno wrth gwrs.

Buon ni'n dyst i ddathliadau diwedd tymor yn sgil ennill y bencampwriaeth fwy nag unwaith ac mae un achlysur yn aros yn y cof am resymau personol. Fe ddaeth fy nhad gyda'r bechgyn a fi i gêm rhwng United a Sunderland ac fe sgoriodd Eric Cantona gôl anhygoel. Er mai Wolves oedd tîm fy nhad, roedd yn ddyn pêl-droed ac yn ddigon hyddysg yn y gêm i fwynhau a gwerthfawrogi'r achlysur yn Old Trafford. Mae yna recordiad o bregeth arbennig a draddododd yng nghyfarfodydd Undeb yr Annibynwyr lle mae'n cyfeirio at Cantona a'r profiad a gawsai'r diwrnod hwnnw.

Roedd y bechgyn wastad yn hoffi cyrraedd y stadiwm

yn gynnar er mwyn mynd i'r siop a chael llofnodion y chwaraewyr. Un haf, fodd bynnag, cawson nhw brofiad anhygoel o aros yn yr un gwesty â'r chwaraewyr pan aethon ni i dwrnament yn Nottingham. Buon nhw'n ddigon ffodus i gael nifer o lofnodion a chyfarfod â nifer o'r chwaraewyr. Mae nifer o erthyglau digon gwamal am y bonwr David Beckham ond rhaid i fi gyfadde mai fe a Lee Sharpe oedd y gorau o'r holl chwaraewyr wrth ymwneud â'r bechgyn, yn tynnu eu coes ac yn hapus yn eu cwmni. Rhaid dweud hefyd mai Beckham fyddai'n aros hiraf i roi ei lofnod ar lyfrau'r plant cyn ac ar ôl pob gêm.

Erbyn hyn does 'da ni ddim tocynnau oherwydd pan ddechreuodd y bechgyn chwarae rygbi bob dydd Sadwrn roedd yn amhosibl i ni ddefnyddio'r seddau. Ond fe fydd yr atgofion melys yna gyda ni am byth a gobeithio bod y bechgyn yn gwerthfawrogi'r cyfle gawson nhw.

Gobeithio nad ydw i wedi talu fy ymweliad ola ag Old Trafford, fodd bynnag, ac y daw cyfle i brofi'r awyrgylch trydanol yna eto. Mae arian mawr yn y gêm erbyn hyn a chlybiau megis Man City a Chelsea yn ceisio 'prynu'r Bencampwriaeth'. Gobeithio na welwn United yn troi cefn ar feithrin eu talentau eu hunain yn sgil y datblygiad diweddaraf yma. Does dim wedi rhoi mwy o bleser i mi na gweld chwaraewyr megis Giggs, Scholes, y Nevilles a Beckham yn esgyn o rengoedd yr ieuenctid i brofi eu hunain. Mae'n rhyfedd mai dim ond o drwch y blewyn teneuaf y llwyddodd Man City i gipio'r Bencampwriaeth y tymor diwethaf, er i Man U chwarae'n ddigon cyffredin ar adegau. Bydd angen gwelliant i lwyddo'r tymor yma.

14

Pobol y Cwm a'r Nawdegau

FE FU CRYN newid byd i Denzil gyda dyfodiad cymeriad Eileen i Gwmderi ym mis Tachwedd 1989. Chwaraewyd rhan y cymeriad gan yr actores Sera Cracroft, actores gydwybodol a thrylwyr â phersonoliaeth tu hwnt o hoffus. Fe darodd Sera a finnau ddeuddeg o'r cychwyn cynta ac fe allai hi a fi wneud tair golygfa yn yr amser a gymerai i wneud un gyda chymeriad arall. Roedd 'da ni ddealltwriaeth dda o gryfderau a gwendidau ein gilydd ac yn sgil hynny fe dyfodd cyfeillgarwch rhyngon ni sy'n parhau hyd y dydd heddiw.

Daeth Eileen a Sandra i fyw i hen dŷ Billy Unsworth ac fe wthiwyd Denzil a hi at ei gilydd rywfodd – dau gymeriad o orllewin Cymru a chefndir y ddau yn y byd amaethyddol. Merch o Ryd-y-foel ger Abergele yw Sera, ond fe ddysgodd siarad ag acen Sir Gaerfyrddin gystal ag unrhyw actor y gwn i amdano. Mae nifer wedi gwneud yr ymdrech i ddefnyddio'r dafodiaith ar hyd y blynyddoedd ond am wn i mai Sera sydd wedi ymdopi orau ac un o'r rhesymau am hynny oedd na fyddai arni ofn gofyn a oedd rhywbeth yn swnio'n iawn.

Cafodd Denzil ac Eileen nifer o brofiadau, gan gynnwys cael eu symud i weithio mewn gwesty yn Cheltenham! Priodwyd y ddau yn Ionawr 1991 a dyna i chi beth oedd diwrnod priodas. Yn ystod y diwrnod hwnnw fe gawson ni wyntoedd mawr, haul cryf, glaw a chesair! Roedden ni'n hwyr yn cyrraedd y lleoliad oherwydd i'r tostiwr yn yr ystafell werdd gynhyrfu'r larwm tân a bu'n rhaid gadael yr adeilad. Yna bu'n rhaid mynd ar daith hir i gyrraedd y lleoliad gan fod coeden wedi syrthio ar draws y ffordd yn y gwyntoedd cryfion! Yn ychwanegol at hyn roedd Sera'n feichiog ar y pryd, yn cario'i merch gynta, Lisa, ac roedd yn rhaid trio cuddio hynny. Tipyn o briodas, felly, ond un a fu'n llwyddiant ysgubol tan i Sera orfod gadael y gyfres er mwyn symud yn ôl i'r Gogledd yn ail hanner y nawdegau.

Roedd straeon Denzil ac Eileen yn ymwneud ag anifeiliaid yn aml ac fe fuon ni'n gweithio'n agos gydag Alsatian o'r enw Major, tylluan ddof ac oen swci yn y tŷ. Stori fawr y ddau ohonom, fodd bynnag, oedd colli un o'n hefeilliaid, John bach. Hon yw'r stori fwya dirdynnol i fi ei gwneud erioed ac roedd wynebu sialens y stori yn brofiad arbennig. Trueni na chawn gyfle i daclo straeon fel hynny'n amlach. Bu'r diwrnodau o ffilmio yn dilyn y farwolaeth yn rhai trwm dros ben ac roeddwn yn ddiolchgar i'm hen ffrind, y gyfarwyddwraig Rhiannon Rees, am ei harweiniad ac am roi amser i ni gael pethau'n iawn. Dylwn grybwyll perfformiad Mari Emlyn fel y meddyg hefyd, a fu'n gryn help. Ond roedd y baich emosiynol yn syrthio ar Sera a finnau ac fe alla i eich sicrhau ei bod hi'n anodd iawn yn emosiynol. Ar ôl un diwrnod caled o alaru a llefain roedd hi tua naw o'r gloch y nos cyn i bethau glirio o 'mhen. Gan fy mod i'n aros yng Nghaerdydd dros nos bu'n rhaid i fi ffonio gartre i wneud yn siŵr bod y bechgyn yn iawn. Yr unig ffordd y gallwn ddychmygu'r profiad ofnadwy hwnnw oedd meddwl am fy mhlant fy hun a cheisio rhoi fy hun yn sefyllfa'r cymeriad. Roedd yn bwysig portreadu'r dioddefaint yn gywir gan fod rhywrai o blith ein cynulleidfa yn siŵr o fod wedi bod trwy'r un math o brofiad.

Ar wahân i'r profiad ysgytwol hwnnw, byddai Sera a finnau'n cael cryn dipyn o hwyl wrth gydweithio. A dweud y gwir, roedden ni'n chwerthin gormod ar adegau. Siom fawr i fi oedd colli Sera fel cymar yn y gyfres a chan fy mod yn greadur emosiynol iawn, fe wnes i gryn ffŵl o'n hunan wrth geisio dweud gair pan ffarwelion ni â hi ar lawr y stiwdio! Erbyn hyn, fodd bynnag, mae Sera yn ei hôl a buon ni'n cydweithio mor rhwydd ac mor ddrygionus ag erioed.

Wrth ffilmio *Pobol y Cwm*, dylwn grybwyll mai aros yn Llety Cymro yng Nghaerdydd y byddwn i'r adeg hynny gyda Glyn a Gwenda, oedd yn fawr eu croeso, ac er nad oeddwn yn rhy hoff o fod i ffwrdd o gartre'n rhy hir mae gen i atgofion da iawn am aros yno. Nid ym mhob llety y cewch chi gyfle i gael sgwrs â'r bardd Gwyn Thomas dros frecwast!

Ar wahân i ymadawiad Sera, siom arall i fi yng nghanol y nawdegau oedd penderfyniad fy hen gyfaill Gareth Lewis i adael y gyfres. Fe gefais lawer iawn o hwyl yng nghwmni Gareth ar y set ac oddi arni – bu cyfnod gwerthu byrgyrs o fan 'Y Mynach Mwyn' yn ddifyr dros ben ac mae gan Gareth synnwyr digrifwch arbennig. Roedden ni wedi cydweithio llawer â'n gilydd yn y frwydr i geisio sicrhau chwarae teg i'r actorion ac i'r gyfres ac roedd Gareth yn teimlo ar y pryd bod y pwysau gwaith yn ormod iddo. Rwy'n falch erbyn hyn fod Gareth wedi dychwelyd a heb golli dim o'i hen hiwmor na'i frwdfrydedd tuag at y gyfres.

Cyfaill arall a adawodd ar ddiwedd y nawdegau oedd Ieuan Rhys a chwaraeai ran Sarjant James. Daeth Ieu a finnau'n gyfeillion clòs yn ystod yr wythdegau a'r nawdegau ac mae'n cyfeillgarwch yn parhau hyd heddiw. Yn y nawdegau felly fe gollais nifer o gyfeillion agos o'r Cwm – Phyl Harries, Gareth Lewis, Ieuan Rhys ac, wrth gwrs, Sera Cracroft.

Un arall a ddiflannodd gan adael blas cas iawn ar ei ôl oedd Phil Hughes, a ddechreuodd ar y gyfres ar yr un diwrnod â fi ym 1984 fel Stan Bevan. Roedd Phil yn actor da ac fe gafodd straeon arbennig o dda gan wneud bywoliaeth dda iawn drwy fod yn rhan o'r gyfres. Roedd Phil yn arfer aros mewn tŷ gwely a brecwast rhad iawn ger y BBC a byddai'n bwyta ei swper yng nghantîn y BBC, gan ei fod yn rhatach! Arferai fwyta pob darn o fwyd a gâi ar y set – dwi'n cofio unwaith iddo fwyta 'chicken in the basket' ym mar y Deri, gan fod yr olygfa jyst cyn cinio. Yn anffodus bu'n rhaid ailsaethu'r olygfa ar ôl cinio – ond heb y 'chicken in the basket'!

Pan oeddwn yn gynrychiolydd Ecwiti, Phil fyddai un o'r cynta i holi ynglŷn â chodiad cyflog a threuliau ac yn sgil hynny cefais gryn sioc o glywed am ei gyfweliad ar raglen *Y Byd ar Bedwar* ym 1995 yn datgan bod actorion *Pobol y Cwm* yn ennill gormod o gyflog. Ychwanegodd iddo gael digon o amser i ddysgu chwarae offeryn a dysgu siarad Ffrangeg tra oedd yn actio ar y gyfres ac nad oedd yn haeddu'r cyflog am cyn lleied o waith. Ga i fentro dweud bod y gweddill ohonon ni'n ymarfer, yn dysgu ein llinellau ac yn creu awyrgylch tîm yn ystod ein hamser rhydd. Rhyfedd i Phil ddarganfod ei gydwybod ar ôl derbyn y cyflog bras yma ei hun am flynyddoedd, gan greu gelynion am byth ymysg actorion Cymru. Dyfynnodd rai ffigurau anhygoel oedd yn golygu un o ddau beth – naill ai ei fod yn cynnwys y Dreth ar Werth roedd yn rhaid ei had-dalu a'r treuliau trwm a hawliai am deithio o'r Gogledd neu ei fod wedi bod yn trafod yn breifat am godiadau cyflog gryn dipyn yn fwy sylweddol nag a gefais i a gweddill y cast!

Fe siaradodd rhyw fenyw o'r enw Mrs Gwennan Lewis yn gall iawn ar *Stondin Sulwyn* ar y pryd, a dwi'n dyfynnu: 'Rwy'n siŵr fod yna fwy i hyn nag yr ydym ni'n gwybod amdano. Mae yna rywbeth tu ôl i hyn i gyd.' Craff iawn, Mrs Lewis! Fe gyfeiriodd Phil at 'actorion gwladgarol' ac efallai mai yn y geiriau hynny mae'r allwedd i'r cyfan. Aelod brwd o'r Blaid Lafur oedd Phil ac roedd yn dân ar ei groen bod cynifer o actorion y cyfnod yn genedlaetholwyr. Y trueni mwya am yr holl beth oedd iddo fod mor llwfr ag aros tan iddo orffen cyn gwneud ei gyhuddiadau. Fe wn am nifer o actorion na wnaiff siarad ag ef hyd y dydd heddiw a does ganddo neb ond fe'i hunan i'w feio am hynny. Os wyt ti'n darllen y geiriau hyn, Phil, rhaid cyfadde i fi gael siom aruthrol ynddot ti. Wnes i erioed ddychmygu dy fod mor ddiegwyddor.

Bu degawd cynta'r ganrif yma'n gyfnod digon cymysglyd o ran fy mhrofiadau yng Nghwmderi gydag ymadawiad ffrindiau megis Rhys ap William, Huw Euron ac yn arbennig Hywel Emrys, pob un yn gymeriadau credadwy, gorllewinol y mae colled ar eu hôl. Mae Hywel a finnau'n hen ffrindiau ers blynyddoedd a'r hyn oedd yn drist am ei ymadawiad oedd bod Hywel yn wirioneddol yn gweld eisiau Cwmderi gan mai *Pobol y Cwm* oedd ei fywyd. Roedd yn allweddol pan sefydlwyd Clwb Pêl-droed Cwmderi, er bod rhaid ffrwyno ei frwdfrydedd weithiau! Er bod gan Hywel duedd i roi ei droed ynddi ar adegau roedd ei galon yn fawr a'i frwdfrydedd yn heintus. Roedd yn gyfaill triw a ffyddlon ac fe welais ei golli'n fawr.

Dychwelodd Sera i'r Cwm, wrth gwrs, ac roedd hynny'n fy mhlesio'n fawr. Un arall ddaeth i mewn i'r gyfres ac a fu o gymorth i arwain Denzil yn ôl at y tir oedd Catrin Powell i chwarae rhan Cadno. Rhaid i fi gyfadde fy mod yn edmygu Catrin yn fawr am ei dewrder ar gychwyn ei gyrfa yn *Pobol y Cwm* gan fod ei mam yn dioddef o gancr ar y pryd. Bu Catrin yn gwbl broffesiynol mewn cyfnod tu hwnt o anodd, a thrist yw gorfod cofnodi i'w mam golli'r frwydr ddewr honno. Does dim amheuaeth i ddychweliad Sera a chyflwyno Catrin gyfoethogi'r gyfres yn fawr iawn ac mae gen i feddwl uchel o'r ddwy. Yn sgil dychweliad Sera daeth actores newydd i chwarae rhan Sioned, ein merch. Bu Elan Evans yn chwarae rhan Sioned ers ei bod yn fabi a chawson ni lawer iawn o hwyl dros y blynyddoedd ond bu'n rhaid i Elan orffen er mwyn canolbwyntio ar ei gwaith ysgol a chymerwyd ei lle gan actores ifanc o'r enw Emily Tucker. Roedd Emily yn ifanc iawn yn dechrau ar ei chyfnod fel Sioned ond yn hyderus ac yn awyddus iawn i lwyddo. Bellach mae wedi mynnu ei lle fel actores ifanc o safon a bu ei pherfformiadau wedi i fi adael yn argyhoeddiadol iawn. Daeth Arwel Davies i gwblhau teulu Penrhewl trwy bortreadu Eifion, cariad Cadno, a dyma ail gymeriad Arwel ar y gyfres. Ef fuasai'r cynta i gyfadde bod ei gyfnod diweddar ar y gyfres dipyn hapusach na'r cyfnod blaenorol ac mae Eifion wedi tyfu fel cymeriad, diolch i Arwel.

Un actores fu'n cydweithio'n agos â fi yn ystod y blynyddoedd diwethaf oedd Buddug Williams, sy'n chwarae rhan Anti Marian. Roeddwn yn adnabod Buddug ers pan oeddwn yn grwt bach gan fod Mam yn arfer dysgu gyda hi am gyfnod ond fe ddaethon ni'n ffrindiau trwy weithio mor glòs a thrwy deithio 'nôl ac ymlaen yn aml rhwng Cross Hands a Chaerdydd. Roeddwn wastad yn synnu, ar ein teithiau, fod Buddug yn gwybod llawer mwy o newyddion Caerdydd na fi. Roedd wrth ei bodd yn chwarae rhan Anti Marian ac yn mwynhau sylw'r gynulleidfa, er bod y gwaith yn drwm iddi ar adegau. Dyw trefn weithio *Pobol y Cwm* ddim yn ei gwneud hi'n hawdd i berson mewn oed ac fe fyddwn yn poeni am ei hiechyd weithiau.

Mae'r bobol rydw i wedi'u henwi uchod, ynghyd â nifer ar ochr greadigol y gyfres, yn poeni o ddifri am Gwmderi – mae'n golygu rhywbeth mwy na bywoliaeth iddyn nhw. Efallai ei bod yn arwyddocaol fod y mwyafrif ohonyn nhw'n dod o'r Gorllewin a ddim wedi anghofio'u gwreiddiau a'r bobol a ddylanwadodd ar flynyddoedd eu prifiant.

15

Y Teulu a'r Capel

NID MÊL I gyd oedd ail hanner y nawdegau i fi'n bersonol.
Bu farw Nain Llan ym 1996 ac anghofia i fyth weld fy nhad
yn torri'i galon yn y fynwent. Ychydig a feddyliais y byddai
yntau'n cael ei gario i'r fynwent ei hun o fewn rhyw ddwy
flynedd. Doedd fy nhad ddim wedi bod yn iach ers rhai
misoedd ac roedd Mam yn achwyn nad oedd yn bwyta'n
iawn, gan feio 'yr hen sigaréts yna'. Wnes i erioed feddwl
bod unrhyw salwch difrifol arno gan 'mod i wedi arfer ei
glywed yn peswch ac wedi hen flino ceisio'i ddarbwyllo i
roi'r gorau i ysmygu. Bu'n rhaid iddo fynd i'r ysbyty am
brofion a daeth y newydd drwg fod cancr arno. Daeth y
newyddion fel ergyd o wn a bu'n rhaid gwneud trefniadau
iddo fynd i ysbyty Llanelli i gael llawdriniaeth. Fe alwodd yr
arbenigwr ar fy mam, fy chwaer a finnau gan ein hysbysu,
pe byddai'r cancr wedi ymledu i'r afu, na fyddai'n gallu
addo gwellhad iddo.

Ar fore'r llawdriniaeth roeddwn yn gweithio yng
Nghaerdydd ac wrth deithio yn ôl ar hyd y draffordd daeth
galwad ffôn i ddweud ei fod yn ôl o'r theatr ac yn yr uned
gofal dwys. Bu honno'n daith hir iawn i Lanelli gan fy mod
i'n gwybod iddo ddychwelyd o'r theatr lawer yn rhy fuan i
allu bod wedi cael y llawdriniaeth fyddai'n rhoi cyfle iddo
wella, ond eto i gyd ceisiwn ddarbwyllo fy hun yn wahanol.
Wedi cyrraedd yr ysbyty aethon ni i weld y llawfeddyg a
chael y newyddion trist, ond anochel, nad oedd gwella i fod
ac mai amser byr fyddai gan fy nhad i fyw. Mae'n anodd
disgrifio sut effaith gafodd yr ychydig eiriau yna arna i

ond dichon bod dweud ei fod yn brofiad na fyddwn yn ei ddymuno ar neb arall yn crynhoi'r cyfan.

Mewn ychydig ddyddiau daeth fy nhad gartre ac fe symudwyd gwely i'r llawr er ei fwyn e ond bu'r wythnosau nesa'n hunllefus o anodd – ceisio cario 'mlaen fel pe na bai dim yn bod, a thwyllo ein hunain fod pethau am wella. Gweinidog oedd fy nhad, fodd bynnag, ac roedd yn gwbl ymwybodol o'i dynged gan ei fod wedi helpu degau o deuluoedd yn yr un sefyllfa ag roedden ni ynddi. Wyth wythnos fu'r cyfan, o'r ymweliad cynta i'w farwolaeth boenus ac yntau ond yn 68 mlwydd oed.

Gyda marwolaeth fy nhad sylweddolais nad oeddwn wedi gallu gwir gydymdeimlo â chyfoedion ar golli eu rhieni gan nad oeddwn wedi bod trwy'r profiad hwnnw fy hunan. Fe fydd darllenwyr sydd wedi colli rhiant yn deall hynny. Daeth marwolaeth ddisymwth fy nhad â diwedd cyfnod i ni fel teulu, a thorri ein huned fel teulu'r Mans – Mam, Nhad, Bethan a fi. Gan fod fy rhieni wedi symud o'r Mans i fyw i'r Tymbl erbyn hynny allwn i ddim galaru yn y cartre lle ces fy magu hyd yn oed ac roedd rhyw ymdeimlad o gau pennod yn perthyn i'r holl beth.

Roedd fy nhad yn arwr i fi, fel mae nifer o dadau i'w plant mae'n siŵr, ond wn i ddim a wnes i hynny'n ddigon amlwg iddo pan oedd yn fyw. Teimlwn, pan oedd yn ei wely yn ystod yr wythnosau anodd ola yna, fy mod angen dweud hynny wrtho ond wnaeth y cyfle ddim codi. Eto i gyd, gwn ei fod yn gwybod ac efallai nad oedd yn rhaid i fi ddweud wrtho.

Pobol, cymuned a chymdeithas oedd pethau fy nhad a, diolch byth, dwi wedi etifeddu rhywfaint o hynny ganddo. Fyddai Nhad byth gartre, er nad oedd yn mynychu clwb na thafarn, a'r un fyddai ei neges i Mam wrth adael y tŷ bob tro: 'Dwi'n mynd i fyny'r topia yna.' Yr unig eglurhad am hynny oedd bod ein tŷ ni i lawr yng ngwaelod y pentre, ond ni wyddai Mam ble byddai e hanner yr amser. O fod angen cael gafael arno ar frys, byddai rhai llefydd y gallai eu ffonio yn y gobaith eu bod wedi'i weld yn ystod y bore neu'r prynhawn, llefydd megis y Wern, y Berllan, tŷ Ernie, Maesyffynnon, cartre'r wraig yng Nghwmmawr, ac, yn amlach na pheidio, garej Gwyn Williams, tad Maldwyn. Treuliai Nhad oriau lawer gyda Maldwyn a Liz yn y garej ac roedd yr un mor gyfforddus wrth y ffwrwm waith yng nghefn y garej yng nghwmni'r gweithwyr ag roedd yn y swyddfa neu'r tŷ. Fe fuodd yn gweithio ymhlith dynion pan oedd yn saer coed ac fe fynnai y dylai pob gweinidog fod wedi gweithio ymysg pobol cyn troi at y weinidogaeth.

Câi ei gydnabod fel pregethwr grymus tu hwnt a'i ddawn fawr oedd bod yn gryno, nodwedd y bydda i'n ceisio ei hefelychu; hynny yw, dweud llawer mewn ychydig eiriau. Sawl gwaith ry'n ni wedi bod mewn oedfa lle mae pregethwr wedi traethu am dri chwarter awr ond heb ddweud dim yn y diwedd?

Etifeddais fy niddordeb mewn chwaraeon oddi wrtho fe'n sicr ac roedd yn siom fawr i fi iddo ein gadael cyn i Rhodri a Rhys gynrychioli Cymru ac i Owain chwarae pêl-droed dros Gymru. Byddai wedi bod wrth ei fodd. Un peth arall a etifeddais ganddo oedd ei synnwyr digrifwch a'i hiwmor; roedd yn dynnwr coes cellweirus ac mae Rhys yn debyg iawn iddo yn hynny o beth. Mi wn iddo osod sylfaen gadarn iawn i'm chwaer a finnau a galla i ddweud i fi gael y cyfle ganddo i wneud y pethau sy'n bwysig mewn bywyd. Efallai na ches i bob dim materol ganddo am iddo ein magu ar gyflog gweinidog, ac wrth dyfu ac aeddfedu mae rhywun yn deall hynny'n well. Mewn byd sydd bellach mor faterol, mae dyn yn sylweddoli fwyfwy gymaint yw gwerth yr egwyddorion a'r gwerthoedd da a blannwyd ynon ni'n ifanc iawn. Bydden ni'n ffraeo'n aml a byddwn yn ei fytheirio, yn enwedig yn fy arddegau, pan oedd plant pobol eraill, pobol nad oedd llygaid yr aelodau arnyn nhw, yn cael mentro mewn meysydd llawer mwy amheus nag a gawn i. Erbyn heddiw, sylweddolaf y pwysau oedd ar blant y Mans a do, clywais ganwaith y dywediad mai 'nhw, plant y Mans, yw'r gwaetha'. Rydw i'n falch erbyn heddiw 'mod i'n fab y Mans a thestun balchder o hyd yw cael fy ngalw'n Gwyn y Mans.

Roedd fy nhad yn Gristion da, yn Gymro da ac yn gawr yn ei gymuned. Ni ddymunai ddal swydd o bwys mewn unrhyw sefydliad, dim ond bod ymhlith ei braidd a'i bobol ei hunan. Yn ein capel ni mae carreg goffa wedi'i gosod ar y wal iddo ac mae'r geiriau ar y garreg honno'n dweud y cwbl: 'Cyfaill, Bugail, Pregethwr. I braidd Crist bu'n gadarn dŵr.' Bu'n dŵr cadarn i finnau hefyd.

Beth am eglwys Capel Seion yn sgil ymddeoliad ac yna marwolaeth ddisymwth fy nhad? Fe fu 1994, ychydig cyn ei ymddeoliad, yn flwyddyn hynod o bwysig i fi am i fi gael fy ethol yn ddiacon yn y capel. Mae'n braf derbyn unrhyw glod neu wobr a ddaw i'ch rhan ond mae derbyn anrhydedd gan eich pobol eich hunan wastad yn rhagori ar unrhyw beth arall. I fi, roedd cael fy ethol yn ddiacon yn uchelgais er mwyn gallu cyfrannu'n llawn at waith yr eglwys ac roeddwn yn fwy na bodlon arwain pan fyddai angen. Yn rhyfedd iawn, y man y bydda i fwya nerfus yw ym mhulpud Capel Seion. Mae'n ddigon hawdd chwarae o flaen torf neu berfformio o flaen cynulleidfa eang ond mae camu i bulpud fy nghapel fy hun yn brofiad gwahanol – o bosibl oherwydd i Nhad ledaenu'r efengyl mor rymus o'r pulpud hwnnw neu oherwydd 'mod i o flaen fy mhobol fy hun, wn i ddim.

Y newid mwya yng Nghapel Seion yn sgil ymddeoliad fy nhad oedd sefydlu'r Parch. Dyfrig Rees i gymryd ei le. Roeddwn i wedi cynhyrfu gan fod Dyfrig yn yr un dosbarth â fi yn yr ysgol a thybiwn ein bod wedi gwneud penderfyniad doeth gan sefydlu gweinidog fyddai gyda ni am flynyddoedd lawer, fel y bu Nhad o'i flaen. Yn anffodus, yn dilyn pum mlynedd eitha cymysglyd fe dderbyniodd Dyfrig alwad i eglwys Gellimanwydd yn Rhydaman.

Y siom fwya i fi yn ystod y cyfnod hwn oedd i'm rhieni orfod symud eu haelodaeth o Gapel Seion i eglwys Bethesda, Y Tymbl. Cawson nhw groeso tywysogaidd gan yr eglwys honno ond fe wn fod gadael y capel a'r aelodau oedd yn golygu cymaint iddyn nhw wedi'u clwyfo'n ddwfn.

Dilynwyd y cyfnod yma gan gyfnod o dair blynedd dan weinidogaeth y Parch. Emlyn Dole. Roeddwn yn gyfarwydd iawn ag Emlyn gan ei fod yn byw yn y pentre eisoes ac roedd yn cynnig agwedd ffres a gwahanol i'r weinidogaeth. Prysuraf i ddweud nad oedd hyn at ddant y rhai mwya traddodiadol efallai ond hoffwn bwysleisio ar yr un pryd i fi ei gael yn arbennig mewn angladdau, sef un o'n gwasanaethau mwya traddodiadol bid siŵr. Mae'n sicr i garwriaeth Emlyn â'r gantores Gwenda Owen ei arwain tuag at eglwys Caersalem, Pontyberem ac mae'n weinidog yno erbyn hyn.

Digon ansefydlog fu cychwyn y ganrif yma yn hanes eglwys Capel Seion felly ac efallai fod hynny'n anorfod yn dilyn cyfnod hir o lwyddiant dan un arweinydd. Pan sefydlwyd y Parch. Wilbur Lloyd Roberts, fodd bynnag, fe ddychwelodd y sefydlogrwydd roedd cymaint o'n haelodau yn chwilio amdano. Fe fuon ni'n ffodus i sicrhau un o bregethwyr gorau Cymru, darlithydd o fri, sgwrsiwr difyr a chyfaill triw. Ei unig wendid yw nad yw erioed wedi pasio ei brawf gyrru! Ond mae yna fanteision i hynny, hyd yn oed, gan fod un o'r diaconiaid yn ei gasglu'n wythnosol i fugeilio ac mae hyn yn golygu bod yn rhaid i'r diaconiaid chwarae eu rhan ac ymweld ag aelodau yn eu tro.

Mae'n fy nharo weithiau mor debyg yw arddull Mr Roberts i arddull fy nhad a dyw hynny ddim syndod gan eu bod ill dau'n dod o Stiniog ac wedi'u trwytho yn niwylliant cyfoethog yr ardal honno. Efallai ein bod ni fel cynulleidfa Capel Seion wedi cymryd at Mr Roberts mor hawdd oherwydd y tebygrwydd hwn. Ry'n ni'n ffodus ar y cyfan fod yna drawstoriad da o oedran ar draws yr aelodaeth ond mae'r ysgol Sul wedi gwanhau yn aruthrol oherwydd amryw ffactorau.

Mae ein haelodau ni'n hoff iawn o unrhyw esgus am drip neu ginio ac ry'n ni, ers sbel bellach, yn cynnal cinio Nadolig yn dilyn oedfa ar fore Sul ddechrau Rhagfyr yng ngwesty Parc y Strade, Llanelli. Llynedd roedd 70 yn y cinio gan gynnwys hanner dwsin o blant yr ysgol gynradd, nifer o bobol canol oed, llond bwrdd o ieuenctid rhwng 20 a 26 a hyd yn oed ddwy ddynes yn eu nawdegau sy'n ymddwyn fel merched yn eu harddegau! Rhaid sôn am Fanw a Nansi Fach yn y fan yma gan eu bod yn ddihareb yn ein capel ni. Er mwyn i chi gael rhyw syniad o'u hegni, fe aeth y ddwy ar fws Gwyn Williams i'r 'Bath Christmas Market' cyn y Nadolig! Maen nhw'n bresennol ym mhob ysgol gân ac yn canu soprano ar ffrynt y galeri bob blwyddyn. Gobeithio y bydd gen i chwarter eu hegni pan fydda i yn fy saithdegau heb sôn am fy nawdegau!

Dwi wedi rhedeg clwb ieuenctid y capel yn ystod dau gyfnod gwahanol ac mae criw yr ail gyfnod erbyn hyn rhwng 20 a 27. Mae'r criw hwnnw'n dal yn ffyddlon i fi ac yn fwy na pharod i gymryd rhan mewn gwasanaeth. Cymerodd 13 ohonyn nhw ran mewn gwasanaeth Naw Llith a Charol y Nadolig diwethaf ond gwnaed hynny ar ôl i fi addo mynd allan gyda nhw i dre Caerfyrddin y noson cynt! Braf yw gweld ieuenctid sy'n gwybod sut i fwynhau ond sy'n fodlon cofio'u dyletswyddau hefyd. Mor bwysig yw sicrhau bod yr ieuenctid ar bwyllgorau, eu gwneud nhw'n rhan o'r penderfyniadau, nid dweud wrthyn nhw beth oedd y penderfyniad. Yn union fel y criw o ieuenctid yn fy nghyfnod i, mae'r rhain yr un mor gyfforddus ar drip i Thorpe Park ag ydyn nhw mewn oedfa ddiolchgarwch ac mae hynny'n bwysig.

Datblygiad hynod bwysig o'm rhan i oedd cael fy newis yn ysgrifennydd Capel Seion yn 2004. Hon yw'r swydd bwysica i fi ei chyflawni erioed yn fy marn i gan ei bod yn swydd sy'n rhoi pleser i fi ac, er bod y llwyth gwaith yn drwm ar adegau, dwi'n cael cyfle i dalu'n ôl fy nyled enfawr i'r capel a phobol y capel. Bu Dr Wayne Griffiths yn ysgrifennydd o'm blaen ac fe gyflawnodd Wayne waith arbennig yn helpu i lusgo'r eglwys i mewn i'r ganrif hon drwy ei weledigaeth hynod. Fy nghyfrifoldeb i oedd dilyn yr un llwybr a dyna dwi wedi ceisio'i wneud.

Mae 2012 yn flwyddyn hynod o bwysig i'r capel gan ein bod yn dathlu tri chan mlwyddiant – dathliad prin iawn. Er mwyn sicrhau bod pawb yn cymryd rhan ymarferol yn y dathliadau fe sefydlwyd naw grŵp i edrych ar wahanol agweddau megis hanes, marchnata, llenyddiaeth ac yn y blaen. Ym mhob grŵp roedd tua chwe aelod ar gyfartaledd ac yn sgil hynny roedd canran uchel o'r aelodau ffyddlon yn rhan o'r penderfyniadau. Cynhaliwyd cyfarfodydd grŵp anffurfiol i gasglu syniadau a'r canlyniad oedd bod blwyddyn gyffrous o weithgareddau wedi'u trefnu, rhai'n draddodiadol a rhai'n wahanol. Penderfynodd y grŵp ieuenctid, er enghraifft, redeg ras gyfnewid o gapel bach Pant Teg ger Efail Wen, lle dechreuodd yr achos, yn ôl i Gapel Seion yn cario Beibl – addas iawn ym mlwyddyn y Gêmau Olympaidd. Cyhoeddwyd llyfr yn olrhain hanes yr achos yn cynnwys sylwadau personol gan aelodau presennol, cynhaliwyd pasiant yn adrodd yr hanes cynnar a chafwyd arddangosfa hanesyddol yn ogystal â'r dathliadau traddodiadol.

Bu'r digwyddiad cynta ym mlwyddyn y dathlu, sef oedfa gymun yng ngolau cannwyll, yn llwyddiant ysgubol â dros gant yn bresennol ar nos Sul ym mis Chwefror a nifer wedi gwisgo dillad y cyfnod cynnar. Roedd y canu digyfeiliant yn ysgubol a neges y gweinidog yn syml a phwrpasol. Noson wefreiddiol ac oedfa i'w thrysori. Fe ddywedodd y gweinidog un peth trawiadol iawn o'r pulpud y noson honno, sef 'Yr oedfa bwysicaf i ni fydd yr oedfa gyntaf yn dilyn ein dathliadau oherwydd dyna pryd mae'r can mlynedd nesaf yn dechrau.'

Gobeithio y bydd yr un brwdfrydedd wrth ddathlu'r pedwar can mlwyddiant, ond i sicrhau hynny rhaid bod yn barod i drafod y ffordd ymlaen ac un consýrn sydd gen i yw dyfodol yr ysgol Sul. Bu'r ysgol Sul yn sylfaen er mwyn gosod yr egwyddorion i gymaint ohonon ni, hyd yn oed i'r rhai sydd erbyn hyn yn ddifater a'r rhai sydd wedi troi eu cefnau ac yn rhy bwysig i addoli. Rhaid gofyn y cwestiwn, fodd bynnag, ydyn ni wedi symud gyda'r oes? Efallai mai tecach fyddai gofyn, ydy'r oes wedi symud yn rhy gyflym i ni gadw i fyny â hi? Fe wn fod rhai wedi symud yr ysgol Sul i ganol yr wythnos er mwyn ceisio denu rhagor o blant a hwyluso trefniadau i rieni. Does gen i ddim yn erbyn hynny'n bersonol, rhaid addasu ar gyfer y galw. Fe ddysgodd ein hysgol Sul ni flynyddoedd yn ôl nad oedden ni'n mynd i ennill y frwydr rhwng yr ysgol Sul a'r cae rygbi ond bod modd addasu fel bod plant yn cael y gorau o ddau fyd. Mae nifer o aelodau'r capeli wedi bod ar fai ar hyd y blynyddoedd am styfnigo yn hytrach na mynd i gyfarfod y byd sydd ohoni er mwyn sicrhau bod y Cristion yn cael ei le teilwng mewn cymdeithas. Does dim yn fy ngwylltio'n fwy na gweld aelodau capeli yn eistedd yn ôl, yn hapus yn gwylio'r cwbl yn cau o'u hamgylch gyda'r agwedd 'Wel, roedd popeth yn iawn tra oedden ni yma.' Rhaid ceisio sicrhau dyfodol waeth pa mor anodd mae'n ymddangos.

Yn dilyn fy ymadawiad â *Pobol y Cwm* mae nifer wedi ceisio fy argyhoeddi y dylwn droi fy ngolygon tuag at y weinidogaeth a dwi ddim yn anghytuno'n llwyr â nhw ond mae yna agweddau sy'n fy ngofidio i'n bersonol. Mae gen i nifer o amheuon amdana i fy hunan ond cawn weld beth ddwg y dyfodol. Darllenais erthygl mewn papur Sul eleni am agwedd drahaus Richard Dawkins sydd â'i lach mor drwm ar Gristnogaeth a sylweddolais fod hwn, fel pawb ohonon ni, yn addoli rhywbeth, ac ef ei hun oedd y rhywbeth hwnnw yn ei achos ef a nifer o anghredinwyr eraill. Mae darllen sylwadau y bobol hunanbwysig hyn yn fy ngwthio tuag at ryw fath o weinidogaeth, rhaid cyfadde.

16

Y Byd Rygbi

RYGBI YW FY niddordeb pennaf, fel y gŵyr pawb sydd yn fy adnabod. Digon cyffredin fu fy nghyfnod yn chwarae'r gêm; cafwyd rhai uchafbwyntiau cofiadwy, ond ces anaf cas a roddodd ddiwedd i'r mwynhad lawer yn rhy gynnar. Ychydig a feddyliwn yr adeg hynny, fodd bynnag, fod y blynyddoedd mwya cynhyrfus, o safbwynt y bêl hirgron, i ddod.

Cefais gyfnod hapus ar bwyllgor clwb rygbi'r Tymbl gan ganolbwyntio'n llwyddiannus ar ennill nawdd i'r clwb. Yn ystod y cyfnod hwnnw byddai fy ffrindiau o Gwmderi yn noddi gêm yn flynyddol yn y Tymbl, yn ogystal â rhai ffrindiau o Gwm Gwendraeth fyddai'n mynd ar dripiau rygbi gyda fi. Gallwn ddibynnu ar Elgan, cyfaill o Landdarog oedd yn teithio gyda ni ar ein tripiau rygbi ac a oedd wedi hen arfer yng nghwmni bois Cwmderi, i gael cwmni Farmer John i noddi'r bêl bob tro y byddai bois Cwmderi'n noddi'r gêm. O ganlyniad i hyn byddai fy ffrind Ieuan Rhys yn arfer galw yn y clwb a daeth i adnabod nifer o'r aelodau. Dwi'n hoff iawn o'r stori sydd gan Ieuan amdano ar ei ffordd 'nôl i Gaerdydd o'r Canolbarth un prynhawn Sadwrn ac yn meddwl galw yn y clwb i weld oeddwn i yno. Dyma ffonio a holi rhywun oedd Gwyn Jones yno a derbyn yr ateb, 'Na, sa i'n credu.' Wedi meddwl dyma fe'n holi wedyn, 'Ydy Gwyn Elfyn yna 'te?' A chael ateb negyddol yr eilwaith. Yna fe gofiodd yn sydyn a holi, 'Ydy Gwyn y Mans yna?' ac atebodd y llais y pen arall i'r ffôn ar unwaith, 'Ydy, mae e lan llofft, a' i nôl e i ti nawr.' Sôn am stori i gadw traed dyn ar y ddaear. Ddylai yr un dyn ddim anghofio 'o ba radd y bo'i wreiddyn'. Dyddiau da.

Roedd fy nghyfnod yn hyfforddi ac yn gweithio gyda'r ieuenctid yn gyfnod euraid i fi – am wn i nad oes dim arall mewn bywyd wedi rhoi cymaint o foddhad i fi. Pan ddechreuodd Rhodri chwarae i'r Tymbl yn 8 oed roedd Glyndwr Davies yn gofalu am y tîm yn ei oedran ef a Glyndwr wnaeth fy annog i gymryd at y tîm ifanc yma. Fe geson ni flas ar lwyddiant wrth ennill twrnament dan 10 ym Mhorth Tywyn ac arhosodd nifer o'r bechgyn ifanc a chwaraeodd yn y twrnament hwnnw gyda fi hyd y diwedd.

Bues i'n helpu i hyfforddi tîm Ysgolion Mynydd Mawr dan 11 ac yn sgil gweithio gyda'r bechgyn yn y clwb a thrwy'r ysgolion llwyddais i ddenu criw bychan ond talentog iawn at ei gilydd, criw fyddai'n cael cryn lwyddiant. Fe enillwyd nifer o gystadlaethau 7 a 10 bob ochr a buodd nifer o'r bechgyn yn cynrychioli tîm District F, sef ardal Cwm Gwendraeth a Chwm Aman. Mae record y bechgyn yma'n un ryfeddol gan na chollon nhw'r un gêm yn ystod tair blynedd gynta eu cyfnod yn yr ysgol uwchradd. O ganlyniad roedd pawb yn awyddus i'w maeddu, wrth gwrs, a doedd pawb ddim o hyd yn fodlon gwneud hynny'n deg! Cefais siom mewn sawl unigolyn bryd hynny, ond calla dawo yw hi weithiau, gan gofio i fi wneud nifer fawr o ffrindiau hefyd.

Daeth uchafbwynt cynnar ym myd y rygbi i ni fel teulu wrth i Rhodri gael ei ddewis yng ngharfan rygbi dan 11 Gorllewin Cymru i chwarae yn erbyn Dwyrain Cymru. Fel y digwyddodd pethau, i'r ail dîm, sef Gorllewin Cymru A, y chwaraeodd Rhodri ar y Strade ond roedd rhieni balch iawn yn eistedd yn yr eisteddle.

Dwi'n credu i fi sylweddoli bod gen i griw arbennig o unigolion pan chwaraewyd y gêm gynta dan 12 – yr oedran llc roedd yn rhaid cynnwys tîm llawn o 15 chwaraewr. Yn yr oedrannau cynradd, 10 chwaraewr fyddai mewn tîm fel rheol ac fe gâi'r gêmau eu chwarae ar feysydd llai o lawer. Wrth chwarae'r gêm ar faes bychan gallai timau fel Llanymddyfri sicrhau bod y bechgyn trwm yn cario'r bêl trwy'r amser gan fod bechgyn mawr yn y tîm hwnnw ymhlith y blaenwyr. Olwyr da oedd 'da ni yn y tîm, ac felly buodd newid i 15 bob ochr a chwarae ar gae llawn yn fendith i ni. Er i ni golli gêmau agos i Lanymddyfri yn gyson yn yr oedrannau cynradd fe wnaeth y bechgyn ennill yn eu herbyn o dros 40 pwynt yn y gêm lawn gynta. Roedd y bechgyn yn gallu gwneud dau beth sy'n anodd eu dysgu i ieuenctid ond sy'n hanfodol ar gyfer tîm llwyddiannus, sef taclo a phasio'n fflat – hynny yw, yn syth i'r dyn nesaf heb roi gormod o awyr i'r bêl.

Y gelynion pennaf oedd timau Llanymddyfri, Rhydaman, Llandeilo a Felin-foel. Roedd nifer o chwaraewyr da iawn ymhlith y timau hynny, a chafodd Rhodri'r fraint o chwarae gyda nifer ohonyn nhw ar lefel sirol a chenedlaethol. Daeth cyfoedion i Rhodri yn y garfan genedlaethol i chwarae yn ein herbyn o Dredelerch, ardal yng Nghaerdydd, pan oedd y bechgyn dan 13. Doedd neb wedi dweud wrthon ni nad oedd y tîm yma o Gaerdydd wedi colli mewn dros hanner cant o gêmau ond fe drechodd ein bechgyn ni nhw. Roedd eu hyfforddwyr wedi synnu at daclo grymus ein bechgyn ni ac mewn sgwrs yn dilyn y gêm cefais sioc i glywed eu bod wedi curo timau o 100 pwynt yng Nghaerdydd! Bu'n rhaid i fi holi beth oedd pwrpas hynny gan na welwn unrhyw ddaioni i rygbi yn gyffredinol yn y math yna o ganlyniad am y gallai droi llawer yn erbyn y gêm, bois fyddai'n datblygu'n hwyrach efallai. Pan oedd ein tîm ni lawer cryfach na'r gwrthwynebwyr fe fyddwn yn dweud wrth hyfforddwyr y tîm arall, wedi i ni groesi 50 pwynt, ein bod ni'n hapus i orffen y gêm pan fydden nhw'n dymuno. Nid bod yn nawddoglyd oedd y bwriad; trwy wneud hynny, doedd neb yn torri ei galon yn ormodol achos yr hyn sy'n bwysig yw bod cymaint o blant â phosibl yn cael cyfle i chwarae'r gêm.

Yn erbyn Felin-foel y collodd y bechgyn am y tro cynta erioed, mewn gêm gwpan dan 15, a hynny mewn modd amheus tu hwnt yn anffodus. Fe sgoriodd asgellwr Felin-foel gais yn y gornel i ennill y gêm ond mynnai ein chwaraewyr a'n cefnogwyr ni ar yr ystlys bella iddo gael ei wthio dros yr ystlys. Roedd y dyfarnwr yn rhy bell i weld ac fe dystiai llumanwr Felin-foel na allai e weld yn iawn am fod y dorf rhyngddo fe a'r cornel! O ganlyniad, caniatawyd y cais ond er fy mod yn sur ar y pryd i'r bechgyn golli yn y modd hwnnw roeddwn yn credu bod Felin-foel wedi chwarae'n well na ni'r bore hwnnw. Cofiaf nad oedd rhai o'n chwaraewyr ddim yn chwarae ac roedd Felin-foel wedi arwyddo rhai o chwaraewyr gorau ardal Llanelli ar gyfer y gystadleuaeth. Colli wnaethon nhw yn y rownd derfynol i dîm cryf Ton-du – tîm roedden ni'n gyfarwydd â nhw o ganlyniad i daith y tîm dan 14 i Iwerddon, ond mwy am hynny yn y man.

Cawson ni gryn lwyddiant mewn twrnamentau 7 a 10 bob ochr gan ennill twrnament Jonathan Davies yn Nhrimsaran a hynny'n flynyddol. Melys yw'r cof am y fuddugoliaeth gynta dan 10 ym Mhorth Tywyn a chofio am y twrnament 7 bob ochr rhwng ardaloedd pan drechwyd Ton-du o chwe chais i ddim yn y ffeinal.

Bu'r bechgyn yn llwyddiannus ar lefel genedlaethol wrth gynrychioli Ysgol Maes-yr-Yrfa mewn cystadleuaeth 7 bob ochr dan 14 a gynhaliwyd ym Mhont-y-pŵl a phrofiad pleserus oedd eu gweld yn ennill y ffeinal o tua 50 pwynt.

Cafodd y tîm yma brofiadau ar ddwy daith i'w cofio, gan deithio i gystadleuaeth ryngwladol yn Iwerddon dan 14 a cholli yn y ffeinal i Ton-du ar gae Blackrock mewn modd creulon. Cafodd y bechgyn y pleser o dalu'r pwyth yn ôl y tymor canlynol gan drechu Ton-du ar eu tomen eu hunain o 40 pwynt. Bu'r daith i Ddulyn yn gyfle i lawer o'r bechgyn ddysgu mor bwysig yw disgyblaeth, cyn mynd ar daith y flwyddyn ganlynol i'r Eidal.

Cawson ni wahoddiad i chwarae yn nhwrnament cynta Ysgol Carwyn James yn Rovigo lle bu Carwyn yn hyfforddi am gyfnod. Cyfaill Carwyn, Angelo Morello, oedd yn trefnu'r cyfan a byddai cyfle i chwarae yn erbyn timau o'r Ariannin, Lloegr a'r Eidal. Yn teithio gyda ni roedd brawd Carwyn, Dewi, a'i fab Llyr, yn ogystal â chyfaill i fi, Gerallt Davies, oedd yn cynrychioli bwrdd Ysgol Rygbi Carwyn James yng Nghymru.

Wedi cyrraedd yr Eidal a'n gwesty yn Chioggia fe newidiodd y tywydd gan dwymo'n aruthrol – roedden ni ar y traeth ac yn y môr ar ein hail ddiwrnod, oedd yn wyrth o ystyried i ni adael Cymru yn y glaw a phawb yn gwisgo cotiau mawr! Fe sylweddolon ni y byddai'n rhaid chwarae rygbi mewn tymheredd tu hwnt o uchel ond llwyddwyd i drechu'r tîm o'r Ariannin yn y rownd gynderfynol ac yna trechwyd tîm Ysgol Rygbi Carwyn James, oedd yn cynnwys chwaraewyr gorau gogledd yr Eidal, yn y ffeinal. Mawr fu'r dathlu yn dilyn y llwyddiant ac roedd yn amlwg bod y fuddugoliaeth ac ymddygiad arbennig y bechgyn yn golygu llawer i Dewi, brawd Carwyn, ac yn ei wneud yn ddyn hynod o falch.

Ar ôl llongyfarch y bechgyn fe gerddais ar draws y maes i gael ychydig o funudau ar fy mhen fy hun gan fy mod yn teimlo'n tu hwnt o emosiynol ac yn ystyried mai dyma oedd penllanw fy nghyfnod yn hyfforddi'r bechgyn hyn dros gyfnod o chwe blynedd. Roeddwn mor falch o'r ffordd roedden nhw wedi chwarae, a'r modd roedden nhw wedi ymddwyn, eu proffesiynoldeb ym mhob agwedd ar y daith a'r modd roedd eu rhieni wedi ymdrechu i godi arian i sicrhau nad oedd yr un ohonyn nhw'n gorfod talu ceiniog i deithio. Gwn fod fy nghyd-hyfforddwr, Phil Hewitt, ddaeth yn gyfaill agos imi, yn teimlo yr un fath. Roedd gwell i ddod, fodd bynnag!

Roedd Angelo wedi trefnu bod hanner ein tîm ni'n cyfuno â hanner tîm Carwyn James i ffurfio tîm ar gyfer twrnament rhyngwladol yn L'Aquila lle byddai timau o'r Eidal, Lloegr, yr Ariannin a'r Weriniaeth Tsiec yn cystadlu dros dridiau am droffi mawr blynyddol. Gwyddwn y byddai 'da ni dîm cryf oherwydd bod gan yr Eidalwyr flaenwyr mawr a ninnau olwyr chwimwth. Gofynnwyd i Phil a finnau hyfforddi'r bechgyn gyda chymorth hyfforddwr Ysgol Carwyn James, a hwnnw'n gyn-fewnwr i'r Eidal. Ystyriwn hyn yn fraint ac fe alla i ddweud yn ddiflewyn-ar-dafod mai'r bechgyn yma o'r Eidal oedd y gwrandawyr gorau gefais i erioed mewn unrhyw sesiwn ymarfer. Roedd pob un ohonyn nhw'n awyddus i wella eu gêm ac am gyfrannu 100% i'r ymgyrch. Bu cymorth eu capten a'u canolwr, Luca, yn amhrisiadwy wrth gyfieithu'r hyn roeddwn yn ceisio ei gyfleu i'r bechgyn, yn enwedig cyn y rownd derfynol.

Roedd y gystadleuaeth yn un anodd ac oherwydd problemau yn ymwneud â'r meysydd chwarae buodd yn rhaid i ni orffen ein gêmau grŵp cynta tua deg o'r gloch ar nos Sadwrn a chwarae ein gêm nesaf am naw y bore canlynol! Llwyddwyd i gyrraedd y rownd derfynol, fodd bynnag, lle bydden ni'n chwarae tîm dan 16 swydd Hampshire, Lloegr. Bu Phil a finnau'n gwylio'r tîm hwnnw'n ofalus ac roedd blaenasgellwyr chwim 'da nhw fydde'n cyrraedd canol cae yn gyflym ac o ganlyniad roedd yn rhaid i ni ystyried newid ein dull agored o ledu'r bêl yn sydyn. Roeddwn yn gofidio sut y byddwn yn gallu esbonio i'r Eidalwyr ein bod am dynhau'r gêm yn y ffeinal a sugno'u blaenwyr nhw i mewn i sgarmesi cyn lledu ond doedd gen i ddim lle i ofidio. Gyda'u hawch am wybodaeth am y gêm roedd yr Eidalwyr, dan gyfarwyddyd Luca, wedi deall ac fe ymatebon nhw'n wefreiddiol. Yn ystod y gêm llwyddwyd i sgorio cais *catch and drive*, sef dal y bêl yn y llinell a'r blaenwyr yn gyrru o'r llinell ddwy ar hugain yr holl ffordd dros linell gais y gwrthwynebwyr – roedd hyn yn fy atgoffa o flaenwyr y Tymbl ar eu gorau yn ystod yr wythdegau. Fe darodd y Saeson yn ôl ond croesodd ein maswr, Craig Evans, y llinell gais fel llysywen rhwng dau daclwr i sicrhau'r fuddugoliaeth. Craig enillodd wobr 'Chwaraewr y Twrnament' am ei redeg twyllodrus a'i gicio gwefreiddiol.

Bu'r daith honno'n un hynod lwyddiannus a gwelais nifer o'r bechgyn yn tyfu'n ddynion dros nos megis. Rhaid dweud bod y ddwy fuddugoliaeth yna'n uchel iawn ar restr uchafbwyntiau fy mywyd bach i'n ogystal – roedd dyn yn teimlo ei fod wedi cyflawni rhywbeth ac roeddwn yn hynod o falch dros Dewi; dwi'n siŵr fod Carwyn yn gwenu arnon ni yn ystod y daith honno.

Uchelgais unrhyw hyfforddwr gwerth ei halen yw gweld chwaraewr yn mynd yn ei flaen i gynrychioli ei wlad ac fe gefais i wireddu'r freuddwyd honno yn y modd melysa posib. Roeddwn i a Phil yn hyfforddi tîm dan 15 Ysgolion Mynydd Mawr ac roedd y tîm yn cynnwys chwaraewyr y Tymbl ac un neu ddau ychwanegol a chwaraeai i glybiau eraill. Fe chwaraeodd Lee Jones a Phil Griffiths fel canolwr ac asgellwr i dîm A Cymru, dewiswyd Craig Evans yn gefnwr i Gymru a Rhodri y mab yn yr ail reng ac yn gapten. Fel bonws ychwanegol, cafodd mewnwr Mynydd Mawr, a chwaraeai i glwb Rhydaman, sef Iwan Mainwaring, ei ddewis i'r tîm cynta yn ogystal. Bu Lee yn tu hwnt o anffodus i beidio ag ennill ei gap llawn gan mai fe oedd y canolwr gorau yn y garfan ym marn nifer fawr ac fe sgoriodd yn y ddwy gêm yn erbyn tîm A Lloegr. Ie, testun balchder i unrhyw hyfforddwr yw gweld ei chwaraewyr yn ymuno â charfan Cymru ond roedd y ffaith i Rhodri gael ei ddewis, a'i enwi'n gapten ar ben hynny, yn golygu bod fy nghwpan yn llawn. Fel mae'n digwydd, roedd y gêm gynta allan yn Prato ger Florence yn erbyn yr Eidal, lle buon ni ar daith mor llwyddiannus dymor ynghynt.

Mewn bywyd yn gyffredinol ni cheir y melys heb y chwerw a dyna fu hanes Rhodri ychydig wythnosau ar ôl dychwelyd o'r Eidal pan ddatgymalodd ei ysgwydd mewn gêm ysgol. Pan aeth i weld arbenigwr yn Ysbyty Glangwili fe ddywedodd hwnnw 'Six weeks in a sling, six months no rugby', ac roedd gwyneb Rhodri fel ffidil! Roedd mantais fawr 'da ni, fodd bynnag, gan fod ein meddyg a 'nghyfaill Dr Wayne Griffiths wedi bod yn feddyg y Cymry yng Ngêmau'r Gymanwlad ers sawl blwyddyn a dyma alw i weld Wayne ar y ffordd gartre. Dywedodd Wayne wrtho am beidio â phoeni a'i yrru am *physio* at Mark Weeds oedd yn gweithio i dîm y Scarlets ar y pryd. Fe gollodd Rhodri'r gêm yn erbyn Lloegr yng Nghaerwrangon ond mewn saith wythnos roedd yn arwain Cymru yn erbyn yr Eidalwyr ar y Strade gyda chynrychiolaeth gref o Gapel Seion, Drefach a'r Tymbl yn ei gefnogi. Arweiniodd ei wlad i fuddugoliaeth yn erbyn y Saeson ar y Gnoll wythnos yn ddiweddarach. Mae hyn yn wers i unrhyw chwaraewr ifanc i beidio â digalonni o gael anaf – ewch i weld meddyg sy'n deall anafiadau chwaraeon.

Aeth Rhodri yn ei flaen i chwarae i dîm ieuenctid Cwins Caerfyrddin, a enillodd y dwbl gyda thîm arbennig o gryf, ac ennill cap dan 18 hefyd cyn i'r ysgwydd ei lethu unwaith eto. Yn dilyn taith gydag Ysgolion Cymru i Wlad Belg a'r Iseldiroedd roedd angen llawdriniaeth ar Rhodri a geiriau'r hyfforddwr, Richard Jones, wrtho oedd 'Don't worry about the early season trials, get your shoulder sorted, I'll see you next year.' Dyma dalu'n breifat felly i sicrhau bod Rhodri ar gael ar gyfer y tymor canlynol.

Yn ogystal â'r ffaith fod Rhodri wedi chwarae i Ysgolion Cymru am un tymor roedd Craig wedi chwarae i dîm ieuenctid Cymru yn ystod yr un tymor ac roedd disgwyl i'r ddau gynrychioli Ysgolion Cymru dan 18 y tymor canlynol. Ond bu digwyddiad tu hwnt o drist yn hanes Ysgol Maes-yr-Yrfa pan fu farw'r athro chwaraeon, John Beynon, a fu'n gymaint o ddylanwad ar yrfa Rhodri a Craig. Roedd John yn athro hynaws oedd yn sicrhau na châi ei fechgyn unrhyw gam a bu'n ddylanwad tawel a chadarn ar eu gyrfa. Bu colli John mor ifanc yn gryn ergyd i Ysgol Maes-yr-Yrfa ond yn fwy fyth i'w deulu wrth reswm.

Byddai colli John yn dylanwadu'n fawr ar ddyfodol Rhodri a Craig gan i Ysgol Maes-yr-Yrfa, a nhw ill dau yn sgil hynny, gael ei hanwybyddu'n llwyr y tymor canlynol. Apwyntiwyd athrawon o ysgolion y Strade a Thre-gib i gynrychioli sir Gaerfyrddin ar y panel dewiswyr a gwelwyd bechgyn o'r ysgolion hynny yn y garfan genedlaethol, ond neb o Faes-yr-Yrfa, er i flwyddyn Rhodri a Craig drechu'r ysgolion hynny o sgoriau uchel yn ystod y tymor. Dyw Rhodri'n dal heb weld Richard Jones ers y diwrnod pan ddywedodd wrtho 'I'll see you next year'!

Daeth cyfle i Craig a Rhodri dalu'r pwyth yn ôl pan

drefnwyd gêm rhwng tîm ieuenctid cryf Cwins Caerfyrddin a thîm Ysgolion Cymru dan 18. Chwaraeodd y Cwins yn arbennig gan drechu'r ysgolion yn gyfforddus a rhoi gwên go lydan ar wyneb y ddau a gawsai eu hanwybyddu mor annheg.

Yn dilyn llwyddiant y tîm ieuenctid y bues yn ei hyfforddi, roedd hi'n mynd i fod yn anodd hyfforddi tîm arall fyddai'n dod yn agos at ailadrodd yr un llwyddiant, ond dyna ddigwyddodd drwy ryfedd drefn! Roedd Rhys, y mab ieuenga, yn chwaraewr tu hwnt o gryf a mawr am ei oedran ac fe chwaraeodd am dri thymor i dîm flwyddyn yn hŷn na'i oedran yn Nhrimsaran. Yn ystod y cyfnod hwnnw fe efelychodd ei frawd trwy gael ei ddewis i garfan dan 11 Gorllewin Cymru ar gyfer y gêm yn erbyn Dwyrain Cymru. Fe aeth un cam yn well na'i frawd, fodd bynnag, a chwarae i'r tîm cynta gan drechu'r Dwyrain yng Nghaerffili. Enw diddorol yn nhîm y Dwyrain y diwrnod hwnnw oedd Sam Warburton!

Yn y cyfamser roedd Phil Hewitt wedi bod yn hyfforddi tîm oedran Rhys yn y Tymbl gyda chymorth Andrew Gealy. Pan benderfynodd Rhys ddychwelyd i chwarae i'r Tymbl ar gyfer y flwyddyn dan 14 fe ddychwelais innau i hyfforddi ac fe ddenwyd nifer o chwaraewyr da eraill. O ganlyniad daeth y tîm yn llwyddiannus ac erbyn i'r tîm o dan 15 gael ei sefydlu roedd chwaraewyr o glwb Pont-iets ac o ardal Llandybïe wedi ymuno i greu carfan tu hwnt o gryf. Roedd y garfan honno dipyn yn fwy na'r garfan fechan o ran maint ym mlwyddyn Rhodri, a chawson nhw lwyddiant ysgubol mewn sawl twrnament ac ennill cwpan 15 bob ochr rhwng ardaloedd dan 15 yn ogystal â chwpan y Scarlets dan 15.

Cafwyd taith arall tu hwnt o lwyddiannus allan i'r Eidal dan ofal Angelo Morello i chwarae yn nhwrnament cynta 7 bob ochr Carwyn James ger Bologna. Ffurfiwyd tri thîm i'n cynrychioli a thîm cynta tu hwnt o gryf, yn cynnwys tri chwaraewr oedd wedi cynrychioli Cymru A dan 16 flwyddyn yn gynnar. Llwyddodd y tri thîm i ennill eu grwpiau ac o ganlyniad dyfarnwyd y Tymbl yn fuddugol unwaith yn rhagor. Fe soniais ynghynt am frwdfrydedd y bechgyn ifanc o'r Eidal a'u hawydd i ddysgu mwy am y gêm, ac fe welais enghraifft bellach o hyn yn ystod y twrnament yma. Gwnaeth un tîm ymdrech ryfeddol i gymryd rhan yn y gystadleuaeth, er nad oedd eu hyfforddwr yn gallu mynychu, trwy deithio milltiroedd i'r maes chwarae ar gefn mopeds! Roedd un o'r chwaraewyr tua maint dau brop ac felly'n gwbl anaddas ar gyfer gêm 7 bob ochr ond eto cymaint oedd ei frwdfrydedd a'i awydd i gymryd rhan fel y mynnodd fod yno. Alla i ddim gweld bechgyn ein gwlad ni'n gwneud y fath ymdrech nac aberth.

Roeddwn yn rheolwr carfan dan 15 Ysgolion Mynydd Mawr yn ystod yr adeg pan oedd y bechgyn yn cynrychioli'r cylch ac fe gafwyd blwyddyn hynod lwyddiannus gan golli o un pwynt yn unig i ardal enfawr Ysgolion Caerdydd yn rownd gynderfynol cystadleuaeth enwog y Dewar Shield. Roedd 'da ni flaenwyr hynod o gryf a *catch and drive* arbennig o effeithiol a thybiwn ein bod am ennill ond fe gipiwyd ein pêl mewn llinell ymosodol, bum llath o linell gais Caerdydd, funudau cyn diwedd y gêm gan fachgen ifanc o'r enw Sam Warburton! Ie, rhyfedd o fyd! Collwyd i Ysgolion Caerdydd yn ystod amser ychwanegol yn rownd derfynol y gystadleuaeth 7 bob ochr hefyd, cystadleuaeth genedlaethol roedden ni wedi'i hennill flwyddyn ynghynt, ac roedd Rhys yn chwarae yn y gystadleuaeth honno hefyd.

Bu llwyddiant y bechgyn, a hwythau'n cynrychioli ardal leia Cymru, yn fodd i dynnu sylw'r dewiswyr cenedlaethol ac o ganlyniad roedd chwe chwaraewr o glwb y Tymbl yng ngharfan dan 16 eu gwlad – Daniel Evans fel cefnwr, Nicholas Cudd a Mathew Evans yn y rheng ôl a Ricky Guest, Keenan Jones a Rhys yn y rheng flaen. Aeth aelod arall o'r criw, Mathew Lemon, ymlaen i ennill cap dan 18. Cafodd Daniel, Nicholas, Mathew a Ricky gapiau llawn a chwaraeodd Keenan a Rhys i'r tîm A. Roedd hyn yn llwyddiant ysgubol i'r clwb ond fe fu'r amgylchiadau a'r anafiadau a gostiodd gap llawn i Rhys yn gysgod dros y dathlu i fi'n bersonol.

Cafodd Rhys ei ychwanegu at garfan dan 16 Cymru flwyddyn yn gynnar gan yr hyfforddwr Chris Jones ac roedd yn gryn sioc i ni ddarganfod ei fod wedi'i enwi ar y fainc i'r tîm cynta yn erbyn Lloegr ym Mhontypridd. Pedair ar ddeg oedd Rhys ar y pryd ac ef oedd yr unig aelod o'r garfan o 22 nad oedd wedi ennill ei gap llawn. Cafodd Cymru amser caled yn y gêm gyda maswr Lloegr, Danny Cipriani, yn rheoli'r chwarae. Roedd Chris Jones wedi bwriadu rhoi Rhys ymlaen cyn y diwedd ond yn y bwrlwm a'r cythrwfl ar y cae fe anghofiodd ac fe fu hyn yn gryn ergyd i Rhys yn emosiynol ac roedden ninnau fel teulu a ffrindiau yn amlwg yn siomedig. Aeth yn ei flaen, fodd bynnag, i chwarae i'r tîm A yn Wolverhampton ochr yn ochr â'i ffrindiau Daniel Evans a Nicholas Cudd, sydd ill dau wedi cynrychioli tîm llawn y Scarlets erbyn hyn. Fe hoffwn ychwanegu yma mai Nicholas, yn fy nhyb i, oedd y chwaraewr gorau i fi gael y pleser o'i hyfforddi, er cystal oedd y lleill i gyd. Yr unig ffactor sy'n cyfri'n erbyn Nick yn y gêm fodern yw ei daldra ond roedd ei allu fel blaenasgellwr agored i fod yn y lle iawn ar yr adeg iawn yn anhygoel. Bu gyrfa Nick a Rhys yn cydredeg am flynyddoedd gan i'r ddau chwarae i dîm dan 11 Gorllewin Cymru gyda'i gilydd.

Roedd enw Rhys, felly, yn flaenllaw wrth drafod carfan dan 16 y tymor canlynol ond yn anffodus fe gafodd anaf ar ei figwrn a bu'n rhaid iddo gael llawdriniaeth i dynnu darnau o asgwrn oedd yn rhydd gan y llawfeddyg Mr Kartikh Hariharan yng Nghasnewydd. Fe weithiodd yn galed, fodd bynnag, a llwyddo i ennill digon o ffitrwydd i gymryd ei le ar y fainc i Gymru yn y gêm gynta yn erbyn yr Eidal ar y Gnoll. Yn anffodus fe drodd Rhys ar ei figwrn wrth ymarfer yng Ngwesty'r Vale wythnos cyn y gêm a bu'n rhaid iddo dynnu'n ôl, er bod ei enw yn y rhaglen! Roedd ei figwrn wedi chwyddo'n ofnadwy ond fe weithiodd yn galed unwaith yn

rhagor gan basio prawf ffitrwydd a theithio gyda'r garfan
A i Millfield i gymryd rhan mewn cystadleuaeth yn erbyn
Ffrainc, Lloegr a Chanada. Roedd un gêm ar ôl, gartre yn
erbyn Lloegr, ac fe gyhoeddwyd yn yr *Evening Post* fod Rhys
yn holliach ac yn ôl yng ngharfan gynta Cymru.

Doedden ni heb glywed dim yn swyddogol, fodd bynnag,
ac roedden ni'n ymwybodol nad oedd hyfforddwr y blaenwyr,
Bob Newman o Gaerdydd, yn ffafrio Rhys a'i fod yn gwrthod
credu bod y fogfa arno, er ei fod ar *nebuliser* ers ei fod yn
blentyn bach! Pan aeth Rhys i ymarfer yng Ngwesty'r Vale
cafodd ei hun yn eilyddio i'r tîm A ac nid yn chwarae am ei
gap llawn fel y cyhoeddwyd yn yr *Evening Post*!

Hyd y dydd heddiw, does neb wedi cyfadde pwy anfonodd
y cyhoeddiad yna i'r papur newydd na pham roedd yr
amgylchiadau wedi newid. Ar ddiwrnod cystadleuaeth 7
bob ochr genedlaethol Cymru yn Llanymddyfri tua diwedd
y tymor fe awgrymwyd yn gryf i mi gan aelod o bwyllgor yr
ysgolion mai un dyn oedd yn rhwystro Rhys rhag ailymuno
â charfan lawn Cymru a'n bod ill dau yn gwybod pwy oedd
hwnnw! Does dim amheuaeth fod sefyllfa debyg wedi codi
yn hanes sawl bachgen arall ond mae'n bosibl iawn mai Rhys
ni yw'r unig chwaraewr i gael ei gynnwys yng ngharfan dan
16 Cymru ddwy flynedd yn olynol heb gael ei gap llawn.

Yn anffodus, parhaodd anlwc Rhys gan iddo ddioddef
o'r salwch *glandular fever* wnaeth ddinistrio ei obeithion am
yrfa rygbi wrth iddo golli tair stôn o bwysau, a hynny ar
adeg pan oedd angen iddo ychwanegu stôn o leia.

Cyn cau'r bennod chwerwfelys yma am ddylanwad rygbi
ar fy mywyd rhaid sôn am gyfnod Rhodri a Rhys gyda'r
Scarlets. Mae nifer yn holi am y timau rhanbarthol yma i
ieuenctid, rhai'n gefnogol, rhai'n feirniadol a rhai mewn
anwybodaeth.

Bues i'n trafod y syniad o dîm ifanc yn cynrychioli'r
Scarlets â gŵr o'r enw John Bradshaw oedd yn gweithio
i Lanelli ar y pryd ac roedd yntau fel finnau'n awyddus i
weld menter o'r fath yn datblygu. Ni fu unrhyw gysylltiad

rhyngon ni am sbel a chefais wybod bod John wedi colli ei swydd, felly dyma drefnu i fynd i weld John Daniels yng Ngholeg y Graig, Llanelli a chanfod bod syniad o sefydlu tîm dan 17, fel yr un oedd yn bodoli yn Abertawe, yn rhanbarth Llanelli.

Dyma'r tîm rhanbarthol gwreiddiol, cyn cychwyn y system bresennol, ac er i Rhodri a Lee Jones dderbyn gwahoddiad i ymuno â thîm Abertawe fe enwyd Rhodri yn gapten y tîm newydd yma. Y tymor canlynol ffurfiwyd tîm dan 18 ac fe chwaraeodd Rhodri i dîm dan 21 y rhanbarth hefyd cyn i'r tîm dan 20 gael ei ffurfio. Aeth yn ei flaen i chwarae i'r timau hynny am dair blynedd arall. Ei brif broblem oedd bod Llanelli yn mynnu ei chwarae yn yr ail reng er mai dim ond 6 troedfedd a 3 modfedd ydoedd ac iddo chwarae'r mwyafrif o'i rygbi yn y rheng ôl.

Fe chwaraeodd Rhys yntau i'r tîm dan 16, gan arwain y tîm ar y dechrau, ac yna i'r tîm dan 18 cyn i'r afiechyd y cyfeiriais ato uchod ei lethu. Yn y pen draw bu'n rhaid iddo adael y garfan am ryw ddwy flynedd cyn chwarae i dîm dan 25 rhanbarth y Scarlets a dychwelyd i'r garfan dan 20. Ond roedd anafiadau'n parhau yn broblem, fodd bynnag.

Fe fu un achlysur melys iawn yng nghyfnod y bechgyn gyda'r Scarlets pan chwaraeodd y timau dan 16 a dan 20 yn rowndiau terfynol y rhanbarthau yn Stadiwm y Mileniwm. Buon ni'n ffodus iawn gan fod Rhys yn chwarae i'r tîm dan 16 a faeddodd y Gleision a Rhodri yn chwarae i'r tîm dan 20 a faeddodd y Gweilch. Diwrnod bythgofiadwy i'r bechgyn ac i ni fel rhieni.

Mae'n rhoi pleser i fi weld rhai o gyfoedion y bechgyn yn llwyddo, chwaraewyr megis Sam Warburton, Leigh Halfpenny, Josh Turnbull, Jonathan Davies, Ryan Bevington, Scott Andrews, Dominic Day, Lou Reed, Jason Tovey a nifer o rai eraill sydd wedi gweithio mor galed ar eu gêm. Gobeithio y byddan nhw'n llwyddo i gadw'n glir o anafiadau.

Ar nodyn hapusach, fe lwyddodd Rhodri a Rhys i

chwarae gyda'i gilydd am y tro cynta erioed i dîm cynta'r Tymbl yn ystod 2009 ac fe roddodd hynny gryn bleser i'r tri ohonon ni. Yn anffodus, datgymalu fu hanes ysgwydd Rhodri unwaith yn rhagor ar ôl dim ond saith gêm a doedd dim ffordd yn ôl y tro yma.

Ie, pennod chwerwfelys yw pennod y byd rygbi yng Nghymru.

17

Gwledydd Tramor

RYDYN NI WEDI bod yn ffodus fel teulu bod rygbi wedi'n harwain i wledydd tramor yn sgil y bechgyn ac wrth ddilyn Cymru neu'r Scarlets yn ddiweddar. Fe fyddwn i'n disgrifio teithio neu fynd ar wyliau yn un o'n hoff weithgareddau i. Mae hyn yn wir wrth fynd mewn carafán i'r Eisteddfod, ar daith i ddinasoedd megis Efrog Newydd, Paris neu Rufain, gwyliau glan y môr yn Tenerife neu Guprys, carafán yn y Dordogne neu ar daith forwrol gyda P&O.

Yn y bennod flaenorol soniais am deithio i'r Eidal ddwywaith gyda thimau iau y Tymbl a dwi wedi ymweld â Rhufain i gefnogi'r tîm cenedlaethol dair gwaith yn ogystal ag aros yn Florence pan oedd Rhodri'n arwain Cymru am y tro cynta dan 16 mewn tre ddiwydiannol o'r enw Prato. Dwi wedi ymweld â Florence ryw dair neu bedair o weithiau ac am wn i mai Florence yw fy hoff ddinas yn yr Eidal. Mae gan Venice a Rhufain eu rhinweddau ond mae Florence yn ddiddorol tu hwnt ac yn haws crwydro ynddi na'r ddwy arall. Yn ychwanegol at hyn, mae'r eglwys yn fendigedig ac yn gampwaith sy'n werth ei gweld. Bues yn Venice nifer o weithiau a'r argraff mae rhywun yn ei chael o'r ddinas wahanol honno yw ei bod yn ddrud tu hwnt a rhai ardaloedd ynddi yn ddigon brwnt. Serch hynny, mae teithio ar y camlesi'n brofiad gwerth chweil.

Mae Rhufain, ar y llaw arall, yn ddinas hanesyddol a dwi'n mwynhau ymweld â'r ddinas honno fwyfwy bob tro yr af iddi. Cawson ni un daith arbennig i Rufain pan oedd Cymru'n chwarae gan fwynhau yn aruthrol mewn bar bach ger y Pantheon lle buon ni'n gwylio Ffrainc yn curo Lloegr. Roedd tua dwsin ohonon ni o Gwm Gwendraeth ac roedd y croeso yn un twymgalon; mawr fu'r canu a'r mwynhad ymysg y criw. Fe ymunodd Emyr Wyn a'i wraig Siwan a Robin Evans o Mynediad am Ddim gyda ni i chwyddo côr y gymanfa ac aeth ein hanthemau o nerth i nerth. Cafwyd blas arbennig ar 'Casa Eroti', wrth gwrs! Nid af i ymhelaethu ar y sioc a gafodd ryw Eidalwr druan wrth gerdded i mewn i doiled y dynion a darganfod Ann y Berllan yno ond roedd clywed y floedd yn ddigon i'n hargyhoeddi bod y gwron hwnnw wedi cael diwrnod i'w gofio!

I'r Eidal yr es i ddathlu fy mhen-blwydd yn 40 ac i ardal fynyddig Courmayeur i sgio am y tro cynta ers pan fues yn Le Mont-Dore yn Ffrainc yn 14 oed! Roedd cyfnither Caroline, Isabel, a'i gŵr Paul yn byw yn Milan ac yn rhentu tŷ ger Courmayeur a hi drefnodd y cwbl i ni. Oherwydd eu gwybodaeth leol buodd y gwyliau yn un hwylus dros ben, yn enwedig gan fod Paul yn arbenigwr ar yr *après-ski*, ond trist iawn yw gorfod cofnodi i Paul golli'i frwydr yn erbyn afiechyd tua blwyddyn yn ôl.

Fe hoffwn nodi un peth yma am Milan gan i ni hedfan i faes awyr y ddinas honno. Dyna'r ddinas fwya ffasiynol i fi ymweld â hi erioed. Roedd pawb wedi'u gwisgo'n anhygoel ac i wneud pethau'n waeth roedden ni, fel teulu, yn cerdded o gwmpas mewn cotiau sgio mawr ac yn ceisio cuddio'n hunain mewn cywilydd. Byddai'n ddiddorol gwahodd pobol *chic* Milan i gymanfa Capel Seion!

Wrth deithio dros y mynydd o Courmayeur rhaid croesi i mewn i Ffrainc ac mae'n wir dweud i fi fod ar fy ngwyliau yn y wlad honno yn amlach nag unrhyw wlad arall. Mae'r amrywiaeth mewn tirwedd, y tywydd braf, yr iaith a'r bwyd bendigedig i gyd yn ychwanegu at apêl Ffrainc. Yn ogystal â hynny, mae cymaint o ffyrdd o gyrraedd y wlad rhwng y teithiau awyr rhad, y llongau mawr a'r twnnel wrth gwrs.

Aethon ni â charafán allan i'r Vendée mor bell yn ôl â 1990 ac yna i'r Dordogne mor ddiweddar â 2011, felly yn amlwg dyw apêl y wlad ddim wedi pylu gyda threigl y blynyddoedd. Roeddwn yn sôn am fy hoffter o Florence yn yr Eidal, ond am wn i fod Paris yn rhagori ar honno hyd yn oed. Mae'n ddinas hudolus ac ynddi ardaloedd difyr megis Montmarte ac amgueddfa'r Louvre, siop fawr Galeries Lafayette a channoedd o fwytai bendigedig wrth reswm.

Mae un pryd bwyd yn aros yn y cof, pryd o fwyd a gefais gyda naw o ddynion eraill oedd wedi bod ar deithiau rygbi yn cefnogi Cymru dros gyfnod hir. I ddathlu ein bod wedi teithio gyda'n gilydd ers ugain mlynedd llwyddodd William Gwyn, yn ei Ffrangeg gorau, i archebu bwrdd i ni ym mwyty nid anenwog Brasserie Flo ar y nos Wener cyn y gêm. Cawson ni bryd arbennig ond, yn fwy na hynny, cael croeso cynnes hefyd, ac wedi'r pryd dechreuodd y bechgyn ganu'n dawel. Yn anffodus, daeth bachgen cymharol ifanc draw a gofyn i ni dewi gan ei fod ef a'i deulu wedi dod allan am bryd tawel. Digon teg, meddai'r bechgyn, a rhoi taw ar y canu. Fodd bynnag, yn sgil ein tawelwch daeth rheolwr y bwyty draw a gofyn pam roedden ni wedi tewi a dyma egluro iddo. Yn syml iawn, ei eiriau oedd 'They do not run this restaurant, I do – SING!'

Roedd hynny'n fwy na digon o anogaeth i 10 o lanciau, a ninnau wedi mwynhau llond bol o fwyd bendigedig yn ogystal â photeli o win gorau Ffrainc, i fwrw ati i ganu. Canon ni ganeuon ac emynau synhwyrol mewn tri llais a derbyn cymeradwyaeth dwymgalon yn y bwyty. Tro hyfryd yng nghynffon y stori yw i'r bachgen ifanc a'i deulu ddiolch i ni, pan oedden ni'n gadael, am noson arbennig. Fe hoffwn nodi fy mod yn hoff iawn o stadiwm rygbi Ffrainc, sy'n arbennig er ei bod mewn ardal sydd braidd yn bell o ganol y ddinas. Dyna sy'n odidog am ein stadiwm ni yng Nghymru, wrth gwrs – ei lleoliad, sy'n golygu y gallwch fod mewn bwyty neu dafarn glyd o fewn deng munud i adael y maes.

Gan i ni deithio i Ffrainc yn gymharol aml rydyn ni, fel teulu, wedi cael cyfle i grwydro ac aros mewn gwahanol ardaloedd, pob un â'u rhinweddau eu hunain. Buon ni'n anffodus unwaith wrth garafanio yn ardal y Loire gyda theulu'r Berllan gan iddi fwrw cryn dipyn ac yno y gwelais i'r storm drydanol ryfeddaf wrth syllu allan drwy ffenestr y garafán yn nyfnder nos. Ar y maes carafannau lle roedden ni'n aros roedd tua phum teulu o Gymry Cymraeg o ardal Caerfyrddin a Llanelli ac un diwrnod, pan ddechreuodd hi fwrw, dim ond ffyddloniaid sir Gaerfyrddin arhosodd yn y pwll nofio! Efallai fod hynny'n adlewyrchiad o'r tywydd arferol yn yr hen sir annwyl!

Yn ystod y marathon carafanio hwnnw fe deithiodd teulu'r Berllan a ninnau o'r Loire i Freiburg yn yr Almaen, galw yn Koblenz ac ymlaen i'r Iseldiroedd gan ddychwelyd o borthladd erchyll Zeebrugge yng Ngwlad Belg. Dylwn ychwanegu i ni ymweld â'r Swistir tra oedden ni yn Freiburg hefyd. Roedd hi fel '*National Lampoon* – teuluoedd Eifionydd a'r Berllan *do Europe!*' Yr hyn roeddwn am dynnu sylw ato, fodd bynnag, oedd y ffaith iddi fwrw glaw ym mhob man y buon ni ynddo yn ystod y gwyliau hwnnw. Mae'r sgwrs â pherchennog y maes carafannau yn Koblenz, lle roedden ni'n aros am un noson yn unig, yn dweud y cwbl. Fe gafodd hanes y glawio ac meddai'n hyderus, 'Thirty degrees, three months no rain, you OK here!' Mae gan y Sais ddywediad, 'famous last words', ac o fewn chwarter awr i ni newid a chyrraedd y pwll nofio dyma'r nefoedd yn agor!

A bod yn deg, nid dyna fyddai ein hanes mewn rhannau eraill o Ffrainc, yn enwedig un lle ar yr arfordir deheuol yr ydyn ni wedi dychwelyd iddo nifer o weithiau. Mae Cap Esterel yn ganolfan wyliau ac ynddi unedau hunangynhaliol yn ogystal â gwesty a bwytai ar y safle. Saif y ganolfan yma yn Agay ger Saint-Raphaël a Fréjus, yn un o ardaloedd hyfrytaf Môr y Canoldir. O'r fan yma mae'n bosibl teithio'n rhwydd i Cannes, Nice a Monaco i un cyfeiriad ac i mewn i'r tir trwy ardal Draguignan i'r Verdon Gorge lle ceir golygfeydd anhygoel. Dwi wastad wedi dweud pe byddwn yn ennill y loteri ac am brynu lle parhaol mewn gwlad dramor mai yn ne Ffrainc y byddwn yn prynu tŷ gwyliau. Mae popeth yno

– bwyd da, golygfeydd gwych, lleoedd diddorol i ymweld â
nhw a thywydd bendigedig. Dwi hyd yn oed yn deall ychydig
bach o'r iaith erbyn hyn – dwi'n gallu gofyn am rywbeth, ond
maen nhw'n dueddol o siarad yn rhy gyflym i fi ddeall eu
hymateb!

Mae teulu'r chwaraewraig rygbi Non Evans yn berchen ar
le yn Cap Esterel ac fe gawson ni eu cwmni ar wyliau yno un
tro. Ar y pryd roedd Non yn caru gyda chyn-flaen asgellwr
Llanelli a Chymru, Mark Perego, chwaraewr oedd yn enwog
am ei ddulliau ymarfer gwahanol a'i ffitrwydd anhygoel – fel
Non ei hunan wrth gwrs. Byddai'r ddau allan yn rhedeg yng
ngwres tanboeth y Rifiera tra byddwn i'n yfed fy ngwin ac
yn cnoi ar fy nghroissants! Cafodd y bechgyn a finnau gyfle i
chwarae golff yng nghwmni Mark gwpwl o weithiau a'i gael
yn gwmni hyfryd, ac er ei fod yn olffiwr da iawn nid oedd yn
gystadleuol o gwbl. Roeddwn yn synnu at hynny gan ei fod
gyda'r taclwr caleta a welais ar gae rygbi erioed ac, yn sgil
hynny, fe fyddwn wedi cymryd yn ganiataol ei fod yn ddyn
tu hwnt o gystadleuol. Dwi'n cofio ei weld unwaith yn taclo
un o chwaraewyr Pontypridd fel roedd hwnnw'n plymio
dros y llinell gais a'i daro mor galed nes iddo golli rheolaeth
yn llwyr ar y bêl. Mae Non ac yntau wedi gwahanu bellach
a dwi ddim wedi'i weld ers peth amser ond dwi'n parhau
i fod yn ffrindiau â Non. Rwy'n edmygu Non yn fawr am
ei dyfalbarhad, ac am ei bod wedi cyflawni cymaint mewn
gwahanol feysydd ym myd chwaraeon, a hynny'n aml ar ôl
dioddef anafiadau creulon. Gobeithio y cawn gyfle i fwynhau
haul yr Esterel gyda'n gilydd eto'n fuan.

Pan oedd y plant yn fach arferem eistedd yn y caffi
gyferbyn â chasino Monte Carlo yn bwyta hufen iâ a gwylio'r
ceir crand yn cyrraedd – yno roedd Mercs mor gyffredin â
Fords gartre a deuai eraill mewn Ferraris a Bentleys. Byddai'r
gyrwyr yn taflu'r allweddi i un o weision y casino fel y gallai e
fynd â'r ceir i'w parcio. Cyfaddefodd Rhys mai dyna yr hoffai
ei wneud ar ôl tyfu – parcio ceir yng nghasino Monte Carlo!
Mae'r daith ar hyd arfordir y de rhwng Cannes a Monaco

yn anhygoel ac yn werth yr ymdrech o fynd yno. Dwi wedi breuddwydio sawl tro am yrru ar hyd yr heol hudolus yma mewn Aston Martin gyda Grace Kelly wrth fy ochr – dyna i chi ddarlun, Grace Kelly a Denzil!

Lle digon diddorol i aros ar y daith hon yw pentre bach o'r enw Eze a'i strydoedd bach culion yn arwain i fyny i erddi ar y copa. Digon tebyg yw strydoedd yr hen Monaco a dweud y gwir, mewn gwrthgyferbyniad llwyr â siopau crand ardal casinos Monte Carlo.

Buon ni yn ôl yn Ffrainc yn y garafán y llynedd, am dair wythnos yn ardal y Dordogne, a gweld ei chaeau gwyrdd yn ddigon tebyg i rannau o Gymru. Fe fwynheon ni'r ardal hanesyddol hon a'i golygfeydd bendigedig, er i fi gael llond bol ar *foie gras* erbyn y diwedd!

Gan y byddai fy ngwaith ar *Pobol y Cwm* yn rhedeg ar hyd y flwyddyn gyfan ac yn golygu llawer o deithio rhwng y Gorllewin a Chaerdydd mae wedi bod yn braf ar adegau cael teithio i wlad dwym er mwyn gwneud dim heblaw ymlacio ger y pwll nofio. Rhaid cyfadde fy mod yn fwy o ddyn pwll nofio na dŵr y môr, er fy mod yn hoffi gweld y môr, os yw hynny'n gwneud synnwyr. Ar wyliau i ymlacio ym Mhortiwgal y cafodd Caroline a finnau un o'r prydau bwyd gorau i ni ei flasu erioed. Roedden ni'n aros mewn gwesty pedair seren yn Alvor a drws nesaf i ni roedd gwesty pum seren ac ynddo fwyty arbennig. Er nad oedd y plant ond yn ifanc iawn, dyma benderfynu mynd am bryd nos i'r bwyty yno. Dyna'r tro cynta i fi gael *sommelier* yn arllwys gwin i ni yn ei ffedog ledr a dyna'r tro cynta i ni brofi *chateaubriand*, sef pryd o gig eidion wedi'i rannu rhwng dau berson. Roedd yn fendigedig ac mae'r pryd hwnnw wedi aros yn y cof am y rhesymau cywir i gyd. Ar ben hynny, roedd corgimychiaid gwych ym Mhortiwgal ac mae corgimychiaid yn dipyn o ffefryn gen i hefyd. Chwarae teg, bihafiodd y bechgyn yn arbennig – wel, roedd Rhys yn cysgu yn ei gadair wthio a dweud y gwir. Rydyn ni wedi credu mewn mynd â'r bechgyn i fwytai ers eu bod yn ifanc iawn a 'dyn ni erioed wedi cael eiliad o drafferth 'da nhw. Wrth gwrs, rhaid mynd â rhywbeth i ddifyrru'r plant, nid disgwyl iddyn nhw eistedd yn llonydd fel oedolion.

Mae Tenerife wedi bod yn fan gwyliau i ymlacio yn ogystal â Chuprys a Chreta, canolfannau lle mae sicrhau gwesty a phwll nofio da'n hanfodol – a bwyd da wrth reswm! Mi fydda i'n hurio car am gyfnod ar y mwyafrif o'n gwyliau a dyw gyrru mewn gwlad dramor ddim yn boen i fi, diolch i'r profiad o yrru amryw o beiriannau ar y fferm mae'n siŵr.

Pan oedd y plant yn iau buon ni ar wyliau yn Orlando, Florida a rhaid cyfadde fy mod i mor blentynnaidd â nhw ac yn mwynhau popeth oedd gan y ganolfan hudolus honno i'w gynnig. Mae'r Americaniaid yn gwneud pob dim yn fwy na phawb arall, wrth gwrs, ac er i ni fwynhau pob eiliad yno mae'r profiad wedi llesteirio profiadau cyffelyb mewn gwledydd llai. Cymerwch SeaWorld er enghraifft – wedi gweld morfilod yn perfformio mae eistedd mewn sioe a gwylio anifeiliaid tipyn llai yn gwneud yr un triciau yn ymddangos yn gyffredin iawn. Yn yr un modd, mae'n anodd i barciau hamdden gystadlu â'r reids sydd yn Disney, MGM ac Universal.

Rhaid cyfadde i fi fwynhau Universal Studios yn aruthrol – wn i ddim ai oherwydd bod greddf yr actor yn fy nenu at y fan honno, ond roedd yn brofiad bythgofiadwy cael ymweld â'r lle. Mae cael reidio beic fel E.T., teithio'n ôl mewn amser yng nghar *Back to the Future*, hongian uwchben Efrog Newydd yng nghwmni King Kong a phrofi daeargryn tanddaearol ar *Disaster* yn dal yn fyw iawn yn y cof flynyddoedd yn ddiweddarach. Ym mharc Disney hefyd mae pethau fel *Pirates of the Caribbean* a'r gorymdeithiau dyddiol yn parhau'n atgof lliwgar a diddorol. I berson sy'n hoff o deithio roedd ymweld â pharc Epcot yn brofiad difyr gan fod nifer fawr o wledydd y byd yn cael cyfle i arddangos eu gwlad mewn modd atyniadol yno ac fe gofiaf ryfeddu at faint Tsieina wrth wylio'r wlad mewn sinema 360°. Ar ben hyn roedd cyfle i ymweld â pharciau dŵr a synnu at y

Clwb Pêl-droed Cwmderi: John Waldron, Gareth Lewis, Ifan Huw Dafydd, Huw Ceredig, Ieuan Rhys, Dewi Tsips, Geraint Morgan, John Biggins, fi, Hywel Emrys a Phyl Harries.

Arwain tîm pêl-droed Cwmderi allan ar y Traeth, Porthmadog ddechrau'r nawdegau. Diwrnod emosiynol i mi, yn llawn atgofion.

Fy nhwrnament rygbi cyntaf erioed ym 1971. Yn y llun mae Philip Evans, Julian Nicholas, Stephen Thomas, Gareth Williams, Clive John (hyfforddwr), Alan Davies, fi, Rhys Trefor ac Aled Owen.

Tîm rygbi Ysgol y Gwendraeth 1976–77, y tîm gorau i mi chwarae ynddo erioed, dan hyfforddiant Alan Lewis. Rydw i ar y chwith yn y rhes ganol, nesaf at Geraint Roberts, yr athro. Gareth Charles, y sylwebydd, yw'r chwaraewr ar y dde yn y rhes flaen.

Y pedwar cyntaf o'r chwaraewyr rwyf wedi'u hyfforddi sydd wedi cynrychioli Cymru: Phil Griffiths, Craig Evans, Rhodri ni a Lee Jones, yn 2001. Eiliad falch iawn oedd hon.

Eiliad o falchder i Alwyn, fy nhad yng nghyfraith, Caroline, Rhys a finnau wrth i Rhodri dderbyn ei grys Cymru yn Prato, yr Eidal, 2001.

Llwyddodd Rhodri a'i gyfyrder Owain Tudur Jones i gynrychioli Cymru dan 18 yn yr un flwyddyn (2001), y naill mewn rygbi a'r llall mewn pêl-droed.

Cyfle i dynnu llun gydag arwr bore oes, Delme Thomas, chwaraewr grymus a dyn hyfryd, 2003.

Rhys, yn 14 oed, yn derbyn crys Cymru gan Steve Hansen yng ngwesty'r Vale cyn y gêm yn erbyn Lloegr, 2004.

Rhys, Nicholas Cudd a Daniel Evans yn dilyn ymddangosiad y tri, flwyddyn yn gynnar, dros Gymru A dan 16 yn erbyn Lloegr yn Wolverhampton, 2004. Roeddwn yn falch iawn o'r tri.

Dyma Rhodri a Rhys yn dilyn eu gêm gyntaf gyda'i gilydd i dîm cyntaf y Tymbl yn Ninbych-y-pysgod, 2009.

Trip rygbi cyntaf y bois i'r Alban, 1987. Del, Julian, Stephen, Gareth, Hugh a fi.

Mwynhau gyda ffrindiau mewn bar bach ger y Pantheon ar drip rygbi i Rufain. Yn y llun mae Dianne, Marian, Linda, Roger, Del, Rhys, Aled, Ann, Gethin, Caroline a fi.

Trip rygbi i Baris yn 2007 i ddathlu ugain mlynedd o gyd-deithio. Yn y llun mae Elgan, John, fi, Gareth, Del, Owain, Gareth Huw, Hywel, William Gwyn a Prys – a dau Ffrancwr diarth!

Caroline, Rhodri a Rhys ger traeth Los Cristianos.

Rhodri a Rhys gyda Tigger yn Disney, Florida.

Caroline a fi ar long yr *Occana* ar ein mordaith gyntaf, 2006.

Caroline a fi ger Central Park, Efrog Newydd yn dathlu ein priodas arian yn 2008.

Ar fordaith ger ynysoedd Groeg yn 2009: Roger, Delme, Linda, Caroline, fi a Dianne.

Gyda Rhys, Elen, Caryl ac Ireen ar ôl siopa yn Abercrombie & Fitch, Efrog Newydd, 2010.

Dyma'r olygfa allan i Fôr y Canoldir o Cap Esterel yn ne Ffrainc, lle yr ydyn ni wedi dychwelyd iddo nifer o weithiau.

Caroline a fi ar ein gwyliau yn Tenerife, 2011.

Llun o ddiaconiaid Capel Seion, 2012, a dynnwyd ar gyfer y llyfr a gyhoeddwyd ar achlysur tri chanmlwyddiant yr eglwys. Rhes ôl: Stephen Thomas, Dr Wayne Griffiths, Caryl Bowen, Gethin Thomas, Esme Lloyd, Graham Lewis, Gareth Griffiths, Dr Michael Jones, Wyn Edwards. Rhes flaen: Handel Greville, Teifion Sewell, Caroline Jones, y Parch. Wilbur Lloyd Roberts, fi, Ann Davies, Maldwyn Williams, Mal James.

Criw o ieuenctid Capel Seion yn rhedeg ras gyfnewid o Bant Teg i Gapel Seion yn cario Beibl adeg dathliadau'r tri chanmlwyddiant.

Caroline a fi gyda Rhodri yn dilyn ei seremoni raddio yn Abertawe, 2006.

Rhodri a Siwan ar rewlif Franz Josef yn Seland Newydd, 2012.

Rhodri a Siwan –
mewn cariad!

Rhys ac Elen ar eu
gwyliau yn Tenerife,
2011.

Rhys ac Elen – o, neis!

Teulu fy chwaer ym mhriodas Rhodri a Siwan, Medi 2012: Llyr, Bethan, Peter a Cellan.

Rhodri a Siwan
ar ddiwrnod eu
priodas, 8 Medi
2012.

Rhys, Rhodri,
Caroline a fi ym
mhriodas Rhodri a
Siwan, Medi 2012.
Llun: Tegwyn Roberts

profiadau anhygoel roedden nhw'n eu cynnig. Roedd y bwyd o safon dda a'r prydau'n anferthol, fel y gallwch ddychmygu, a chan nad oedd yr iaith yn peri unrhyw broblem roedd yn hawdd addasu i fywyd yn Orlando. Yr unig ffactor anodd oedd y gwres llethol gan i ni fynd ym mis Awst ac roedd hi'n drymaidd ofnadwy. Fel chwyswr wrth reddf roedd hyn yn peri cryn broblem i fi.

Dyw America ddim wrth ddant pawb, fe wn, ond rhaid cyfadde i fi fwynhau bob tro dwi wedi ymweld â'r wlad ac fe hoffwn weld mwy ohoni – llefydd megis San Francisco, Yosemite a Los Angeles neu Boston yn yr hydref. Dwi wedi bod yn ddigon ffodus i ymweld ag Efrog Newydd ddwywaith, unwaith pan oedd Caroline a fi yn dathlu pum mlynedd ar hugain o briodas ac yna gyda Rhys ac Elen a ffrindiau i ni, Ireen a Caryl, adeg y llwch folcanig. Y tro hwnnw roedden ni i fod i aros am bum noson ond oherwydd problem y llwch buon ni'n westeion yng ngwesty'r Roosevelt am 12 noson – sefyllfa a greodd gryn banic 'nôl ym mhentre Cwmderi! Buon ni'n ddigon ffodus i allu aros yn yr un gwesty ond bu'n ymdrech enfawr i gysylltu â'r cwmni gwyliau i sicrhau taith gartre ac, yn wir, roedd y galwadau ffôn a'r defnydd o'r rhyngrwyd er mwyn chwilio am wybodaeth yn golygu bod bil y ffôn symudol yn uwch na chost y gwyliau! Ar adeg fel hyn rydych yn darganfod bod rhai polisïau yswiriant y cewch eu cynnig am ddim yn gwbl ddiwerth.

Gan mai am bum noson roedden ni i fod i aros yn wreiddiol ac na chawson ni wybod am y broblem tan y noson cyn hedfan yn ôl roedden ni wedi cynllunio'r gwyliau fel ein bod wedi gweld popeth roeddem am ei weld erbyn amser cinio ar y diwrnod ola. Nawr, fodd bynnag, roedd 'da ni saith niwrnod ychwanegol. Yn sgil hynny fe benderfynon ni fynd ar y trên allan o Efrog Newydd am ddiwrnod a theithio ar hyd glan afon Hudson i le o'r enw Poughkeepsie a bu hynny'n brofiad gwahanol gan i ni gael cyfle i weld tai a phentrefi y tu allan i'r ddinas. Roedd Macy's rhatach na Macy's Efrog Newydd mewn canolfan siopa yno a dyma fanteisio ar eu bargeinion. Wel, roedd yn rhaid cael dillad newydd ar gyfer y saith niwrnod ychwanegol!

Yn ninas Efrog Newydd manteision ni ar y teithiau ar y bysus awyr agored, ac fe welon ni lawer mwy wrth wneud hynny yn hytrach na cheisio crwydro ar ein liwt ein hunain. Roedd yn ddiddorol gweld yr holl lefydd roedden ni wedi hen arfer eu gweld ar y teledu gartre ac, o'r herwydd, buan iawn roedd rhywun yn cynefino â'r tacsis melyn, NYPD, Central Park, yr Empire State, Macy's a Bloomingdale's. Mae'n werth nodi bod pobol Efrog Newydd yn groesawgar, y staff mewn siopau wastad yn gwrtais a digon o help ar gael ymhobman.

Mae rhywbeth at ddant pawb yn Efrog Newydd, hyd yn oed i Rhys ni ac Elen a ddaeth gyda ni er mwyn cael treulio'r gwyliau yn siopa yn Abercrombie & Fitch ac American Eagle! Cyn iddyn nhw ddechrau gweiddi wrth ddarllen y geiriau hyn, rhaid cyfadde i fi wneud yn eitha da fy hunan a mwynhau siopau fel Brooks Brothers a'r bargeinion yn Century 21. Yn ogystal â'r atyniadau amlwg megis y Statue of Liberty, Ellis Island a'r Empire State Building, mae yna deithiau sy'n werth eu gwneud megis y daith ar gwch o amgylch Manhattan a'r daith ar draws y bont i Brooklyn wedi iddi nosi er mwyn edrych yn ôl ar oleuadau Manhattan. Rhaid peidio ag anghofio'r bwyd anhygoel chwaith – yn enwedig y golwython cig eidion, wedi'u coginio'n berffaith.

Fe sylwch fod patrwm yn datblygu fan hyn lle mae pryd o fwyd da yn hanfodol ar unrhyw wyliau y bydd ein teulu ni'n mentro arno. O ystyried hynny, rhaid cyfadde bod math cwbl wahanol o wyliau wedi saethu i frig fy rhestr ers cwpwl o flynyddoedd bellach, sef y *cruise*. Aeth 10 ohonon ni, gan gynnwys ein teulu ni i gyd, ar daith i Fôr y Canoldir gyda P&O ychydig flynyddoedd yn ôl a'r un ohonon ni'n sicr a fydden ni'n mwynhau'r profiad gwahanol yma. Mae nifer o bobol yn betrusgar ynglŷn â mynd ar daith forwrol ond dwi'n cofio Beti yn Richards Travel flynyddoedd maith yn ôl yn mynnu y bydden ni'n mwynhau mordaith, a gwir y gair. Yn y lle cynta roedd y bwyd fel cael swper mewn gwesty pum seren bob nos ac roedd bwyd ar gael gydol y dydd – manteisiodd y meibion ar y cyfle i fwyta *pizzas* am hanner nos, er iddyn nhw orffen pryd chwe chwrs gwpwl o oriau ynghynt!

Yn ogystal â'r bwyd da mae cyfleusterau arbennig ar y llongau mawr yma, yn *spas*, pyllau nofio, casinos, siopau ac orielau celf hyd yn oed, i enwi dim ond rhai pethau. Yn ychwanegol at hyn mae'r ffaith eu bod yn ymweld ag amryw o wahanol wledydd yn ychwanegu at yr apêl.

Fe gawson ni un profiad annifyr wrth deithio gyda Thomson, fodd bynnag, efallai am fod y llongau'n dueddol o fod yn hen. Roedd y daith yn hyfryd, y bwyd yn dderbyniol a'r cwmni'n dda ond roedd y llong yn crynu drwy gydol y daith, heb sôn am fod yn siabi. Cwmni arall y byddwn yn teithio gyda nhw yw MSC, cwmni o'r Eidal, ac mae'n bosibl sicrhau ystafell ac iddi falconi am bris cymedrol ar nifer o'u teithiau nhw.

Fe fwynheais ymweld â dinas hanesyddol Athen a theithio i Ephesus ar un fordaith, gan olrhain teithiau Paul. Lle nad oedd yn apelio o gwbl ata i oedd dinas Tunis, lle brwnt a bygythiol yn fy marn i, ac yn goron ar y cwbl roedd hi'n annisgwyl o oer yno. Cawson ni brofiad doniol wrth hwylio gyda MSC yn Malta lle'r aethon ni ar daith ar fws awyr agored. Pan gychwynnodd y daith roedd hi'n heulog ond yn anffodus fe agorodd llifddorau'r nefoedd ac fe gawson ni storm o law enbyd a ninnau, wrth reswm, wedi sicrhau'r seddi gorau y tu allan ar y llawr top. Sôn am wlychfa, ond gwaeth na hynny oedd ein gweld mewn siop mewn tre fach ddiarffordd yn ceisio prynu dillad sych am bris rhad. Mi lwyddais i brynu crys afiach am ddwy ewro a hanner, crys sydd erbyn hyn ar y domen sbwriel yn Nant-y-caws!

Mae gwyliau'n bwysig, yn rhoi cyfle i ddyn orffwys, a dwi wedi bod yn ffodus i allu fforddio gwyliau yn flynyddol. Yr hyn sydd yn gwneud gwyliau pleserus yw cwmni hwyliog, bwyd da, gwesty neu long gyfforddus a chydbwysedd rhwng digon i'w weld a chyfle i orffwys. Dydw i ddim wedi teithio i bellteroedd byd fel rhai, ond y gwyliau sydd wedi 'mhlesio i fwya yw cael ymweld ag Efrog Newydd, Paris, Florence, Orlando a'r Côte d'Azur, yn ogystal â'r mordeithiau.

O'm rhan fy hunan, ble hoffwn i fynd eto cyn ymadael â'r fuchedd hon?

Fe hoffwn ymweld â Seland Newydd ac Awstralia, adeg y tymor rygbi; Califfornia, gan gynnwys San Francisco; hwylio ar fordaith gyda chwmni chwe seren; mynd â'r wyrion ryw ddydd i Orlando efallai; teithio ar yr Orient Express; gwyliau sgio gyda chriw o ffrindiau; ac mae'r Ariannin yn apelio am ryw reswm hefyd. Dwi ddim yn rhagweld y bydda i'n gwireddu pob un o'r breuddwydion hyn ond gobeithio y caf i gyfle i brofi rhai ohonyn nhw.

18

Y Cwm a Fi

CEFAIS GYFLE ARALL i gynrychioli pobol Drefach yn y nawdegau pan etholwyd fi ar y Cyngor Bro ar ran y Pwyllgor Llesiant, pwyllgor y bues yn rhan ohono ers blynyddoedd lawer. Fe ymunais â'r Cyngor yn llawn brwdfrydedd ond buan iawn y sylweddolais mai gorchwyl ddiflas tu hwnt oedd eistedd mewn cyfarfodydd hirwyntog yn trafod cathod yn cwrcatha y tu ôl i stâd dai y Glyn yng Nghefneithin a cheffylau'n sefyllian ar lwybrau cyhoeddus! Roedd gwrando ar adroddiad hirfaith yr hen Glyndwr am gyfarfod â'r Swyddfa Bost yn ddigon i droi unrhyw berson call yn erbyn pob cyfarfod cyngor. Fydda i ddim yn dychwelyd i'r Cyngor Bro yn fuan iawn, ond diolch i'r rhai sy'n fodlon aberthu eu hamser i'n cynrychioli ni.

Mae fy nyletswyddau fel cyfarwyddwr a thrysorydd Menter Cwm Gwendraeth yn rhoi llawer mwy o bleser i fi'r dyddiau hyn. Fe ofynnodd rhywun i fi'n ddiweddar a ydy'r mentrau iaith wedi gweithio? Yr ateb syml yw mai amser a ddengys, mae'n siŵr, ond mae'r modd y mae Menter Cwm Gwendraeth wedi tyfu yn awgrymu bod lles mawr wedi deillio'n ieithyddol ac yn gymunedol o sefydlu ein menter ni beth bynnag. Oherwydd natur amrywiol gwahanol ardaloedd o Gymru mae llawer o'r mentrau yn mynd i fod yn wahanol yn eu hanfod, ac alla i ddim ond siarad am Fenter Cwm Gwendraeth.

Bu llawer o 'ngwaith cynnar yn gysylltiedig â'r fenter yn ymwneud ag ieuenctid a bues yn cydweithio'n agos â Llyr Huws Gruffydd, sydd bellach yn Aelod Cynulliad.

Apwyntiwyd Llyr fel Swyddog Datblygu Ieuenctid ac roedd yn arbennig yn ei waith, gymaint felly fel fy mod erbyn hyn yn disgwyl llawer ganddo yn ei yrfa fel gwleidydd. Derbyniais y cyfrifoldeb o fod yn drysorydd ond cefnogi a chadarnhau yw ein gwaith mwya ni fel cyfarwyddwyr, er bod tipyn mwy yn cael ei drafod ar y Bwrdd Rheoli y dyddiau hyn nag oedd ugain mlynedd yn ôl.

Ddiwedd y nawdegau ac ar droad y ganrif cafwyd datblygiad digon cythryblus yn hanes y fenter pan sefydlwyd Mentrau Iaith Myrddin – corff i gydlynu'r mentrau yn Llanelli, Aman Tawe a Chwm Gwendraeth. Fe'm hetholwyd ar y pwyllgor yma ynghyd â chadeirydd y fenter ar y pryd, Dr Wayne Griffiths. Dyma'r corff cynta i fi ymddiswyddo ohono gan fy mod o'r farn nad oedd Menter Cwm Gwendraeth yn cael chwarae teg. Er llwyddiant ysgubol Menter Cwm Gwendraeth, doedd neb am fanteisio ar y profiad hwnnw na dilyn patrwm y llwyddiant. Ymddengys mai'r cyfan oedd yn bwysig i rai oedd sicrhau canran uwch o gyllid y fenter. Apwyntiwyd Eric Davies o Gwm Aman yn drysorydd, roedd y cadeirydd yn gynghorydd o Gwm Aman ac roedd cynghorydd arall, hefyd o Gwm Aman, yn cynrychioli'r cyngor. Efallai mai yma y cychwynnodd yr anghydbwysedd ond, wedi dweud hynny, roedd cynrychiolwyr Menter Llanelli yn barod iawn i gefnogi'r galw am docio cyllid MCG. I mi, roedd yr holl beth yn drewi o'r hen glefyd Cymreig o lusgo'r cimwch sydd am ddianc allan o'r pot yn ôl i mewn!

I dorri stori hir yn fyr, methiant fu Mentrau Iaith Myrddin a diflannu, yn anffodus, wnaeth Menter Aman Tawe. Erbyn heddiw mae Menter Llanelli yn dod o dan Fenter Cwm Gwendraeth, a chanddi ei hadnoddau ei hun yn Llanelli, mae Menter Bro Dinefwr yn gofalu am Gwm Aman ac mae Menter Gorllewin Sir Gâr yn edrych ar ôl gorllewin y sir. Mae'r tair menter iaith yma'n cyfarfod fel Mentrau Sir Gâr ac eleni cefais fy ethol yn gadeirydd ar y corff hwnnw. Pleser o'r mwya oedd darganfod bod y tair menter yn cydweithio'n hynod o dda a mynegais y ffaith mai dyna oedd fy ngweledigaeth i wrth ymuno â phwyllgor Mentrau Iaith Myrddin dros ddeng mlynedd ynghynt.

Mae'r fenter wedi tyfu'n aruthrol yn ystod blynyddoedd cynnar y ganrif hon a cheir swyddfeydd effeithiol ym Mhontyberem yn ogystal â Chaffi Cynnes sy'n adnodd i'r gymuned. O sôn am y gymuned, mae adain gymunedol y fenter wedi chwyddo a chyflawni gwaith clodwiw ochr yn ochr â'r fenter iaith – fe glywais ein cyfarwyddwr gweithgar cynta, Cefin Campbell, yn dweud fwy nag unwaith, 'Dyw iaith ddim yn bodoli mewn gwagle.' Mae'r cyfarwyddwr presennol, Deris Williams, yn haeddu clod am ei gwaith diflino; hoffwn i ddim cofnodi faint o oriau di-dâl a weithiodd hi dros y deng mlynedd diwethaf. Bu Wayne yn gadeirydd gwych am flynyddoedd lawer ac yn uchel iawn ei barch drwy Gymru benbaladr. Erbyn hyn mae fy nghyfaill agos Gethin Thomas yn parhau yn llinach y traddodiad hwnnw fel cadeirydd y fenter.

Wedi gorffen yn *Pobol y Cwm*, cyfeiriad arall y ceisiodd rhai fy ngwthio tuag ato oedd i gyfeiriad gwleidyddiaeth. Fel y soniais eisoes, dwi'n ystyried fy hun yn ffodus imi gael fy magu mewn cyfnod o brotest a chyfnod o frwydro am hawliau ieithyddol gan fod byw trwy gyfnod fel yna'n peri i ddyn werthfawrogi'r hyn sydd ganddo. Y newid mawr yn ystod y blynyddoedd diweddar, wrth gwrs, yw datganoli ac ar ôl byw trwy siom 1979 ac ymgyrch negyddol bradwyr megis Neil Kinnock a Leo Abse roedd buddugoliaeth 1997 yn felys tu hwnt. Mi gofia i fel ddoe bod ar fy nhraed yn hwyr yn gwylio'r canlyniadau a thorri 'nghalon wrth gredu ein bod am golli'r bleidlais unwaith yn rhagor. Yna, wrth gwrs, teimlo'r balchder anhygoel wrth i John Meredith gyhoeddi canlyniad Caerfyrddin ac ymchwyddo am eiliad wrth sylweddoli bod fy mhobol i yn Sir Gâr wedi cario'r dydd i ni. Fel yr aeth y nos yn ddydd, sylweddolais wrth gwrs fod y pleidleisiau a gawson ni mewn siroedd eraill yr un mor dyngedfennol. Roedd hyn yn gam enfawr ymlaen i wlad sydd mor llawn o gynffonwyr a thaeogion.

Gyda phenodiad Alun Michael fe geisiodd Llundain a Blair ddangos eu bod nhw'n dal i reoli mewn difri ond byr fu ei deyrnasiad ac fe'i disodlwyd gan Rhodri Morgan, oedd yn fwy poblogaidd ymhlith y Cymry. Cafodd y Blaid ganlyniadau arbennig yn etholiadau cynta'r Cynulliad ac roedd y disgwyliadau'n uchel – yn rhy uchel o ystyried y pwerau cyfyngedig oedd gan y corff hwnnw ar y cychwyn efallai. Camgymeriad enfawr a wnaed gan y Blaid oedd colli'r cyfle i ailethol Dafydd Wigley, ein gwleidydd mwya ers Gwynfor Evans, yn Aelod Cynulliad wrth ddilyn rhyw bolisi gwleidyddol gywir oedd yn nonsens llwyr. Does dim amheuaeth i hyn, ynghyd â'r ymrafael am yr arweinyddiaeth, gael effaith andwyol. Byddai cael gwleidydd o safon Dafydd Wigley yn ôl yn y Cynulliad wedi cyfoethogi'r lle heb unrhyw amheuaeth gan fod yno rai aelodau sydd yn swnio'n fwy tebyg i arweinyddion Sefydliad y Merched neu gynghorwyr bro, a rhai digon di-ddim yn y sefydliadau hynny hyd yn oed!

Ar adegau, fodd bynnag, dwi'n teimlo bod nifer o Gymry'n cael yr hyn maen nhw'n ei haeddu gan fod tueddiadau pleidleisio ardaloedd megis y Rhondda a Llanelli, er enghraifft, yn anodd iawn i'w deall ar adegau. Yn sicr, 'dyn nhw ddim yn seiliedig ar berfformiad. Dwi wastad yn synnu cymaint o gefnogwyr Llafur sy'n dal yn sosialwyr cryf ac yn dadlau ar sail hen ddaliadau'r blaid honno, heb sylweddoli cymaint y gwthiwyd y blaid i'r dde gan Tony Blair. Bellach, yr unig wahaniaeth rhwng Llafur a'r Ceidwadwyr mewn rhai ardaloedd yw lliw eu bathodynnau! O ran gwledydd Prydain, ymrafael am bleidleisiau de-ddwyrain Lloegr mae'r ddwy blaid erbyn hyn gan mai yno y ceir y cyfoeth.

Wrth imi edrych tua'r dyfodol ac opsiynau diweddar megis gwleidyddiaeth a'r weinidogaeth, mae'n bwysig cadw mewn cof yr angen i leihau'r pwysau ar iechyd dyn. Ychydig o flynyddoedd wedi dechrau'r ganrif yma cefais gryn sioc. Roeddwn wedi bod yn blino'n rhwydd ac yn teimlo tyndra yn fy nghefn ac yn fy asennau ers peth amser a dyma benderfynu mynd am archwiliad meddygol. Cefais ECG ac yn y blaen a phenderfynwyd bod angen i fi gael *angiogram*, jyst rhag ofn bod rhywbeth o'i le ar fy nghalon. Trefnwyd hynny'n ddigon didrafferth yn Ysbyty Treforys ac roedd y broses yn un syml a gyflawnwyd mewn diwrnod.

Yna, un bore, wrth i fi deithio i 'ngwaith yng Nghaerdydd dyma alwad ffôn oddi wrth ysgrifenyddes Dr Nick Gerning yn gofyn a allwn ddod i mewn am driniaeth y diwrnod canlynol. Fel y gallwch ddychmygu, roedd hyn yn dipyn o sioc a dychmygais fy mod mewn perygl o gwympo'n farw yn y fan a'r lle. Trwy lwc roeddwn yn pasio tafarn Castell Mynach ar y pryd a dyma anelu trwyn y car am y maes parcio er mwyn cael sgwrs iawn â'r fenyw oedd newydd roi'r newyddion syfrdanol yma i fi. Eglurais ei bod hi'n anodd i fi newid cynlluniau ffilmio ar fyr rybudd fel hyn a threfnais i fynd i weld Dr Gerning yng Nghaerdydd y prynhawn hwnnw. Gallwch ddychmygu sut fore gefais i cyn cyrraedd clinic y meddyg tua dau y prynhawn. Eglurodd Dr Gerning fod un o'r prif wythiennau i'r galon 95% ar gau, ond pan sylweddolodd nad oeddwn yn cael poenau yn fy mrest roedd yn hapus bod y gwythiennau llai yn gwneud y gwaith ac fe roddodd wythnos i fi aildrefnu fy amserlen.

I mewn â fi felly i Ysbyty'r Waun yng Nghaerdydd ac fe roddwyd *stent* i fi er mwyn agor y wythïen gan ei wthio drwy'r corff o wythïen yn fy ngarddwrn. Theimlais i ddim byd, ond roedd y driniaeth yn wyrthiol ac yn fwy na hynny roeddwn gartre ym Mhontyberem y noson honno. Bu cyfnod byr o lonyddwch a dydw i ddim wedi cael unrhyw broblem ers hynny. Bues yn ffodus tu hwnt – nid pawb sy'n cael rhybudd fel yma ac roeddwn yn hapus i newid fy nciet er mwyn gwella ansawdd fy mywyd.

Erbyn heddiw mae fy ngwynegon yn rhoi llawer mwy o drafferth i fi gan fy mod yn diodde ers blynyddoedd o *psoriatic arthritis* ac erbyn hyn ar dabledi cryf iawn sydd yn golygu bod rhaid i fi fod yn ofalus wrth ymdrin ag alcohol – a da o beth yw hynny, byddai sawl un yn dweud! Dyw'r cyflwr yma, fel y *stent*, ddim yn fy llesteirio mewn unrhyw fodd difrifol ac, fel y gwelwch oddi wrth y penodau blaenorol, dwi wedi byw bywyd cyflawn, wedi ymgymryd â dyletswyddau amrywiol ac wedi teithio dramor yn flynyddol.

Nid dramor yn unig yr ydym wedi teithio, wrth gwrs, a rhaid peidio ag anghofio sôn am yr Eisteddfod Genedlaethol, sydd wedi bod yn gyrchfan wyliau ers nifer helaeth o flynyddoedd.

Yn ystod y blynyddoedd diweddar ry'n ni wedi prynu carafán unwaith yn rhagor, yn dilyn bwlch go faith ers i'r plant dyfu. Prif darged unrhyw Gymro o garafaniwr gwerth ei halen yw'r Eisteddfod, wrth gwrs, ac mae eisteddfodwyr pybyr wedi hen arfer fy ngweld yn gweithio ar faes carafannau'r Eisteddfod. Mae'n werth gweld wyneb ambell blentyn pan ddaw 'Denzil' at ffenestr y car, a rhai o blant cyfoedion i fi yn y coleg yn methu credu bod eu rhieni yn nabod Denzil!

Cyfaill i fi, Dyfrig Williams, sy'n gyfrifol am faes carafannau'r Eisteddfod ynghyd ag Eurfyl Bowen a llu o wirfoddolwyr o Gwm Gwendraeth a'r cyffiniau. Gan fod fy ffrindiau agos, megis Dyfrig, Gethin, Meredydd, Stephen a Caryl, yn stiwardio welwn i ddim rheswm i finnau beidio ag ymuno yn y gwaith ac mae wedi bod yn bleser helpu pobol ar draws Cymru. Mae hefyd yn gyfle gwych i gyfarfod pobol ac adnewyddu cyfeillgarwch yn ogystal â chyfarfod fy nghynulleidfa, os nad yw hynny'n swnio'n rhy hunanbwysig!

Fel sawl Cymro gwladgarol arall, dwi wedi aros mewn Eisteddfodau mewn gwesty, pabell a charafán yn fy nhro ac mae nifer o Eisteddfodau yn dod i'r cof am resymau gwahanol – dwi eisoes wedi sôn am rai ohonyn nhw yn y gyfrol hon. O edrych yn ôl, dim ond rhyw bedair Eisteddfod dwi wedi'u colli'n llwyr ers 1970, ac Eisteddfod 1970 yw'r un gynhara sy'n gymharol fyw yn y cof, er bod gen i ryw gof plentyn o fynd i Eisteddfod y Bala cyn hynny. Efallai mai atgofion am Eisteddfod Rhydaman sy'n dal yn fwya byw am i Gôr Meibion y Mynydd Mawr ennill y flwyddyn honno.

Dwi wedi sylwi bod nifer o'm hatgofion cadarn yn cychwyn o 1970 ymlaen a phan fydda i'n ffurfio rhestrau o hoff bethau neu bobol a ddylanwadodd arna i, y duedd yw cychwyn ym 1970, a finnau'n 10 oed.

Erys rhai Eisteddfodau yn y cof am fod digwyddiadau o bwys i bawb wedi digwydd ynddyn nhw: *Nia Ben Aur* yn Eisteddfod Caerfyrddin; Dic Jones yn gorfod ildio'r gadair yn Aberteifi; y mwd yn Abergwaun; llwch y glo yng Nghwm Rhymni; defnyddio maes y sioe yn Llanelwedd; y mileniwm yn Llanelli; haul crasboeth Meifod; maes caregog Abertawe; am y dim i ganslo Eisteddfod y Wyddgrug oherwydd y glaw; a maes carafannau anobeithiol Glynebwy (er ei fod yn well o lawer na maes Eisteddfod yr Urdd yn Abertawe yn ôl y sôn!). Ar y llaw arall, digwyddiadau o bwys personol sy'n cadw mwyafrif yr Eisteddfodau yn fyw yn y cof.

Soniais eisoes am babell yn Eisteddfod sych Aberteifi. Bu 12 ohonon ni mewn tair carafán yn Eisteddfod Genedlaethol Caerdydd ac mae cyflwyniad i glybiau nos y ddinas yn fyw iawn yn y cof, ynghyd â'm cyfaill Meredydd yn bwyta torth gyfan o fara wrth roi menyn arni ar gyfer swper! Cofiaf Caroline a finnau'n gwlychu'n ddiferol mewn hen babell yng Nghaernarfon a gorfod cysgu ar lawr carafán roedd fy rhieni'n ei rhentu yn Ninas Dinlle! Ennill wedyn gyda chôr Mynydd Mawr yn Nyffryn Lliw a chyda Chantorion y Rhyd ym Mhorthmadog – melys iawn. Cael cryn lwyddiant gyda'r grŵp Chwarter i Un ym Machynlleth ym 1981, ein carafán gynta yn Llambed yn '84 a chyhoeddi wrth y teulu bod Caroline yn disgwyl Rhodri. Cofio Rhodri a Rhys yn prynu pabell ar faes yr Eisteddfod yn y Faenol a chyhoeddi eu bod am aros mewn pabell yn hytrach na dod gyda ni i'r gwesty – a sylweddoli, gyda balchder, fod eisteddfota yn gwthio'i ffordd i mewn i'w gwythiennau hwythau hefyd.

Ry'n ni 'nôl yn carafanio yn yr Eisteddfod ers chwe mlynedd bellach ac wedi profi'r chwerw a'r melys, fel pob carafaniwr eisteddfodol: y tywydd yn troi o'n plaid, os nad y cawodydd yn y Wyddgrug; cael ein galw'n *foreigners* gan

Sais yng Nghaerdydd; blasu croeso gwladaidd yn y Bala; llwyddo i fyw trwy brofiadau maes carafannau Glynebwy – pwy all anghofio 'Helmand Province'?! Ac yna'r Eisteddfod yn llwyddo i gael pob dim yn iawn bron ar faes Wrecsam, gyda digon o draciau a phopeth – a derbyn llythyr o ddiolch am ein gwaith hyd yn oed!

Hoffwn ategu ymhellach mai profiad pleserus yn Eisteddfod Bro Morgannwg eleni oedd cael mynychu seremoni lle derbyniwyd Dyfrig ac Eurfyl, y cyfeillion da sy'n trefnu'r maes carafannau bob blwyddyn, i'r Orsedd fel cydnabyddiaeth o'u cyfraniad gwerthfawr i'r Eisteddfod. Mae'n bleser cael ymuno â charafanwyr o bob cwr o Gymru i ddathlu ein diwylliant yn ein hiaith ein hunain ac mae'n fraint cael cyfrannu at y dathliad yma mewn modd bychan.

Dylwn grybwyll i ni gael noson arbennig yng nghwmni Meic Stevens yng Nglynebwy, gan ei fod yn sobor ac, yn sgil hynny, yn wych. Bu'r noson gan y Tebot Piws yn y Bala yn wefreiddiol hefyd ac mae cyflwyno Maes C ar y maes carafannau wedi bod yn gam mawr ymlaen, yn enwedig i'r rhai ohonon ni sydd wedi mynd yn rhy hen i Maes B! Am ryw reswm eleni, fodd bynnag, penderfynwyd gosod Maes C ar y prif faes a rhaid i mi gyfadde fy mod yn gweld eisiau'r babell ar y maes carafannau. Roedd yn fan ymgynnull yn ogystal â lleoliad i berfformio ynddo. Gobeithio y bydd yn dychwelyd yn fuan.

Dwi ddim yn deall pobol sydd yn casáu'r Eisteddfod – a dwi'n sôn am Gymry Cymraeg yn hyn o beth. Er nad ydw i'n un i eistedd yn y pafiliwn, gan fod yn well gen i'r Babell Lên a Maes C, gobeithio fy mod yn ddigon eangfrydig i werthfawrogi'r hyn sy'n digwydd yn y pafiliwn ac yn sylweddoli ei werth a'i bwysigrwydd i barhad yr iaith Gymraeg. Dyma'r unig ŵyl lle mae'r gweithgaredd yn uniaith Gymraeg sydd ar ôl 'da ni fel cenedl ac mae'n hanfodol ei diogelu.

Yn yr un modd, mae Eisteddfod yr Urdd yn rhoi cyfle i gymaint o'n plant a'n hieuenctid ac yn fan cychwyn i yrfaoedd cynifer o'n sêr cenedlaethol a rhyngwladol. Mae gan Eisteddfod yr Urdd ei gwendidau a dydw i ddim yn ffan o'r goractio a'r gorlefaru a gaiff ei wobrwyo'n aml ond fe fyddwn yn amddiffyn ei dyfodol yn ffyrnig.

Trueni i'r Urdd fynd i gyfeiriad gwerthu alcohol yn ddiweddar gan mai eisteddfod i blant yw hon i fod ac mae problemau alcohol ymysg pobol ifanc yn rhemp yng Nghymru. Mi wn fod nifer o bwysigion yn mynnu gwin gyda'u lluniaeth ond fe fyddwn yn dadlau ein bod yn anfon y neges anghywir i blant, sef bod yn rhaid wrth alcohol i fwynhau. Pe byddai'r rhai sydd yn cefnogi gwerthu alcohol yn onest fe fydden nhw, fel finnau, yn cyfadde bod 90% o'r camgymeriadau gwirion a wnaethon nhw a'r pethau hurt a ddywedon nhw wedi digwydd dan ddylanwad alcohol. Mae'n ddyletswydd arnon ni o hyd i amddiffyn y gwan mewn cymdeithas ond yn anffodus mae yna agwedd drahaus yn rheoli ers dyddiau tywyll Thatcher – pawb drosto'i hun yw hi mae arnaf ofn.

O sôn am y diwylliant 'pawb drosto'i hun', dwi wedi gwario miliynau'r loteri yn ystod sawl siwrnai 'nôl ac ymlaen i Gaerdydd – yn fy meddwl. Ydyw, mae'r loteri'n perthyn i'r categori yma mae'n siŵr a dwi'n amau mai celwyddgi fyddai'n cyhoeddi na fynnai ennill y fath swm o arian. Clywais lawer yn dweud bod y symiau'n rhy uchel ac na fyddai ganddyn nhw ddefnydd i'r holl arian – wel, dwi wedi ceisio'n galed i'w wario, rywle rhwng Abertawe a Phort Talbot fel arfer, lle mae'r siwrnai'n ddiflas. Diogelu dyfodol ariannol y meibion, arian i'r capel ac ailadeiladu festri Hebron, arian i'r Blaid i ymladd ar delerau teg â'r pleidiau Prydeinig, Aston Martin wrth gwrs, ynghyd â Range Rover i dynnu'r garafán i'r Eisteddfod! Tŷ ar arfordir de Ffrainc, hedfan dosbarth cynta bob amser, taith o amgylch y byd ar long hwylio, arian i'r Scarlets er mwyn prynu'r chwaraewyr sydd eu hangen i ennill Cwpan Heineken, arian i'r Swans gael arwyddo chwaraewyr profiadol, arian i sicrhau dyfodol clwb rygbi'r Tymbl, clwb pêl-droed a chlwb criced Drefach, helpu ymchwil i'r aflwydd cancr a ddygodd fy nhad a 'nhaid mor greulon a gwneud yn siŵr bod fy chwaer a'i theulu'n cael dyfodol diogel. Oes, mae gen i ddigon o ddefnydd i'r miliynau ond efallai mai dychwelyd i'r byd real fyddai orau gan fod y teithio rheolaidd yn ôl ac ymlaen o Gwm Gwendraeth i'r ddinas fawr ddrwg wedi dod i ben erbyn hyn.

Torri Cwys Newydd

CEFAIS FY MAGU yn y blynyddoedd cynnar ar sŵn Best, Law a Charlton; Tryweryn a'r Arwisgo; Hogia'r Wyddfa a'r Beatles; *The Man from U.N.C.L.E.* a *The Saint*; J F Kennedy a Martin Luther King; Austin A35 a Morris 1000; lobscows a Corn Flakes.

Rhennais fy arddegau â Gareth Edwards a Delme Thomas; Gwynfor Evans a Carwyn James; Slade ac Edward H Dafis; *Ryan a Ronnie* a *Fo a Fe*; y Fam Teresa a Bloody Sunday; Austin Allegro a Hillman Minx; *chicken in the basket* a thatws potsh Mam.

Treuliais flynyddoedd cynnar fy mhriodas gydag Alan Curtis a Robbie James; llosgi tai haf ac S4C; Meatloaf a Tich Gwilym; *Morecambe and Wise* a *Fawlty Towers*; Margaret Thatcher a Desmond Tutu; XR3 ac Audi 80 Sport; *chicken curry* a *prawn cocktail*.

Aeddfedais erbyn hyn trwy gyfnod Eric Cantona a Jonah Lomu; datganoli a Phlaid Cymru'n rhannu grym; Billy Joel a Huw Chiswell; *C'mon Midffîld* a *Just Good Friends*; Nelson Mandela ac Alex Salmond; Mercedes a BMW; *fillet steak* a *tiramisu*.

Ie, crynodeb digon bratiog o fywyd hyd yn hyn, ond siawns nad oes mwy i fywyd, ac wrth gloi'r llyfr yma – sydd wedi bod yn gatharsis bendigedig i fi – teg yw edrych yn ôl ar y dylanwadau fu arna i ac ar yr un pryd geisio edrych ymlaen at y dyfodol.

Mae un person a ddylanwadodd arna i'n drymach na neb arall efallai ac mae'r person yna'n dal yn fyw ac mor gryf ei dylanwad arna i heddiw ag erioed, sef Mam. Dyma'r un fu yno'n gefn o'r dechrau'n deg, dyma'r un aberthodd ei gyrfa i fagu fy chwaer a finnau, dyma'r un oedd yno o hyd yn paratoi bwyd ar ein cyfer wrth i ni ddychwelyd o'r ysgol. Fyddai Mam byth yn mynd i'w gwely nes y byddai'r gweddill ohonon ni'n cysgu a hi fyddai'r gynta i godi fore trannoeth. Tristwch y sefyllfa yw i fi, fel fy chwaer mae'n siŵr, dderbyn hyn fel sefyllfa gwbl naturiol. Onid oedd mamau eraill yn smwddio am un o'r gloch y bore ac yn codi i baratoi bwyd gyda'r wawr? Dim ond wrth dyfu mae dyn yn sylweddoli y fraint a gefais fod pob dilledyn yn ei le, pob pryd bwyd wedi'i weini'n berffaith a gair o gyngor yn ei bryd wedi mynd mor bell.

Os mai Nhad oedd y gweinidog, roedd Mam yn wraig gweinidog benigamp ac am wn i mai hi yw'r Cristion mwya argyhoeddedig y gwn i amdano. Bu'n ysgrifennu a chreu oedfaon, cyflwyniadau a dramâu yn ogystal â chynnal ymarferion yn ddiflino ar hyd y blynyddoedd. Fe fydd Mam wastad yn gweld yr ochr orau i bawb ac mae'n dal i weithio'n galed heddiw gyda mudiad Cristnogion yn erbyn Poenydio, gan bledio achos y rhai sy'n cael eu herlid. Mae'n dal i arwain dosbarth ysgol Sul i oedolion hefyd.

Os ydy Mam yn fenyw garedig a Christnogol, yn llawn cydymdeimlad, mae ganddi, yn ogystal, egwyddorion cryf tu hwnt ac nid oes arni ofn lleisio'r egwyddorion hynny. Mae'n wir dweud, pe bawn wedi dilyn cyngor Mam, y byddwn dipyn gwell person na'r un sy'n ysgrifennu'r gyfrol yma.

Gan i ni gael ein magu ar aelwyd y Mans ni châi Bethan a fi bob dim materol a chwyno fyddai'r ddau ohonon ni'n aml yn sgil hynny. Erbyn heddiw mae'r ddau ohonon ni'n gwerthfawrogi'r hyn gawson ni sef magwraeth Gymreig, Gristnogol, gariadus, mewn teulu lle ceid y gwerthoedd gorau. Dwi wedi ceisio trosglwyddo'r gwerthoedd hynny i Rhodri a Rhys ac er eu bod nhw wedi derbyn llawer mwy o bethau'r byd yma nag a gefais i, gobeithio i ni eu dysgu nhw i werthfawrogi eu gwlad a'u cenedl, eu dysgu nhw at bwy i droi mewn cyfyngder a'u dysgu i werthfawrogi eraill a bod yn ystyriol ohonyn nhw.

Mae Mam wedi bod yn angor yn ein teulu ni ar hyd y blynyddoedd, mae hi'n gymorth mawr i'm chwaer fe wn ac os bydd fy llong innau'n gwegian mewn dyfroedd dyfnion dwi'n gwybod lle mae'r cyngor gorau i'w gael. Dwi'n teimlo'n euog braidd nad ydw i wedi gwneud digon drosti yn ystod y blynyddoedd diweddar ond mae hi'n berson annibynnol iawn ac yn berson sy'n siriol ymhob trybini gan ei bod yn pwyso ar rywun llawer mwy dibynadwy na fi. Gobeithio y caiff Mam iechyd am gryn dipyn o flynyddoedd eto gan nad wyf yn barod i lacio 'ngafael ar ei hangor.

Dwi eisoes wedi sôn am ddylanwad fy nhad a chan ei fod, bellach, wedi'i gladdu ym mynwent Capel Seion does ond atgofion yn aros. Mae'r darluniau'n fyw o hyd – chwarae pêl-droed ar ein gwyliau yn Llandudno, gwylio'r Swans yn hen eisteddle pren y gorllewin ar y Vetch, chwarae snwcer yng nghlwb Terry Griffiths, y sigaréts aflwydd, y synnwyr digrifwch pwysig ac un darlun doniol y bydda i'n cyfeirio ato'n aml sef y ddau ohonon ni yn ystod haf poeth 1976 yn eistedd yn ein tronsiau ar stepen drws cefn tŷ ni'n bwyta hufen iâ am hanner nos am ei bod hi'n rhy boeth i gysgu.

Aelod ola teulu bach y Mans oedd fy chwaer, Bethan, a'r dylanwad mwya gafodd hi ar fy mywyd oedd i mi dreulio rhan helaeth ohono'n poeni amdani, fel pob brawd mawr mac'n siŵr. Dyw Bethan ddim wedi cael llwybr mor llyfn â fi mewn bywyd ac mae wedi cael ei threialon ar hyd y daith ond mae hithau, fel Mam, yn siriol trwy'r cwbl. Erbyn hyn mae'n byw ger Rhydaman gyda'i gŵr Peter a'r bechgyn, Dafydd Llyr a Cellan Wyn. Wrth i fi ysgrifennu'r geiriau hyn mae hi'n gwella ar ôl llawdriniaeth go galed ond gobeithio y bydd hyn yn arwain at well iechyd iddi yn y dyfodol. Er, dwi ddim yn credu y bydd hi'n ddigon da i chwarae gôli er mwyn i Jules a fi gael tanio peli tuag ati yng ngardd y Mans byth eto!

Erbyn hyn rydych wedi deall, mae'n siŵr, rhan mor bwysig

mae eglwys Capel Seion wedi'i chwarae yn fy magwraeth, ac i'm rhieni mae'r diolch am hynny wrth reswm. Mae pobol megis May Isaac ac Ernie Roberts a Handel Greville yn yr ysgol Sul, Joe Jenkins a Rhyddid Williams yn yr ysgol gân a llu o ffyddloniaid eraill wedi chwarae rhan bwysig wrth osod sylfeini fy nhŷ i ar y graig hefyd. Dameg y Samariad trugarog, agwedd yr Iesu tuag at y gwahangleifion, troi'r foch arall – dyna'r math o hanesion sydd wedi dysgu cynifer ohonon ni sut i fyw ac wn i ddim pa hanesion mae'r rhai nad ydyn nhw'n trafferthu anfon eu plant i'r ysgol Sul bellach yn eu cyflwyno i'w plant. Mae sylfaen gadarn yn bwysig i bob person, fel i bob adeilad gwerth ei halen, a does dim yn dangos hynny'n well na hanes y tŷ ar y graig.

Dwi'n cofio pan oeddwn yn blentyn clywed am y saethu a'r lladd aml yn yr Amerig, mewn llefydd fel Efrog Newydd. Fe dreisiwyd merch ifanc yn ddiweddar a'i churo'n ddidrugaredd gan ŵr o Wlad Pwyl oedd wedi bod yn y carchar am yr un drosedd yn y wlad honno; darganfuwyd corff gŵr o Fietnam mewn bag plastig, wedi'i ladd gan werthwyr cyffuriau o'r un wlad; darganfuwyd tŷ yn ddiweddar ynghanol stad o dai cyffredin eraill a hwnnw wedi'i droi'n ffatri gannabis, yn ddiarwybod i'r cymdogion. Wyddoch chi lle digwyddodd y pethau yna i gyd? Na, nid yn Efrog Newydd ond y cyfan o fewn llai na saith milltir i 'nghartre i.

Fe fydda i'n fythol ddiolchgar i'r bobol osododd y sylfeini i fi, sylfeini sydd wedi gwegian ar adegau diolch i'm ffolineb i. Rydw i'n mawr obeithio y galla i chwarae rhan adeiladol wrth ddiogelu dyfodol ein capel ni a dyfodol Cristnogaeth yn gyffredinol yng Nghymru. Mae angen denu'r difater yn ôl i'r gorlan yn sicr oherwydd mae yna garfan gref sydd yn dal i gredu ond sydd wedi mynd yn ddiog tuag at grefydd a bywyd y capel. Er mwyn gwneud hyn rhaid i gapeli Cymru addasu a throi cefn ar rai o'n hen ffyrdd efallai. Rhaid gofyn nifer o gwestiynau caled ac anghyfforddus i ni ein hunain – a ydyn ni'n cyflwyno'r Efengyl mewn modd deniadol, a ydyw'r strwythur yn addas ar gyfer yr oes hon, beth allwn ni ei wneud i newid y sefyllfa a hithau'n unfed awr ar ddeg yn sicr? Dwi ddim yn honni bod gen i'r atebion i'r cwestiynau uchod ond dwi'n barod i ofyn y cwestiynau ac yn barod i drafod yr atebion, ac ystyried yr angen i addasu ein haddoli cyn iddi fynd yn rhy hwyr.

Mae cyfraniad capeli Cymru tuag at ddiogelu'r iaith wedi bod yn amhrisiadwy ac yn cael ei anghofio'n gyfleus yn ystod rhai dadleuon ieithyddol. Euogrwydd sy'n gyfrifol am hyn efallai. Fel yr Eisteddfod, sy'n ŵyl uniaith Gymraeg, dyma sefydliad uniaith Gymraeg arall sy'n werth ei drysori.

Wrth sôn am yr iaith, mae'n stumog i'n corddi wrth ddarllen llythyrau gwrth-Gymreig yn y *Western Mail*, gan yr un bobol fel arfer. Allwch chi ddychmygu Ffrancwr yn ysgrifennu at ei bapur dyddiol i achwyn am yr iaith Ffrangeg? Mae'r syniad yn chwerthinllyd. Fe ddylai siarad a deall mwy nag un iaith fod o fantais i bawb ac mae ceisio dysgu iaith arall ar wyliau mewn gwlad dramor yn rhan o hwyl y daith. Pam felly mae gwestai yng Nghymru yn osgoi defnyddio iaith eu gwlad eu hunain? Pam mae siopau'n gyndyn i hysbysebu yn y Gymraeg? Pam mae'n rhaid ymladd ymhobman yng Nghymru i sicrhau addysg Gymraeg? Mae'r ateb yn syml – oherwydd taeogrwydd anferth nifer helaeth o Gymry wrth ymwneud â'u hiaith. Maent yn gweld yr iaith fel maen tramgwydd yn hytrach na'i hanwylo ac edrych am ffyrdd adeiladol i'w defnyddio.

Mae fy nghariad tuag at yr iaith Gymraeg wedi'i feithrin gan agwedd fy rhieni, sefydliadau fel y capel ac aberth pobol fel Gwynfor Evans, Ffred Ffransis, Dafydd Iwan ac eraill. Yn rhyfedd iawn, mae casineb pobol megis George Thomas, y Kinnocks a Dr Alan Williams tuag at yr iaith wedi atgyfnerthu'r cariad hwnnw a magu'r penderfyniad bod yn rhaid ei hamddiffyn a'i diogelu. Gwir dweud hefyd fod agwedd trahaus Saeson megis Ann Robinson, A A Gill a Jeremy Clarkson yn cadw fflam casineb tuag at y rhai sy'n sarhau'r iaith yn fyw.

Gwynfor oedd fy arwr mawr yn fy ieuenctid ac roedd ei

ddylanwad yn gryf tu hwnt arnaf ac ar fy naliadau. Dyma ŵr cadarn ei egwyddorion a wynebodd gasineb o du'r Blaid Lafur yng Nghymru pan own i'n ifanc ac anodd yw anghofio na maddau hynny. Digon yw dweud bod Gwynfor yn cael ei gydnabod gan bob plaid yn San Steffan a'i barchu am ei ddaliadau egwyddorol. Bu Dafydd Wigley a Dafydd Êl yn ysbrydoliaeth i fi hefyd yn ystod y cyfnod ar ôl Gwynfor. O ran dyfodol y Blaid, mae gen i ffydd yng ngallu Adam Price a dwi'n mawr obeithio y bydd yn dychwelyd i wleidyddiaeth Cymru cyn gynted â bo modd. Byddai gweld Adam a Llyr Huws Gruffydd yn arwain y Blaid yn y dyfodol yn fy nghalonogi'n fawr. Gall apwyntiad Leanne Wood fel arweinydd yn ddiweddar arwain y Blaid tuag at gyfnod radical cyffrous ac mae angen i'r Blaid bwysleisio'r gwahaniaeth rhyngddi a'r pleidiau Prydeinig gan mai hon yw'r unig blaid o Gymru. Y Blaid yw'r unig blaid a all roi anghenion Cymru a'r Cymry ar flaen ei hagenda bob amser. Mi wn, o brofiad, pa mor gryf yw'r cyfryngau ac mae'r ffaith fod y Blaid yn gwneud cystal heb gefnogaeth unrhyw bapur dyddiol yn wyrthiol gan fod gan y pleidiau Prydeinig bapurau sy'n eu cefnogi gan sicrhau lle amlwg iddyn nhw yn llygad y cyhoedd.

Soniais ynghynt i fi gael fy magu mewn cyfnod o brotest ac mae hynny, ynghyd â'r dylanwadau uchod, wedi ennyn fy niddordeb mewn gwleidyddiaeth Gymreig ond mae llawer yn achwyn heddiw nad oes gan bobol ifanc ddiddordeb mewn gwleidyddiaeth. Efallai'n wir, ond oes rhywun wedi ystyried pam?

Gadewch i fi nodi rhai ffeithiau fan hyn: mae pob person ifanc sydd yn mynychu coleg y dyddiau yma'n gadael mewn dyled ac mae honno newydd waethygu; mae hi bron yn amhosibl i berson ifanc yswirio car; does gan ganran uchel iawn o bobol ifanc ddim gobaith dod o hyd i dŷ fforddiadwy; pan fyddant yn cwblhau eu cwrs mewn coleg does dim gwaith ar eu cyfer. On'd ydi hyn yn rheswm pam mae pobol ifanc yn colli diddordeb yn y rhai sy'n llywodraethu?

Does dim llawer o wleidyddion dwi'n eu hedmygu na'u

parchu y dyddiau yma ac mae'n syndod pa mor gyflym yr anghofiwyd sgandal treuliau'r Aelodau Seneddol. Er fy mod yn genedlaetholwr, dwi wedi parchu gwleidyddion megis Tony Benn oherwydd eu bod yn egwyddorol – hynny yw, does dim rhaid i chi gytuno â phopeth maen nhw'n ei ddweud ond rhaid parchu'r ffaith eu bod yn glynu at eu hegwyddorion, yn wahanol i nifer o wleidyddion pwdr sydd am ddiogelu eu buddiannau eu hunain cyn ystyried dim arall.

Fe ofynnodd merch ifanc i fi'n ddiweddar pam fy mod yn casáu Margaret Thatcher cymaint, gan ei bod newydd fod yn y sinema yn gweld y ffilm *The Iron Lady*. Er i fi synnu iddi ofyn y cwestiwn, sylweddolais nad oedd ei chenhedlaeth hi'n gwybod fawr ddim am yr holl niwed a wnaeth y fenyw honno i gymunedau fel Cwm Gwendraeth, Dyffryn Aman a lleoedd tebyg. Llwyddodd i ddinistrio ysbryd y gymuned a chwalu ein cymdeithas gyda pholisïau trefol a dinesig. Bu ei hymgyrch i breifateiddio a'r diwcithdra uchel a greodd yn ystod ei theyrnasiad yn ffactorau negyddol iawn eu dylanwad ar Gymru. Roedd un dywediad enwog ganddi yn dangos pa mor wahanol oedd hi i ni'r Cymry, sef 'There is no such thing as society.' Mae cymdeithas gref yn sylfaen i bentrefi a chymunedau Cymru drwyddi draw ac mae'r elfennau hyn yn Drefach a Chwm Gwendraeth wedi bod yn ddylanwadau cryf ar fy mywyd i. Dylai teyrnasiad Thatcher fod wedi dangos i'r Cymry pam na all Lloegr a Chymru byth gael eu rhedeg yn unol â'r un rheolau a deddfwriaethau. Testun balchder i bob Cymro gwerth ei halen oedd bod y cawr Gwynfor Evans wedi llwyddo i droi'r ddynes 'who was not for turning'.

Diolch i lwyddiant ac ymdrechion Gwynfor a nifer o rai eraill, fe sicrhawyd sianel deledu Gymraeg i Gymru ac yn sgil hynny fe fues innau'n llwyddiannus yn y pen draw wrth gael gwaith ar y sianel honno. Mae'r toriadau diweddar i gyllid S4C gan y llywodraeth Dorïaidd yn San Steffan yn ymddangos fel pe baent am ddial o ganlyniad i'r fuddugoliaeth honno. Ymddengys mai'r bwriad yw torri ar adnoddau a chyllid rhaglenni fel bod ansawdd y rhaglenni'n dioddef a phobol yn cwyno am safon y sianel. Yn sgil y cwynion hynny, sydd yn anorfod, fe fydd y sefydliad Seisnig yn hogi ei gyllyll ymhellach.

Fe hoffwn i, felly, weld Cymru yn annibynnol yn y dyfodol, er nad ydyn ni'n ddigon aeddfed i hynny ar hyn o bryd, efallai. Proses yw datganoli, wrth reswm, a rhaid i'r broses honno symud yn raddol tuag at y nod. Gallaf dderbyn pobol yn cyflwyno dadleuon ariannol wrth gyfeirio at ansicrwydd ynglŷn ag annibyniaeth ond alla i ddim deall y diffyg balchder yn eu gwlad sydd yn bodoli ymysg rhai o'm cyd-Gymry. Mae casineb rhai Cymry at yr iaith Gymraeg yn anhygoel. Diddorol yw sylwi, pan fydd llythyrau gwrth-Gymreig yn ymddangos yn y *Western Mail* er enghraifft, mai yn y Dwyrain mae'r mwyafrif o'r llythyrwyr yn byw. Ymddengys felly fod y casineb a'r sylwadau dirmygus yn deillio o ddiffyg gwybodaeth gan nad ydynt yn byw eu bywyd trwy gyfrwng yr iaith Gymraeg fel cynifer ohonom yn y Gorllewin, ac mae bywyd naturiol Gymreig neu Gymraeg felly yn ddierth iddynt. Byddai'n synnu'r bobl hynny i glywed fy mod i'n byw mewn pentre lle mae'r mwyafrif yn siarad Cymraeg a bod fy nghyfreithiwr, fy nghyfrifydd, fy meddyg, perchennog y garej leol, perchnogion y Swyddfa Bost, fy neintydd, hyfforddwyr fy nhîm rygbi ac yn y blaen i gyd yn Gymry Cymraeg. Mae yna farn ymysg rhai Cymry di-Gymraeg mai rhywbeth ym myd addysg yw'r iaith Gymraeg a dyna i gyd. Bydd llawer o waith gan y Comisiynydd Iaith i'w wneud i'w darbwyllo'n wahanol, dybia i.

Mae'r sianel wedi chwarae rhan bwysig wrth ddiogelu'r iaith a hefyd i sicrhau bod plant y De a'r Gogledd yn cydnabod tafodieithoedd ei gilydd. Roedd hyn yn beth dierth cyn dyfodiad y sianel. Mae'n ddiddorol nodi bod y bobol hynaf yn achwyn wrtha i nad ydyn nhw'n deall y Gogs ar *Pobol y Cwm* ond fydda i byth yn clywed y to iau yn achwyn am ogleddwyr ar y sianel.

Oherwydd y gwaith roeddwn yn ei wneud dwi wedi bod yn ffodus i gael gweithio trwy gyfrwng y Gymraeg ac mae hynny wedi bod yn bwysig i fi. Dyw pobol ifanc sy'n cychwyn yn y proffesiwn heddiw ddim o hyd yn parchu'r ffaith eu bod yn cael gweithio trwy gyfrwng eu mamiaith ac mae'n fy ngwylltio i glywed rhai ohonyn nhw'n siarad Saesneg â'i gilydd. Dwi wedi bod yn ffodus i weithio yng nghwmni nifer o actorion, awduron a chyfarwyddwyr penigamp ond wrth i'r hinsawdd economaidd o fewn y busnes waethygu wn i ddim faint yn rhagor o gyfle fydd yna i gydweithio yn y maes yma.

Ar y funud dwi ddim yn teimlo y gallwn dreulio oriau'n teithio, yn dilyn bron i wyth mlynedd ar hugain o yrru 'nôl a 'mlaen i Gaerdydd. Erbyn i'r llyfr yma ymddangos bydda i ar fin cychwyn ar lwybr newydd, ond gobeithio y caf gyfle i weithio ym myd y cyfryngau eto cyn cau'r llen! Fe fues i'n ffodus i gael gweithio a manteisio ar brofiad rhai o actorion gorau Cymru. Un o'r actorion hynny na chefais ond ychydig iawn o gyfle i gydweithio ag ef oedd John Ogwen. Dwi wastad wedi edmygu gwaith John ac yn ei gael yn gwmni difyr. O fewn y byd actio'n gyffredinol mae Jack Nicholson wastad wedi bod yn ffefryn, yn enwedig am ei berfformiad yn *One Flew over the Cuckoo's Nest*, ond go brin y caf gyfle i gydweithio ag e!

Pa gyfeiriad nesaf felly? Mae nifer wedi ceisio fy nghyfeirio tuag at y cyngor sir ond dwi'n teimlo bod yr etholiadau wedi dod braidd yn rhy sydyn i fi ac wn i ddim a ydw i'n barod i fentro i'r byd cecrus hwnnw. Er nad ydw i am ddilyn cwrs yn y weinidogaeth ar hyn o bryd, rwyf wedi penderfynu ymgymryd â gwaith Arweinydd yn eglwys Capel Seion, Drefach. Bydda i yn cymryd dyletswyddau'r gweinidog a'r ysgrifennydd ac yn gweithio am ddau ddiwrnod a hanner yr wythnos. Bydd hyn yn caniatáu i mi gario ymlaen gydag unrhyw waith yn y cyfryngau yn ogystal â gwasanaethu pobl ardal Drefach mewn modd adeiladol, gobeithio. Doedd hwn ddim yn benderfyniad hawdd a bu gennyf nifer o amheuon, y mwyafrif amdanaf i fy hun. Rydym wedi creu momentwm arbennig yn yr eglwys gyda'n dathliadau tri chanmlwyddiant

167

ac roeddwn yn awyddus i barhau â'r momentwm hwnnw. Mae cymaint o eglwysi yng Nghymru yn gweld eu gwydr yn hanner gwag – roeddwn yn sylweddoli bod ein gwydr ni'n hanner llawn a bod yn rhaid symud ymlaen i'r dyfodol yn gadarn. Y cwestiwn mawr oedd a allwn i gyfrannu at hynny?

Yn dilyn nifer o drafodaethau gyda'm gweinidog a'm cyfaill Wilbur Lloyd Roberts dyma ildio i'r dynfa a chytuno i gynnig fy hun fel Arweinydd os oedd pawb yn unfrydol y tu ôl i'r cynllun. Roedd yn gam mawr i'r aelodau ei gymryd gan ei fod yn newid natur ein fframwaith yn dilyn canrifoedd o ddilyn yr un patrwm. Rwy'n falch i allu cyhoeddi i'r eglwys dderbyn y cynllun a'm derbyn innau yn unfrydol. Bydda i'n cychwyn ar y gwaith ym mis Rhagfyr a bydd y Parch. Wilbur Lloyd Roberts, sydd yn ymddeol ond yn parhau fel aelod cyffredin, yn fentor i mi am y flwyddyn gyntaf beth bynnag. Rhaid i mi fod yn ddigon o ddyn i edrych ar y cynllun ymhen blwyddyn i sicrhau ei fod yn gweithio o'm rhan i ac o ran yr eglwys hefyd. Rydw i'n nerfus tu hwnt ond yn teimlo cryn dipyn o gyffro hefyd ac yn edrych ymlaen at bennod newydd.

Beth am weddill yr wythnos? Wel, mae gen i ystod eang o ddiddordebau ac mae amaethyddiaeth a chwaraeon yn eitha blaenllaw ymysg y diddordebau hynny. Dyw ffermio'n sicr ddim ar yr agenda yn fy oedran i ond gallai'r diddordeb fy arwain i'r maes hwnnw ryw ddiwrnod. Chwaraeon, a rygbi'n bennaf, yw maes fy mhrif ddiddordeb ers blynyddoedd lawer a byddai'n fendigedig cael cyfle i weithio yn y maes hwnnw – ond dwi ddim yn ddyn y sefydliad ac fe allai hynny fod yn anfantais i fi!

Beth bynnag ddwg y dyfodol, dwi wedi dysgu, ers colli fy ngwaith, fod gen i ffrindiau da a theulu ffyddlon ac mae hynny'n bwysicach nag unrhyw swydd nac arian. Wrth adael Cwmderi fe gefais deyrngedau a dymuniadau da gan gyfeillion lu ac, erbyn hyn, yr unig beth a erys yw'r atgofion. Atgofion melys ydyn nhw gan mwya. Bu 'nghyfeillion yn y

Cwm yn garedig iawn wrtha i ar fy ymadawiad a nhw yw'r unig beth dwi'n gweld ei eisiau a dweud y gwir. Diolch hefyd i'm ffrindiau yn y gynulleidfa fu mor driw i fi ac i Denzil ar hyd y blynyddoedd, ac mor gefnogol pan adewais. Ychydig wedi i gymeriad Denzil ddiflannu oddi ar y sgrin fe dderbyniais gerdd trwy'r post gan John Meirion:

Trioled Cofio Densil ac i gyfarch Gwyn Elfyn

Oet fwy na llun, yn un o'r 'Cwm'
A'th naws o wres gwythiennau'r Gwendraeth,
Ar aelwyd gwlad cest groeso trwm,
Oet fwy na llun, yn un o'r 'Cwm'.
Roedd Dens a Gwyn yn un mewn clwm
A'r byd a'r sgrin yn rhannu'r hiraeth.
Oet fwy na llun, yn un o'r 'Cwm'
A'th naws o wres gwythiennau'r Gwendraeth.

Un peth cadarnhaol am fyw yng Nghwm Gwendraeth yw eich bod chi wastad ymhlith ffrindiau – yn y capel, yn y clwb rygbi, ar y stryd, yn y siop a hyd yn oed wrth ymweld â'r dre yng Nghaerfyrddin. Mae gen i lawer i ddiolch amdano, fy mod yn byw yng nghanol Cymreictod y cwm clòs yma a bod gen i ffrindiau gydol oes. Peth mawr yw gallu rhannu eich pryderon a'ch llawenydd a gwn fod aelwydydd megis y Berllan a'r Wern wastad yn barod i'm croesawu â breichiau agored.

Pan fo ffrindiau'n troi am adre, fodd bynnag, yr hyn sydd ar ôl yw'r teulu, wrth gwrs, a dwi wedi ceisio cadw'r bywyd teuluol yn breifat ar hyd y blynyddoedd. Erbyn i'r llyfr hwn ymddangos fe fydd Rhodri wedi priodi Siwan a'r ddau wedi ymgartrefu yng Nghaerdydd am gyfnod ond gyda'u golygon ar symud yn ôl i fro mebyd Siwan ger Dolanog yn y Canolbarth ryw ddiwrnod. Mae Caroline a finnau'n falch iawn o lwyddiant Rhodri fel cyfreithiwr a Siwan fel meddyg ond yn fwy balch o'u cadernid fel pobl ifanc o argyhoeddiad ac egwyddor. Y pethau gorau Cymreig sydd yn bwysig i'r ddau ac mae hynny'n ein plesio'n arw, yn union fel mae'n plesio Tom a Margaret, rhieni Siwan.

Yn yr un modd mae Rhys yn creu gyrfa iddo'i hun yn y banc ac Elen, ei gariad, yn hyfforddi fel athrawes. Ry'n ni'n falch iawn ohonyn nhw ill dau ac yn ddiolchgar eu bod mor barod i gymryd rhan yng ngweithgareddau'r capel sydd mor ganolog i ni fel teulu. Mae Rhys yn dal i fyw gartre a fe yw fy mhartner golff, er ei fod e'n dda iawn a finnau'n ddigon cyffredin!

Mae Rhodri a Rhys wedi bod yn destun balchder i ni erioed a gobeithio y caiff y ddau iechyd a llewyrch yn eu gyrfaoedd a'u bywyd personol. Mae'n od – allwch chi ddim dewis partneriaid i'ch plant ac mae'n destun sbort yn ein tŷ ni i mi fyw mewn ofn y byddai un o'r bechgyn yn dod â Saesnes gartre! Ond mae Siwan ac Elen yn rhan o'r aelwyd yma bellach ac mae'r ddwy wedi gaddo peidio â fy rhoi mewn cartre pan fydda i'n hen!

Bu'n rhaid i Caroline roi'r gorau i'w gwaith fel athrawes ychydig flynyddoedd yn ôl, er mawr siom iddi, yn dilyn llawdriniaeth ar ei chefn ac felly, wrth i fi ysgrifennu'r bennod ola yn y llyfr, dyma ni fel Sion a Siân o boptu'r tân! Mewn ychydig flynyddoedd fe fyddwn yn ôl lle dechreuodd ein bywyd priodasol, mae'n siŵr, ar ein pen ein hunain. Erbyn hynny byddwn wedi bod yn briod am dros ddeng mlynedd ar hugain ac wedi wynebu llawer o dreialon a phrofi sawl eiliad felys gyda'n gilydd.

Mae Caroline wedi bodloni ar fy ngweld yn teithio i Gaerdydd ac aros bant am nosweithiau ar y tro er mwyn gwireddu ein breuddwyd o fagu'r bechgyn yn y Gorllewin. Doedd hynny ddim yn hawdd iddi hi bob amser gan fod fy absenoldeb yn effeithio ar galendr cymdeithasol y teulu, ac ar y bechgyn yn enwedig. Fe fu Cwmderi'n ganolog i'n bywyd fel teulu ac fe fu Caroline, yn sicr, yn gefn i fi trwy'r cyfnod anodd diweddar.

Erbyn hyn rydym wedi cau'r drws yna'n glep ac yn aros

i'r drws nesaf agor. Byddwn yn fwy na bodlon pe cawn gip trwy'r drws hwnnw a gweld iechyd a hapusrwydd yn gwenu'n ôl arnaf. Does gan ddyn mo'r hawl i ofyn am fwy na hynny.

Dwi wedi fy magu fel Gwyn Jones a dwi wedi treulio wyth mlynedd ar hugain fel Gwyn Elfyn. Wn i ddim beth ddaw nesaf ond, diolch i'r drefn, fe fydda i wastad yn Gwyn y Mans!

Englynion i Gwyn

O un cwm i'r llall fe grwydra – cymeriad,
  A thros Gymreictod hwn frwydra.
  Actor da, reit 'i wala
  A'i Dduw, hwn a ddilyna.

Cawr o Gymro diflino – Cristion
  A'r Pethe'n agos iddo.
  Yn y Deri, Denzil yw o,
  Ond Gwyn Elfyn yw heno.

Wyn 'Tegryn'

Hanes Rhyw Gymraes

Hunangofiant
sharon
morgan

y Lolfa

£9.95

O Lwyfan i Lwyfan

Hunangofiant

Peter Hughes
Griffiths

y Lolfa

£9.95

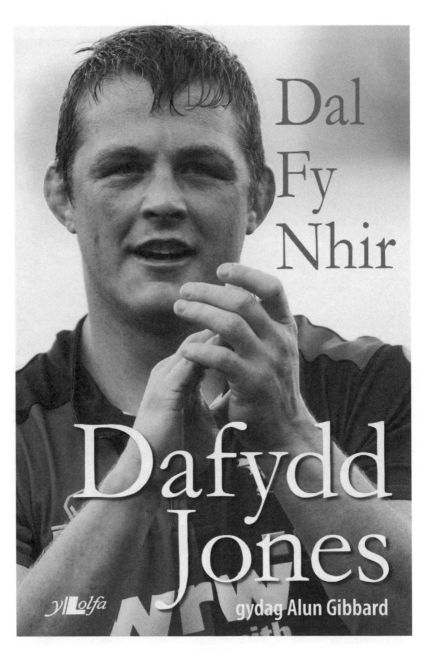

Dal Fy Nhir

Dafydd Jones

gydag Alun Gibbard

y Lolfa

£9.95

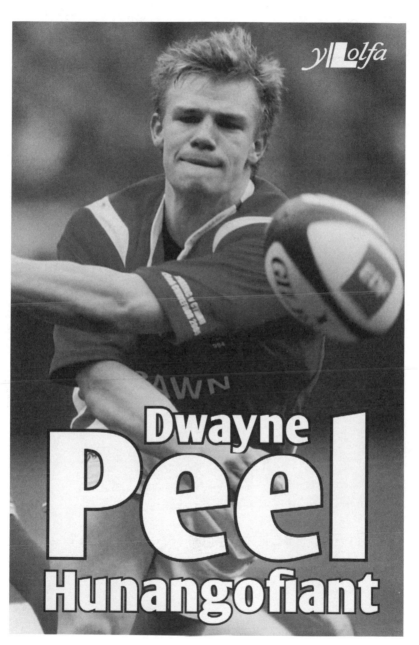

Dwayne Peel

Hunangofiant

£9.95

Ar gael ym mis Tachwedd 2012

Am restr gyflawn o lyfrau'r Lolfa, mynnwch
gopi am ddim o'n catalog
neu hwyliwch i mewn i'n gwefan

www.ylolfa.com

Ile gallwch archebu llyfrau ar-lein.

TALYBONT CEREDIGION CYMRU SY24 5HE
ebost ylolfa@ylolfa.com
gwefan www.ylolfa.com
ffôn 01970 832 304
ffacs 832 782